모험과
교류의
문명사

모험과
교류의
문명사

주경철 지음

산처럼

큰 시각에서 인류의 역사를 보자.

600만~700만 년 전 인간과 유인원의 공통 조상으로부터 인간종이 갈라져 나왔고, 그중 한 갈래인 현생인류 호모사피엔스사피엔스가 20만 년 전~6만 년 전 사이의 어느 때인가 지구상에 등장했다. 우리 조상들은 고향이라 할 수 있는 아프리카에서 아동기를 보낸 후 대략 4만~5만 년 전에 세계 각지로 퍼져간 것으로 보인다. 이들의 모험은 지구 끝까지 이어졌다. 중동 지역, 유럽, 오스트레일리아, 시베리아를 거쳐 아메리카 대륙에까지 들어가서 약 1만 년 전에는 남극 대륙을 제외한 지구 전역에 인간들이 자리를 잡았다. 아마 이보다 더 성공적으로 확산된 생물종은 달리 없을 것이다.

그렇다고 인간종이 처음부터 자연 생태계의 최강자는 아니었다. 특히 이전 시기의 우리 조상인 오스트랄로피테쿠스 같은 경우는 다른 동물들이 잡아먹고 남은 사체를 몰래 집어가서 뜯어먹고 사는 꽤나 가련한 존재였을 것으로 추정한다. 그런 점에서는 현생인류도 애초에 크게 다르지 않았다. 인구 수로 보면 1~2제곱킬로미터당 한 명 정도에 불과해서 곰과 비슷한 수준이었고, 먹는 음식으로 보면 우리의 예상과 달리 최상위 포식자와는 한참 거리가 먼 중간 이하의 지위에 불과했다고 한다. 그렇지만 결국 인간은 그야말로 땅끝까지 퍼져 갔고 급기야 지구환경에 직접 영향을 미칠 정도로 지구를 장악해 버렸다. 이제 일부 학자들은 산업혁명 이후 인간 활동이 지구환경을 변화시켰다는 점에 주목하여 현재를 가리키는 지질학적 개념으로 '인류세Anthropocene'라는 용어를 제시할 정도가 됐다. 어떻게 그런 일이 가능했을까?

다른 동물과 달리 인간은 유전자의 진화를 통해 자연에 적응해가는 게 아니라 문명과 문화의 누적을 통해 자연을 통제했기 때문일 것이다. 아무리 우리 종이 머리가 좋고 재주가 많다 해도 한 세대와 한 집단의 성취물들이 누적되고 전달되지 않으면 늘 제자리걸음을 하는 수밖에 없다. 1만 년 전부터 농경을 시작하고 문화 발전을 이루면서 지식과 정보, 지혜의 교류가 본격화된 것이 인류 역사를 수놓은 결정적인 요인이다. 이와 같은 큰 맥락에서 파악하면 인간 역사는 전 지구적인 소통과 교류의 역사다. 세계 각 지역에서 비롯되어 다시 세계 각 지역을 향해가는 문물의 교환 흐름에서 유리하게 대처하면 선두의 자리를 차지하고, 그렇지 않고 고립되거나 지체하면 몰락하기 십상이다.

원시의 삶에서 오늘날 우리 시대의 모습으로 발전해온 것을 보면 기적 같은 일이 일어났다고 하지 않을 수 없다. 그 기적은 어느 한 지역이 독점한 것이 아니라 세계 각지에서 일어나 전파된 것들이다. 유럽중심주의의 대표적 경제사학자인 에릭 존스가 근대 세계의 발전을 '유럽의 기적European Miracle'이라 명명한 데 대해 사회인류학자 잭 구디가 청동기시대 이래 유라시아(유럽과 아시아를 함께 이르는 말) 각지에서 연이어 나온 기적들의 연쇄와 교환이라는 더 큰 맥락에서 보아야 한다는 의미로 '유라시아의 기적Eurasian Miracles'을 강조한 것은 매우 흥미로운 관점이다.

그런 점에서 인류 문명 발전의 성과들이 어떻게 전해지고 수용됐는가, 어떤 효과를 가져왔는가를 살펴보는 것은 아주 중요한 일이다. 거친 남자들이 전사戰士와 상인으로, 때로는 모험가나 해적으로 전 세계의 땅과 바다를 누비고 다니고, 때로는 그 흐름의 부작용으로 숱한 여성들이 희생자가 되어 신산辛酸한 삶을 참고 견뎌야 했다. 장구한 기간 말과 낙타를 이용해 움직이던 인류는 근대에 들어와서 대륙을 가로지르는 철도를 부설하고 운하를 파서 세계의 대양을 잇는 해로를 만들어내기도 했다. 인간만이 아니라 동물과 식물, 특히 다양한 작물이 다른 대륙으로 전해졌을 뿐 아니라 그 과정에서 병원균까지 지구적 차원에서 이동했다. 염료와 향신료 작물들이 이식되어 특유의 색채, 맛과 향으로 각지의 문화를 물들였다. 심지어 성스러움의 물질적 근거물인 성유물들도 수출입되어 인간 내면의 심성에도 영향을 끼쳤다. 인간의 역사는 실로 다면적이다.

이 책이 그 파란만장한 역사를 다 다루는 것은 물론 아니며, 다만 그중 특징적인 면모들을 뽑아 맛을 보고 해석해보는 정도에 만족하고자 한다. 스무 개의 꼭지로 인류사를 설명할 수야 없는 일이지만, 그래도 유장한 역사 흐름이 어떠했는지 한번 생각해보는 힌트를 줄 수는 있으리라 기대한다. 138억 년에 이르는 우주의 시간, 1천억~2천억 개의 은하로 이루어진 우주 공간의 차원에서 보면, 우리 은하를 구성하는 1천억 개의 별 중 하나인 태양의 주변을 애처롭게 도는 작은 행성에서 일어난 1만 년의 사건들이 한낱 지푸라기처럼 미미한 일이라고 할 수도 있다. 그나마 인간 역시 언젠가 지구상에서 멸종당할 날이 올 것을 생각하면 우리의 문명이라는 것이 한 순간의 허망한 꿈이라 할 수도 있다. 그렇지만 바로 그런 거대한 우주와 지구와 우리의 삶 자체를 마음에 품고 생각해볼 수 있는 존재가 우리 인간 아닌가. 지구가 단순히 광물과 에너지의 물리화학 작용이 기계적으로 반복되는 공간에 불과한 게 아니라 우리의 사고와 감수성이 어우러진 터전이 됨으로써 매우 개성 있는 천체天體로 거듭난 것이다. 스무 개의 쪽글로 이루어진 이 모자이크 창이 세상을 새삼 새롭게 보는 데에 도움이 됐으면 좋겠다.

원고들을 잘 다듬어 책을 내준 도서출판 산처럼의 윤양미 씨, 초고를 읽어주는 외에 여러모로 도움을 주고 힘을 실어준 가족 이주미·주은선 두 사람에게 감사의 말을 전한다.

2015년 3월

지은이 주경철

차례

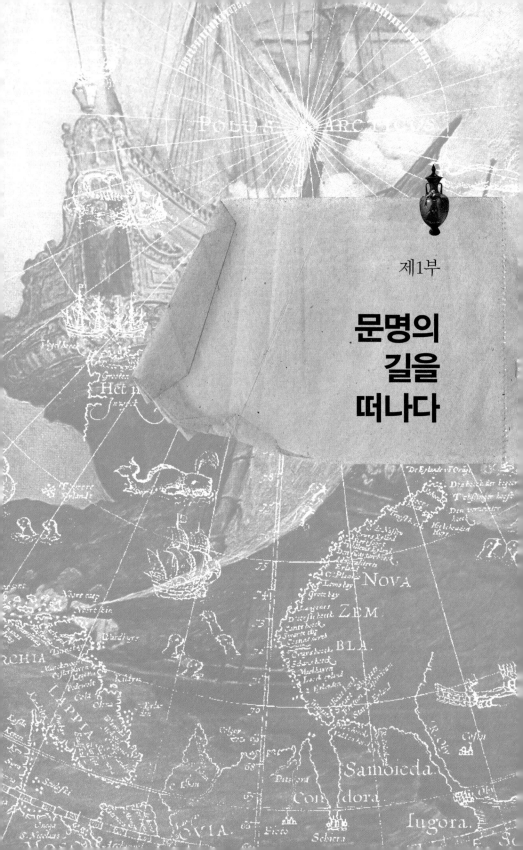

제1부

문명의
길을
떠나다

아웃 오브 아프리카

전 세계로 퍼져간 인류

인류의 고향은 아프리카 초원 지대다. 이곳에서 두 발로 서고 사냥을 하며 자라난 인류는 고향을 떠나 전 지구로 확산해갔다. 열대 밀림과 북극권에 이르기까지 이토록 광범위하게 퍼져간 생물종은 달리 없을 것이다.

그러나 '호모사피엔스사피엔스'가 아무리 꾀바른 존재라 하더라도 처음부터 지구 생태계 최강의 존재는 아니었다. 구석기시대에는 전체 생물종 가운데 중간 정도 계급에 속했다고 한다. 문명 단계로 들어간 이후에야 인간이 생태계를 장악하고 다른 동물들을 축출하면서 지구의 주인 행세를 하게 됐다. "세상천지에서 인간이 가장 귀하다(천지지간 만물지중 유인 최귀天地之間 萬物之中 唯人 最貴, 『맹자』)"라고 자신 있게 말하게 된 것은 이 이후의 일로, 그 기간은 인간의 진화 전체 과정에서 보면 매우 짧은 순간에 불과하다. 그러니까 우리는 사회적으로는 삼강오륜三綱五倫을 알고 교양 있는 척하는 문명인이로되 우리의 몸과 의식 혹은 무의식 내면에는 여전히 구석기시대 사냥꾼의 DNA가 자리 잡고 있는 듯하다.

우리는 정말 지구 전체 생물종을 관리하고 책임질 능력이 있는 의젓한 주인일까? 혹시 지구환경을 변화시켜가며 다른 생물들에게 너무 큰 폐를 끼치고 있지는 않을까?

인류가 아프리카에서 기원했다는 것은 이제 부인하기 힘든 정설이 됐다. 가장 오래된 인류 조상의 화석들이 모두 아프리카에서만 발견되고 있기 때문이다. 말하자면 인류는 아프리카에서 태어나 그곳에서 성장하다가 여러 차례에 걸쳐 고향을 떠나 전 세계로 확산해갔다고 할 수 있다.

　　이런 아프리카 기원설('아웃 오브 아프리카' 설)은 현재는 고고학 및 유전학적 연구 결과에 의해 입증되지만, 과거에도 직감적인 추론으로 유사한 주장을 하는 사람들이 없지 않았다. 예컨대 17세기에 루칠리오 바니니(1585~1619)라는 이탈리아 철학자는 인간이 아프리카에서 온 원숭이 같은 존재라고 주장했다가 사형을 피하지 못했다. 그는 말하자면 너무 일찍 태어난 자유사상가였다. 그는 반反기독교적인 내용을 설파하며 전 유럽 지역을 떠돌아다니다가 최후에 남부 프랑스의 툴루즈에서 체포되어 재판에 회부됐다. 판결은 그의 혀를 뽑아내고 말뚝에서 목을 졸라 살해한 다음 시신을 태워 재로 만들라는 것이었다.

　　이보다 훨씬 무게가 나가는 주장을 한 사람은 찰스 다윈(1809~1882)이다. 그는 『종의 기원』을 쓴 지 12년 뒤인 1871년에 『인류의 유래와 성선택性選擇』이라는 책을 출판했는데, 여기에서 인류의 아프리카 기원설을 주장했다. 그 추론 방식은 지금의 입장에서 보면 참으로 소박하기 그지없는 것이다. 인간과 가장 가까운 동물은 고릴라와 침팬지 같은 큰 유인원들인데 이것들이 아프리카에 살고 있으므로 우리 인간 역시 아프리카에서 나왔으리라는 것이다. 다윈의 이런 직관은 20세기에 들어와서 사실로 입증됐다.

너무 일찍 태어난 이탈리아의 자유사상가 루칠리오 바니니.

: 인류의 고향 아프리카

인간과 고릴라, 침팬지의 공동 조상은 약 1000만 년 전에 아프리카에 살고 있었다. 이 조상으로부터 인간과 유인원이 갈라진 것인데, 이 부분에서 연구자들의 견해는 일치된 게 거의 없어 보인다. 우선 언제 그런 분화가 이루어졌느냐 하는 시기가 문제 된다. 이와 관련된 유명한 사례가 하나 있다. 1982년 로마에서 유전학자들과 고생물학자들이 함께 모인 학회가 열려 이 문제를 진지하게 논의한 적이 있다. 이때 유전학자들은 그 시기를 300만 년 전이라고 주장했고 고생물학자들은 1500만 년 전이라고 주장했다. 며칠 동안 아주 진지한 과학적 논의 끝에 양측은 문제의 그 시점이 750만 년 전이라고 '합의'를 보았다. 고명하신 학자들이 수백만 년을 놓고 엿장수 맘대로 흥정한 느낌을 지울 수 없다.

사실 어디서부터가 인간이고 어디까지가 유인원인지는 모호한 점이 많다. 현재까지 발견된 가장 오래된 인류 조상으로 추정되는 것은 케냐에서 발견된 삼브루피테쿠스Sambrupithecus로서 950만 년 전에 살았던 것으로 보인다. 그러나 턱뼈 일부만 발견된 이 호미니

찰스 다윈을 원숭이로 묘사한 삽화. 『호닛The Hornet』이라는 풍자 잡지에 실린 「존경스러운 오랑우탄」(1871).

드hominid(사람과科의 동물) 화석을 놓고 전문가들 사이에서는 이것이 과연 '인간'에 속하는지 아닌지를 놓고 의견이 엇갈린다. 그다음 시기의 화석들로는 투마이에서 발견된 사헬안트로푸스Sahelanthropus(700만 년), 에티오피아에서 발견된 아르디피테쿠스Ardipithecus(550만 년~440만 년 사이) 등이 있다.

이런 영장류 화석 가운데 가장 유명한 것은 루시Lucy라고 이름 붙여진 오스트랄로피테쿠스Australopithecus다. 오스트랄로피테쿠스는 현생인류가 속하는 호모Homo 종 이전 단계에 속하는 존재로서 몇 가지 종이 알려져 있다. 그 가운데 1974년에 에티오피아에서 발견된 루시는 전 세계적으로 이름을 날린 고고학상의 스타라 할 수 있다. 통상 두개골 일부나 정강이뼈 조각같이 신체의 일부만 발견되는 다른 유골과 달리 루시는 모두 52조각의 뼈가 잘 보존되어서 정말로 많은 사실을 추론할 수 있는 근거를 제공했다. 약 320만 년 전에 살았던 이 여성은 1미터 20센티미터 남짓의 작은 키에 30킬로그램의 자그마한 체구에다가 뇌 용적은 침팬지 정도에 불과하다. 그러니 삼각함수나 미적분 문제를 풀 정도의 고등 지능을 가지고 있지는 않았을 것이다. 루시는 나무에 살면서 동시에 직립을 했지만, 오늘날 우리처럼 항시 두 발로 직립을 한 것은 아니어서 오랫동안 똑바로 서서 앞을 보거나 혹

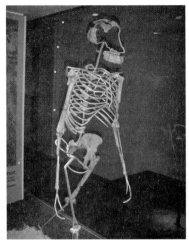

고고학상의 스타인 오스트랄로피테쿠스의 루시(왼쪽)와 루시 복원 모형(오른쪽).

은 장거리를 뛸 수는 없었을 것으로 보인다.

오스트랄로피테쿠스는 우리의 직접 조상은 아니며, 현생인류의 기원은 그다음 단계인 호모 단계에서 찾아야 한다. 오스트랄로피테쿠스에서 호모로의 이행은 매끄러운 진화가 아니라 일종의 도약으로서, 질적으로 다른 단계로 진입하는 현상이다. 지금까지 이를 설명하는 이론은 아프리카의 기후 변화 및 지질학적 변화에 근거한 것이었다. 이에 따르면 아프리카에는 여러 차례에 걸쳐 기후 건조화가 일어났는데 호모 종의 진화 역시 이런 현상과 관련이 있다. 그중 특히 800만 년 전에 일어난 심대한 환경 변화가 중요한 의미를 띤다. 이때 아프리카 대륙의 남북 방향으로 뻗어 있는 산맥이 융기해서 대륙이 크게 동서 양쪽으로 나누어졌다. 그 결과 비를 가진 구름이 서쪽에서 동쪽 방향으로 넘어오지 못하게 되어 결국 서아프리카는 삼림지대가 됐고 동아프리카는 건조지대로 변했다. 그 때문에 서쪽에는 '원숭이'들이 그 상태 그대로 남게 됐던 반면, 동쪽에 살던 사촌형제들은 환경 변화에 적응하기 위해 새로운 진화를 거듭하게 됐고, 그 결과 여러 종의 호모들이 나타난 것이다.

삼림지대가 아니라 사바나 같은 건조지대에서는 살아가기 위해서 질적으로 다른 진화를 겪게 됐다. 새로운 호모 종들은 큰 두뇌, 튼튼한 치아(잡식성 동물에게는 정말로 중요한 요소다), 게다가 도구 사용 능력까지 갖춘 무서운 사냥꾼으로 성장했다. 약 200만 년 전에 나타난 호모에르가스터Homo ergaster('재주꾼'이라는 뜻)나 호모에렉투스Homo erectus('직립 인간'의 뜻)가 대표적이다. 이들은 점차 이웃 지역으로 주거지를 넓혀갔고, 급기야 아프리카를 벗어나 중동 지역을 거쳐 유라시아 대륙 전체로 퍼져갔다. 아마도 100만 년 전 즈음에 이와 같은 아프리카 외부로의 확산이 일어난 것으로 추정된다.

: 다정하신 호모 님

앞에서 말한 내용이 대체로 지금까지의 정설이었다. 그러나 최근에 이루어진 새로운 발견과 분석 끝에 다른 설명이 제시됐다. 물론 이게 완전한 설명일 수는 없고, 또 다른 증거가 나오면 다시 더 새로운 설명이 제시될 수도 있을 테지만, 현재로서는 2009년에 『사이언스』지에 소개된 다음 설명을 참고할 만하다.*

---

* 이 내용은 『히스토리아』(주경철 지음, 산처럼, 2012)에 소개했던 것이다. 이해를 돕기 위해 여기에서 다시 한 번 보도록 하자.

아르디 유골(왼쪽)과 아르디 복원 모델
(오른쪽).

『사이언스』지는 440만 년 전 인류의 조상인 아르디피테쿠스 라미
두스Ardipithecus ramidus, 일명 '아르디Ardi'의 모습을 공개했다. 아르디
는 '루시'가 속하는 오스트랄로피테쿠스보다도 이전 단계의 호미니
드로서 1미터 20센티미터의 키에 50킬로그램의 몸무게를 가진 호리
호리한 존재다. 1994년 에티오피아의 아와시 계곡에서 두 조각의 뼈
가 발견된 이후 이 지역을 광범위하게 발굴한 결과 100여 개의 다른
조각을 찾아내는 데 성공했고, 이후 15년 동안 과학자들이 끈기 있게
이 유골들을 재구성하여 드디어 '인류의 어머니'에 해당하는 아르디
의 실상을 비교적 정확하게 파악하게 됐다.

유골과 함께 발견된 주변의 다른 화석들을 통해 아르디가 살던 환
경이 풀이 자라나는 삼림지대라는 것이 밝혀졌다. 이렇게 되면 인간
이 왜 직립하게 됐는가를 설명하는 기존의 가설이 뒤집어지게 된다.

지금까지의 설명은 아프리카의 기후가 변해서 삼림지대가 사바나로 되면서, 이런 환경에 적응하기 위해 새롭게 진화했다는 것이었다. 무엇보다도 키 큰 풀 너머로 먹잇감이나 포획 동물들을 발견해야 하기 때문에 두 발로 서는 방향으로 진화했다는 것이다. 그런데 사바나 환경이 아닌 삼림지대에서도 직립을 하고 있었다면 그것과는 다른 원인을 찾아야 한다. 그것은 아마도 여타 동물과는 다른 인간만의 사회적 행태 때문이 아닐까 하는 것이 과학자들의 추론이다.

고릴라나 침팬지 수컷은 암컷을 차지하기 위해 치열하게 싸운다. 그러나 아르디 같은 호미니드는 그런 방식을 버리고 대신 남녀가 짝을 이루어 살며 그 사이에서 태어난 자식들을 기르는 방식을 택했다. 그 증거 중 하나는 송곳니다. 고릴라나 침팬지의 송곳니는 뾰족하고 길게 튀어나와서 서로 싸울 때 무기로 사용하지만, 싸울 필요가 없는 호미니드의 송곳니는 상대적으로 납작하다. 과학자들은 여자 호미니드가 가급적 송곳니가 작은 남자, 말하자면 덜 공격적이고 더 가정적인 호미니드를 더 좋아했으리라고 추론한다.

직립을 하게 된 이유는 이제 이렇게 설명된다. 숲에서 식량을 운반하는 것은 쉬운 일이 아니다. 남성은 식량을 두 손으로 들고 두 발로 걸어서 집에 가져와서 여성과 아이들을 먹여야 했다. 이때부터 우리 조상은 참으로 다정다감하고 가정적인 분이셨던 것 같다.

： 호모사피엔스사피엔스

현재 우리 종, 곧 호모사피엔스사피엔스Homo sapiens sapiens('슬기 슬기인')는 어떻게 진화하고 또 전 세계로 확산해갔을까? 이 역시 아직도 많은 부분에서 밝혀지지 않은 점들이 많다. 이 문제에 대해 지금까지 제기된 이론들은 세 가지로 모아질 수 있다.

첫째, 다지역 동시 진화설. 1930년대에 제기된 이 가설은 호모에렉투스와 호모에르가스터가 아프리카를 빠져나와 전 세계로 퍼져간 후 이들이 여러 지역에서 동시에 호모사피엔스사피엔스로 진화해갔다는 주장이다.

둘째, 아프리카 기원설. 이 설은 '노아의 방주 설'이라고도 하는데, 약 20만 년 전에 아프리카에서 호모사피엔스사피엔스가 나타나서 약 15만 년 전에 아프리카를 벗어나와 전 세계로 퍼져가면서 그 이전에 이미 나와 있던 호모에렉투스와 호모에르가스터를 대체해 버렸다는 주장이다.

셋째, 융합설. 앞의 두 가설의 혼합에 해당하는 것으로서, 호모사피엔스사피엔스가 여러 차례에 걸쳐 대이주를 했고 그와 동시에 호모에렉투스와 호모에르가스터와 유전자 교환을 하며 진화해갔다는 주장이다.

이 가운데 현재까지의 정설은 두 번째 견해인 아프리카 기원설이다. 이 견해에 따르면 호모에렉투스 같은 호모 종이 일찍 아프리카를 벗어나서 유라시아 대륙 각지에 퍼져 나가며 진화를 거듭했다. 이때 중요한 문제가 되는 곳이 유럽과 자바다. 이 두 지역은 생물의 이주라는 관점에서 보면 일종의 막다른 골목이자 동시에 고립지다. 유럽은 빙하에 의해 단절됐고, 자바는 아시아 대륙에 연결되어 있었다가 섬이 되면서 고립됐다. 이런 지역에서는 다른 곳과는 별개의 방향으로 진화가 일어나게 된다. 유럽의 네안데르탈인과 자바의 솔로인Homo *soloensis*은 호모에렉투스로부터 가지를 치고 나와 다른 지역과는 별개의 방향으로 진화한 종으로 보인다.

세계사 교과서에 자주 등장하는 네안데르탈인은 말하자면 우리와는 계통이 다른 옆 줄기에서 진화한 종이다. 호모사피엔스사피엔스 종이 뒤늦게 4만~5만 년 전에 아마도 중동 지역으로부터 출발하여 유럽으로 들어갔다가, 그곳에서 수십만 년 전부터 자리를 지켜온 네안데르탈인과 맞닥뜨리게 된 것으로 보인다. 네안데르탈인은 현재의 우리보다 키도 크고 힘도 좋아서 아주 탁월한 사냥꾼이었으며, 매장 의식을 벌인 것으로 보아 상당한 정도의 지능과 문화를 가지고 있었던 것으로 보인다. 두 종은 이후 수천 년 동안 공존하다가 결국 네안데르탈인이 멸종했다. 그사이 두 종 간에 어떤 일이 일어났을까? 마치 오늘날 고릴라와 사람 사이가 그렇듯이 유전자 교환이 전혀 일어나지 않은 채 공존하다가 네안데르탈인이 멸종했다고 보는 학자들이 있는가 하면, 양자 간에 성교를 통한 유전자 교환이 일어났으리라고 주장하는 사람들도 있다.

논란이 지속되는 가운데, 2015년에 극적인 발견 결과가 공표됐다. 이스라엘 텔아비브대학교와 미국 케이스웨스턴리저브대학교 공동 연구진이 이스라엘 북부에 있는 '마놋 동굴'에서 네안데르탈인과 현생인류 사이의 관계를 추측할 수 있는 두개골 화석을 발견했다고 밝혔다. 이 두개골 화석은 우라늄 원소 분석 결과 5만 5천 년 전 것으로 밝혀졌다. 이때는 현생인류가 아프리카를 떠나 중동 지역에 진입하던 시기다. 그곳은 네안데르탈인들이 살던 곳이니, 말하자면 현생인류가 네안데르탈인과 같은 시대, 같은 장소에서 함께 생활했음을 보여주는 결정적 증거인 것이다. 연구진은 "이 두개골의 주인공은 네안데르탈

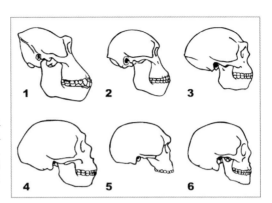

두개골 모양. 1. 고릴라, 2. 오스트랄로피테쿠스, 3. 호모 에렉투스, 4. 네안데르탈인, 5. 스타인하임인(간빙기 시대에 살았던 호미니드), 6. 호모사피엔스.

인과 이종교배하며 살았을 것"이라고 설명했다.

네안데르탈인과 현생인류는 1~3퍼센트 정도 유전자를 공유하고 있으며 특정 질병을 일으키는 유전자도 공통으로 갖고 있는 것으로 알려졌다. 이번에 현생인류와 네안데르탈인이 같은 곳에서 공존했던 사실이 밝혀지면서, 양자는 섹스를 통해 서로 유전자를 교환했으리라는 설에 더욱 무게가 실려지게 됐다.

⠿ 지구의 지배자?

우리 조상들은 지구의 거의 전 지역으로 확산해 나갔다. 사람들은 고산준령, 강, 바다, 사막 등 힘든 장애물을 넘어 사방으로 퍼져갔고, 북극 지방과 같은 혹한 지역으로부터 사하라사막 같은 열대 지역에 이르기까지 극도로 다양한 환경 속에서 살게 됐다. 어느 한 생물종이 이처럼 전 지구적으로 퍼져 나간 사례는 찾아보기 힘들다. 인간은 그만큼 뛰어난 적응력을 가지고 있다. 단적인 예로 인간만큼 다양한 먹이를 먹고살 수 있는 동물도 많지 않을 것이다.

인간은 자연에 잘 적응했을 뿐 아니라 더 나아가서 자연에 심대한 변화를 가했다. 인간은 무리를 지어 전 지구상으로 퍼져가면서 사냥과 채집을 하고 또 각종 동식물을 퍼뜨리기도 했으며, 불을 질러 자연환경에 직접 변화를 주기도 했다. 때로는 많은 동식물의 멸종을 초래한 것으로 보인다. 특히 약 1만 3천~1만 4천 년 전에 아메리카 대륙에서 수많은 대형동물이 멸종했는데, 마침 인간이 처음 아메리카 대륙에 진입해 들어온 것과 동물들의 멸종이 시기적으로 비슷하여 학자들 중에는 대멸종 사건이 인간의 책임이 아닐까 추론하는 사람도 있다. 유라시아 대륙의 동물은 인간이 무서운 사냥꾼이라는 것을 알고 피하지만, 인간을 접해본 적이 없는 아메리카 동물들은 다만 인간의 크기가 작은 것을 보고 두려움을 가지지 않았다가 쉽게 잡아먹혔다는 것이다(다만 최근 연구들은 아메리카 동물들의 대량 멸종의 원인으로 인간의 책임보다는 자연환경의 급격한 변화 쪽에 방점을 두고 있다).

현재 인간은 지구 전체 생태계의 최강자로 등극한 것으로 보인다. 언제부터 그렇게 된 것일까?

사실 인간이 이처럼 광범위한 지역을 지배하고 다른 생물종들을 압박한 것은 그리 오래전 일이 아니다. 농경과 정주, 문명 발달과 인구 증가가 많이 진행된 후 인간이 지구의 주인 행세를 하게 됐지만, 구석기시대에는 사정이 달랐다. 물론 그때에도 인간은 다른 동물들에 비해 지능이 높고 집단으로 움직이면서 서로 협동하며 또 창이나 덫 같은 도구를 사용하기 때문에 다른 동물들을 사냥하는 두려운 존재이긴 하지만 그렇다고 해서 자연계 전체를 완벽히 지배하는 '최상위 포식자'라고 할 수는 없다. 그렇다면 인간이 생태계 먹이사슬에서 차지하는 위치가 어느 수준이었을까?

이와 관련해서 2013년에 꽤 흥미로운 연구 결과가 발표됐다. 실뱅 보노무 프랑스 해양개발연구소 연구원이 유엔 식량농업기구FAO 자료를 이용해 세계 176개국 국민을 대상으로 1961~2009년 기간 중 102가지 식재료 섭취량 변화를 분석했다. 그 결과는 다음과 같다. 생태계에서 먹고 먹히는 관계를 나타내는 먹이사슬에서는 영양 단계에 따라 식물을 1단계, 토끼 2단계, 여우 3단계, 북극곰과 같은 최상위 포식자를 5.5단계로 구분한다. 이번 분석에서 인간은 영양 단계가 2.21로 나타났다. 이는 "잡식동물인 돼지나 어류인 멸치 수준으로 인간이 북극곰보다는 토끼에 가깝다는 의미"라고 한다.

인간이 원래 자연 생태계에서 '최상위 포식자'일 것이라는 고정관념과는 달리 초식동물에 가깝다는 것은 의외의 사실이다. 우리는 초기 인류부터 사냥을 하며 다른 동물들 위에 군림했을 것으로 너무 쉽게 상상하지만, 현재 정설은 오스트랄로피테쿠스를 비롯한 초기 인류는 생태계 내에서 비교적 약자였다는 것이다. 사냥을 한 게 아니라 다른 육식동물이 먹다 남긴 다리뼈 같은 것을 급히 훔쳐서 안전한 곳에 가서 먹고 살았다는 청소부scavenger 가설이 일반적으로 받아들여지고 있다. 이들이 사용한 도구는 사냥 도구가 아니라 뼈에 붙은 살을 발라내거나 뼈를 부수고 골수를 빼먹는 도구였다.* 현생인류로 진화하고 또 문명 단계에 들어간 이후 인간의 지위가 크게 상승했지만, 그것은 인류 역사 전체에서 보면 순간에 불과하다.**

---

* 서울대학교 고고미술사학과 김장석 교수가 선사시대에 대해 많은 도움말을 준 데 대해 감사드린다.

이른바 신석기 혁명이 일어난 기원전 10000년 무렵까지도 인구밀도는 2~3제곱킬로미터당 1명에 불과하여 인간은 수많은 다른 동물들 사이에 묻혀 사는 소수 종에 불과했다. 다른 동물들이 인간에게 자리를 내주기 시작한 것은 정주 단계 이후의 일이며, 거의 완전히 밀려나게 된 때는 19세기 말이다. 이때 등장한 속사 총이 결정적 계기였다. 그때까지도 버티던 동물들이 이제 더 이상 지탱하지 못하게 됐고, 사방에서 인간에 의해 멸종되는 동물들이 속출했다. 우리나라의 경우에도 1950~1960년대까지 시골에서 비교적 자주 보던 동물들도 이제는 많이 사라져 동물원에 가서야 구경할 수 있게 됐다.***

다만 한 가지 역설적인 일이 있다. 대도시에는 오히려 인간세계에 완전히 적응한 동물들이 늘었다는 것이다. 비둘기나 까치처럼 우리 주변에서 흔히 보는 새들은 먹을 것이 풍부하고, 다른 포획 동물들이 사라진 도시가 오히려 안전한 곳이 됐다. 현재 도시의 인간들 틈에서

***** 또 한 가지 흥미로운 점은 인간의 지위가 조금씩 상승하는 중인데, 그 이유는 인류 전체의 육식 소비가 증가하기 때문이다. 특히 중국인의 육식 증가가 다분히 중요한 기여를 했다. 인구가 13억인 중국에서 경제성장과 함께 고기 섭취량이 늘어나면서 평균적인 인간의 영양 단계가 올라간 것으로 분석됐다. 중국은 이 기간 2.05에서 2.20으로 0.15 상승했다. 반면 아이슬란드는 정부가 건강을 위해 고기 소비를 줄이는 정책을 펴면서 2.73에서 2.57로 0.16 낮아졌다. 같은 기간 한국인의 영양 단계는 육식 선호 추세가 두드러지면서 2.06에서 2.23으로 0.17이 올랐다. 세계 평균이 같은 기간 2.15에서 2.21로 0.06 높아진 것과 비교하면 한국인의 육식 증가세는 세계 평균보다 3배 가까이 높은 것이다. 우리 민족은 '초식성'에서 '육식성'으로 빠르게 변신 중이다.
***** 어린 시절 시골에 살았던 사람들은 밤에 변소에 가려고 마당에 나가면 닭 잡아먹으러 온 여우와 마주치고, 때로 구렁이가 담을 타고 넘어가는 것을 구경하고, 처마 밑 제비집에 제비가 새끼에게 먹이를 물어다주는 모습을 보며 자랐다. 그렇지만, 이제 그런 것들은 다 옛날이야기가 됐다. '여우처럼' 교활하고, '구렁이 담 넘어가듯' 두루뭉술하게 말하고, '물 찬 제비처럼' 날렵하다는 식의 비유는 실물을 전혀 보지 못한 요즘 세대에게는 생생한 의미를 잃은 듯하다.

살아가는 많은 종류의 새들 가운데 약 90퍼센트 이상이 19세기 후반부터 도시에 들어와서 살게 된 것이라고 한다.

인간은 현재 지구환경 자체를 변경시키고 있을 가능성도 없지 않다. 2000년에 네덜란드 화학자 파울 크뤼천(1933~)이 18세기 후반 이후 시기를 인류세('인간적으로 새로운 시대'라는 뜻)라는 새로운 용어로 부르자는 제안을 했다. 1784년 제임스 와트의 증기기관 발명을 기점으로 대기오염이 심해지면서 지구의 자연환경이 급속히 훼손됐다는 점을 반영하여 새로운 지질시대 개념을 만든 것이다. 이 용어가 학계에 받아들여질 가능성이 꽤 크다고 한다.

인간이 지구환경을 변화시켜가는 현상을 어떻게 판단해야 좋을까?

두 측면이 있다고 할 수 있을 것이다. 어찌 보면 다른 모든 생물종에 심대한 피해를 입힌다는 점에서 인간이라는 종이 지구의 암세포와 같은 면이 있다. 그렇다면 지구의 자연환경이 건강한 상태를 회복하도록 인간이 자리를 비켜주어야 마땅하리라. 그러나 또 다른 관점에서 보면 지구가 수많은 생물의 기계적 생멸만 거듭하는 단순한 공간이 아니라 자연과 문화가 연결되어 '의식'과 '정신'이 결부된 멋진 별로 탈바꿈한 것이 인간의 공헌이라고 할 수도 있을 것이다.

농경의 시작

농업의 탄생과 신의 탄생

인간이 진정 인간답게 된 것은 마을을 이루고 농사를 지으며 살게 된 이후의 일이다. 숲속을 헤매고 다니는 게 아니라, 안방에서 편안히 자고 제대로 옷 입고 수저를 사용해 밥 먹고 살게 된 연후에야 고상한 문화가 시작될 수 있었으리라. 어쩌면 노루 사슴을 쫓아 숲속을 뛰어다니는 것이 더 행복한 삶이 아닐까 생각할 때도 있지만, 그거야 아무도 알 수 없는 일.

어떻게 농경이 시작됐는가 하는 것은 매우 어려운 문제다. 최근 고고학 연구는 이 문제에 대해 많은 새로운 사실들을 알려주었다. 과거에 추상적으로 생각하듯 지구상 어디에서 농경이 발명되고 그에 뒤따라 도구가 개선되고 토기가 나오는 등의 발전이 이루어진 다음, 그런 발전의 '패키지'가 주변 지역으로 확대됐으리라는 설명은 더 이상 타당치 않게 됐다.

실제로는 농경의 시작이 장기간에 걸쳐 일어난 매우 느린 과정이며, 물질적 변화 이전에 문화적 변화가 더 중요한 요인이었다는 설명이 제시됐다. 특히 핵심 사항은 모든 사람의 운명이 걸려 있는 논밭이라는 '인공 자연'이 형성되자 인간의 삶을 전체적으로 통제하는 신이라는 개념이 만들어졌다는 사실이다. 신으로 대변되는 질서와 규칙이 정립되고 언어로 그것을 후세에 전달하는 단계가 되어야 문화와 문명이 비로소 존립 가능하다. 농경의 시작은 신의 탄생과 함께 일어난 일이다.

농경의 시작은 분명 인류 역사에서 가장 중요한 현상 중 하나다. 짐승을 사냥하거나 과일을 따먹으며 '자연 속에서' 자연스럽게 살아가던 인류는 이 이후 '자연을 통제하며' 살아가게 됐다. 그러니 이는 인간 삶의 양태를 근본적으로 바꾼 중요한 분기점이라 할 만하다.

: 신석기 혁명?

농경은 어떻게 탄생했을까?

이에 대해 처음 체계적인 이론을 제기한 사람은 오스트레일리아 고고학자 고든 차일드(1892~1957)로서, 그는 1920년대에 '신석기 혁명'이라는 개념을 제시했다. 그의 주장을 발전시켜 과거 세계사 교과서에는 이런 식의 설명이 제시됐다.

신석기시대에 농경과 목축이 '발명'된다. 그 덕분에 사람들이 정주하게 되고 마을이 형성된다. 대개 이때 신석기시대를 대표하는 중요한 물품인 토기가 등장한다. 이러한 일련의 발명은 한 곳에서 시작돼 세계 각지로 전파됐는데, 신석기 혁명이 처음 일어난 곳은 중동 지역이다.

그런데 지난 수십 년 동안의 고고학적 발굴 결과 이 모델은 흔들리게 됐다. 세계 여러 곳에서 독자적으로 농경이 시작됐다는 점, 농경·목축·정주·토기 등의 연관 관계나 등장 순서도 지역마다 다르다는 점이 밝혀졌기 때문이다.

예컨대 팔레스타인의 말라하 유적을 보면 땅을 파고 단단하게 나무 골격을 댄 집들이 빙 둘러서 있어 정주 형태의 마을이 분명하지만 이곳에서 발굴된 먹거리 요소들은 모두 야생의 것이다. 이 지역 환경이 너무 풍요로워 사람들은 따로 농사를 짓지 않고도 정주해 살 수 있었다. 그러니 꼭 농경의 발달이 선행해야 정주 마을이 탄생한다고 할 수는 없다.

이와 반대로 농경이 이미 시작됐으나 정주가 이루어지지 않은 곳도 있다. 멕시코 남부의 테우아칸 지역이 그런 예로 이곳에서는 농경이 시작되고 4천 년이 지나서야 정주 마을이 생겼다. 토기와 정주 농경의 관계도 모호하기는 마찬가지다. 니제르의 아이르 산지山地에서는 기원전 8000년, 심지어 일본에서는 조몬시대繩文時代인 기원전 13000년에 토기가 등장했지만, 모두 농경이 시작되지 않았던 때였다. 이와 반대로 중동 지역에서는 기원전 10000∼기원전 7000년에 농경이 이루어졌으나 토기는 없었다. 이런 여러 사항을 놓고 볼 때, 농경이 먼저 시작되고 그것이 여타 요소를 낳았다고 할 수는 없다.

농경과 정주, 토기 등은 지역마다 상이한 순서로 일어났다. 중동 지역의 경우를 보면 보리, 호밀, 밀의 재배는 기원전 9500∼기원전 9000년, 목축은 기원전 8000년, 토기는 기원전 7000년에 시작됐다. 그러니 농경-정주-목축-토기라는 모든 요소를 갖추기까지 수천 년이 걸린 셈인데, 이 사건의 연쇄를 두고 '발명'이라고 말하기는 힘들어 보인다. 암만해도 신석기시대 농경의 '발명'이라는 개념은 폐기처분해야 할 것 같다.

：기원과 확산

그렇다면 어떤 식으로 이를 설명할 것인가?

그 설명 틀은 이러하다. 농경이 본격적으로 시작되기 전, 이른바 획득 경제(사냥, 어업, 채집) 시기에 도구의 개선이 먼저 이루어졌다. 지금부터 약 1만 2천 년 전인 중석기시대(구석기시대와 신석기시대 사이의 중간 단계)에 세계의 일부 지역에서 다양하고 세련되며 전문화된 도구들을 생산하게 됐다. 이 도구들을 사용하는 사람들의 생활 수준이 다른 지역들에 비해 훨씬 앞서가기 시작했다. 이런 집단 중 일부에서 농경이 시작됐다. 그런 곳들은 지구 전체로 보면 아주 소수의 한정된 지역이며 또 서로 멀리 떨어져 있다. 이런 곳들을 농경의 '기원 지역'이라 부를 수 있다. 이 지역들로부터 농경이 주변으로 퍼져가는데 그런 곳들을 '확산 지역'이라 부를 수 있다. 확산 지역들 가운데 일부에서는 훨씬 다양한 작물 재배와 가축화가 일어나는 2차 발전이 진행된다. 이런 곳들이 다시 주변 지역 사람들과 접촉하면서 농경은 더욱 퍼져간다.

지금까지의 연구 결과로 보면 농경의 기원 지역으로는 여섯 곳이 거론되며, 그 가운데 네 곳이 확산 지역으로 발전했다. 나머지 두 지역은 확산이 거의 안 일어난 곳들이다. 그 지역들을 보면 다음과 같다.

고대 중국에서 소가 끄는 쟁기로 밭을 갈고 있는 모습으로 산시성陝西省 미즈米脂에서 발견된 돌 부조.

기원 지역이면서 확산 지역으로 성장한 곳은,

1. 중동 지역 : 시리아와 팔레스타인, 혹은 더 넓게 보면 이른바 '비옥한 초승달fertile crescent' 지역이라 불리는 곳, 기원전 10000년~기원전 9000년.

2. 중앙아메리카 : 멕시코 남부, 기원전 9000~기원전 4000년 전.

3. 중국 : 양쯔강揚子江 하류 지역, 기원전 9000~기원전 8000년, 황허黃河 중류 고원 지역, 기원전 6000년.*

---

* 중국에서 가장 일찍 벼가 재배된 지역은 양쯔강 하류 저장성浙江省 해안 지역이다. 연대 측정 결과는 기원전 9000~기원전 8000년으로 밝혀졌다. 과거 널리 주장됐던 바처럼 북중국에서 조와 기장 중심으로 농경이 시작됐다는 설은 모든 문화가 중원에서 기원했으리라는 정치적 성격을 띤 가설에서 비롯됐으나 최근 연구로 이 가설이 힘을 잃고 있다.

4. 뉴기니 지역 : 파푸아뉴기니, 기원전 10000년.

확산이 미약한 나머지 두 곳은,

5. 남아메리카 : 페루 혹은 에콰도르 안데스 지역, 기원전 6000년.

6. 북아메리카: 미시시피 중류 분지 지역, 기원전 4000~기원전 1800년.

이 지역들에서는 어떤 일들이 있었기에 농경이 시작됐을까?

기존에 이용 가능했던 자원이 부족해져서 새로운 방식으로 식량을 확보해야 했기 때문이 아닐까 하는 것이 자연스러운 추론이다. 예컨대 기후가 건조해져서 사냥감이 감소하고, 따라서 자연에서 곧바로 식량을 얻기 힘들어지자 농사를 시작한 게 아닐까? 그런데 고고학적 연구 결과를 보면 실제 사정은 그렇게 단순하지가 않다.

앞에서 거론한 지역 중 가장 오래 됐고 가장 연구가 많이 된 중동 지역의 사례를 살펴보자.

약 1만 2천 년 전 빙하기가 끝나고 기후가 온난해지면서 이전의 스텝 지역이 사바나 지역으로 변화해갔다. 참나무나 피스타치오 나무 등이 늘고 보리, 참밀 같은 야생 작물, 렌즈콩·완두콩 같은 콩류와 다양한 채소류가 많이 나는 데다가, 돼지·사슴·영양·오로크 소·양·염소·토끼·새 같은 사냥감도 많았다. 온난화 결과 툰드라 지대가 북쪽으로 물러가면서 순록 역시 북쪽으로 이동해갔다. 그러자 지금까지 순록 떼를 쫓아 사냥을 하던 사람들 중 다수는 순록 사냥을 포기하고 대신 야생 작물을 채취하게 됐다. 이들은 대체로 식물성 식사에 의존하되 사냥이나 어업 등으로 부족한 단백질을 일부 보충했다. 이런 자원만으로도 충분히 생존이 가능해졌을 뿐 아니라, 인구도 늘

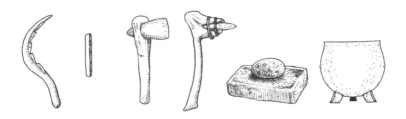

중석기시대와 신석기시대의 도구들. 즉 낫과 칼, 손도끼, (곡물을 가는 데 쓰는) 맷돌, 토기 항아리.

어났다. 동굴 주거만으로 불충분해져서 작고 둥근 모양의 나무집들로 이루어진 0.2~0.3헥타르 정도의 작은 마을들이 만들어졌다.

이런 생활 방식이 유지되기 위해서는 다양한 도구가 필요하다. 석제 날을 가진 낫, 나무 손잡이에 톱니 모양의 세석기細石器 날이 박힌 작은 낫이 발달하여 짧은 시간에 야생 곡물 수확이 가능해졌다. 절구와 맷돌로 곡물 가루를 내어 뜨거운 재 밑에서 굽든지 혹은 큰 석제 냄비에서 익혔다. 식량 결핍 시기에 대비해 남은 곡물을 보관하는 창고(사일로)도 만들어졌다. 아마도 아궁이를 사용하는 과정에서 토기도 발견됐을 것으로 보인다. 그러다가 방수가 되고 불에도 강한 큰 단지가 만들어져 수프 종류의 음식도 조리할 수 있게 됐다. 더 나아가서 큰 낫과 손도끼를 이용하여 숲 벌채와 개간도 한결 용이해졌다.

: 농경이 어떻게 시작됐을까

지금까지 설명한 것들은 모두 농경이 본격적으로 시작되기 전에 이루어진 일이라는 점을 기억할 필요가 있다. 마을에 정주해 있고 도구를 사용하여 야생 작물을 효율적으로 채취하며 살고 있었다는 이야기다. 농경 생활 단계로 들어갈 준비는 마친 셈이다. 문제는 그다음 단계로의 이행, 곧 획득 경제를 기반으로 한 마을들이 농경과 목축을 기반으로 한 마을들로 변모한 과정이 구체적으로 어땠느냐는 것이다. 왜 씨를 뿌리고 밭을 갈고 수확하는 일을 하기 시작했을까?

여기에서 한 가지 고려할 일이 있다. 농경 사회로의 이행이 반드시 개선은 아니라는 사실이다. 구석기시대 사냥꾼들은 신석기시대 이후 농경민들보다 대체로 더 잘 먹고 더 건강하게 살며, 식량을 확보해야 하는 시간도 더 적게 들어 훨씬 풍요로운 삶을 살았다. 실제 구석기인의 유골과 신석기인의 유골을 비교하면 평균적으로 구석기인의 키가 더 크고, 건강 상태도 좋았음을 알 수 있다.

현재에도 그 비슷한 삶을 살고 있는 서부 아프리카의 부시맨을 보면 그런 짐작을 할 수 있다. 이들의 식단은 주로 가뭄에 잘 견디고 영양가 많은 몬곤고 콩으로 이루어진다. 이는 1년 내내 얻을 수 있는 식량이며, 같은 양의 곡물에 비해 다섯 배의 칼로리와 열 배의 단백질이 있다. 그 외에 부시맨들이 먹는 음식들을 분석해보면 현대인들의 권장 식단보다 균형이 잘 잡혀 있다. 더구나 이런 수준의 식량을 구하는 데에 대개 일주일에 이틀 정도의 노력밖에 들지 않는다. 여자들은 하루에 두세 시간 일하고 나머지 시간에는 여가 활동을 한다. 남자들은 일주일 동안 사냥을 하고 2~3주씩 아무 일도 하지 않는 식으로 살아간다. 그러므로 농경지대 사람들에 비해 더 여유 있고 안정적인 삶이 가능하다. 만일 사정이 계속 이랬다면 구석기인들이 굳이 농사를 지을 필요가 없었을 것이다.

물론 이상에서 이야기한 것은 떠돌아다니는 소수 집단의 이야기이지, 거주 단계에 들어간 마을에서는 사정이 달라진다. 정주가 이루어지고 인구가 증가한 결과 기원전 9500년경에는 마을 크기가 이전 시기의 10배인 2~3헥타르로 커졌다. 이런 정도의 사람들이 모여 살면 이제 사냥과 채집으로는 식량 확보가 불충분해질 공산이 크다. 가족을 먹이기 위해 바구니를 채우는 데 갈수록 더 많은 시간과 노력이 들 것은 분명하다. 사정이 악화되다 보면 결국 언젠가는 환경을 지나치게 쥐어짜서 생태 기반이 무너질 위험성도 있다. 이 문제를 해결하기 위해서는 결국 자원을 그냥 취하는 게 아니라 기르며 채취하는 것으로 나아가야 한다.

결정적인 시기인 기원전 10000~기원전 9500년 시기에 그런 변화가 일어난 것은 분명하다. 자크 코뱅(1930~2001)이라는 프랑스의 고고학자가 이와 관련된 연구를 수행했다. 그가 발굴 조사를 한 유프라테스강 유역의 무레이베트 지역은 선사시대의 장구한 기간 내내 사람들이 계속 거주하여 농경이 시작된 시점에서 어떤 일이 일어났는지 추적하는 것이 가능하다. 이 지역에서 발견된 낫의 날에 묻어 있는 물질의 흔적들을 현미경으로 정밀 분석하면 흥미로운 사실들을 알 수 있다. 처음에는 주로 갈대를 베는 데 낫이 쓰이다가 다음 시기에는 밀과 보리를 베는 데에 쓰였다. 조금 더 면밀히 살펴보면 아직 덜 여문 야생종 이삭을 베었음을 알 수 있다. 재배종과 달리 야생종은 이삭이 익으면 낟알이 땅에 떨어지므로 그전에 거둬들여야 하기 때문이다. 그다음 수백 년 동안에는 흙 속에 밀과 보리의 꽃가루pollen 화석이 많이 보인다. 이는 마을 주변에 밭이 만들어졌고 재배가 시작됐음을 뜻한다. 이때 어떤 마을은 규모가 커지고 다른 곳에서는 마을이 사라진다. 이는 밭갈이 수확과 같은 집단 노동의 필요 때문에 인구가 집중되고

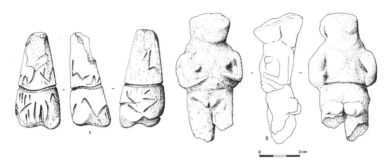

무레이베트 지역에서 발견된 석제 여인상들.

있다는 증거다. 이런 식으로 농경이 자리 잡아가는 장기간의 발전 과정을 분명 확인할 수 있다.

　그런데 여기에서 주의해서 살펴볼 점이 있다. 농경으로 전환하는 시기에 사회가 큰 위기를 겪었다든지 물질적 요소들이 크게 변화하는 현상들이 보이지 않는다는 것이다. 통상 생각하듯 식량이 불충분한 위기가 발생하고 이 문제를 해결하기 위해 새 방식을 만들어내는 일이 단기간 내에 갑자기 일어나지는 않았다는 것이다. 그보다는 많은 일이 아주 장기간에 걸쳐 서서히 일어났다. 두 종류의 밀 즉 트리티쿰 모노코쿰Triticum monococcum과 트리티쿰 디코쿰Triticum dicoccum이 완전히 재배되는 것은 기원전 9500년, 보리·콩류·대마 등이 재배되는 것은 기원전 9000년이다. 가축화를 보면 개는 기원전 16000년, 염소는 기원전 9500년, 돼지는 기원전 9200년, 양은 기원전 9000년, 소는 기원전 8400년, 나귀는 기원전 5500년에 일어났다. 그러니까 이상의 변화들은 사람들이 '의식하지 못하는 새에' 서서히 일어난 일이다.

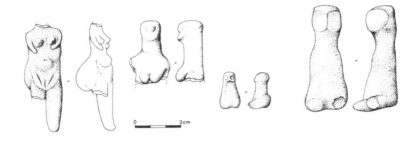

무레이베트 지역에서 발견된 토제 여인상들.

: 물질 요인보다는 종교 요인이 핵심

자크 코뱅은 변화 과정을 물질적 요소보다는 종교적 요소에서 찾는다. 핵심 기간인 기원전 10000∼기원전 9500년 시기에 물질 요소에서는 큰 변화를 찾아볼 수 없었다. 변화한 게 있다면 신앙과 관련된 것들이다. 수세기 동안 집들이 커지고 실내 공간들이 구획됐는데 집안 중심 장소의 진흙 선반 위에 소 대가리 뼈를 모시기 시작했고, 곧이어 돌이나 구운흙으로 만든(테라코타) 여성상들이 등장한다. 모두 풍요를 나타내는 신성한 존재의 상징물이다. 여기에서 읽을 수 있는 점은 사회·문화적 변화 요인이 기술·물질 측면보다 더 큰 중요성을 띤다는 것이다. 사실 곡물을 골라 파종하거나 다루기 쉬운 동물들을 가축화하는 기술은 생각보다 그리 어렵지 않아서, 이전 시대에 이미 알려져 있었다.

그렇다면 무엇이 가장 어려운 일인가? 그런 일들을 '집단으로' 행하는 데 필요한 조직과 사회 규칙을 확보하는 일이다. 수확한 작물을 다 소비하지 않고 다음 파종을 위해 일부를 남겨두고, 가축 전체를 다

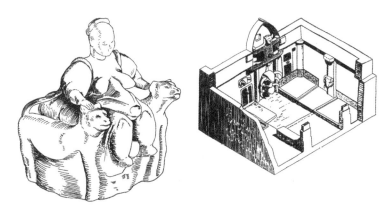

차탈휘익에서 발견된 동물들을 거느린 여신상(왼쪽) 그리고 여신과 황소 상들을 배치한 일종의 사당의 상상도(오른쪽).

도살하는 게 아니라 번식을 위해 일부를 남겨두는 문제를 생각해보라. 우리가 파종한 밭에 다른 집단이 들어오려 한다든지 우리가 키우고 있는 동물들에 대해 다른 집단이 '사냥'할 권리를 주장할 때 그것을 막는 문제, 또 사람들 사이에 식량을 분배하고 자원을 상속하는 복잡한 문제 등을 생각해보라. 집과 토지, 종자와 가축을 관리하는 것은 농경이나 목축 기술 이상의 문제다. 성별·연령별 분업, 식량 배분, 재산 처분과 상속과 관련된 금기와 도덕, 규칙 등이 확립되어야 한다. 당시 생겨난 종교가 이런 문제와 연관됐을 것으로 보인다.

그러니까 농경의 시작은 물질적 변화·발전의 결과라기보다는 자연과 사회에 대한 인간 의식의 변화에서 비롯됐다. 가장 중요한 변화는 소 대가리와 여성상의 등장이라는 '상징 혁명'이다. 코뱅은 이것이 '위대한 여신' 그리고 이와 연관된 황소 신으로 생각한다. 기원전 8000년대 아나톨리아의 유명한 차탈휘익 유적에서 보이는 거대한 황소 신을 비롯해 후일 지중해 전역의 신화에 등장하는 신(예컨대 황소로

차탈휘익의 거대한 황소 그림. 황소 주변에 무장한 다수의 사람들이 있다.

상징되는 제우스 신)의 기원이 여기에 있다. 고고학적으로 보면 이 이전에는 신이 없었다. 농경이 시작되면서 인간이 그 앞에 복종하고 기원하는 신이 만들어졌다. 사람들은 자연을 정복하면서 동시에 거기에 복종하게 된 것이다. 핵심 요인은 인간과 세계 사이에 만들어진 논밭이라는 '인공 자연'이다. 인간의 삶이 통째로 매여 있는 공간이 형성되면서 인간의 운명을 좌우하는 신이 등장한 것이다. 풍요롭고 자유로운 자연 속의 삶에서 인고와 굴종의 삶으로 이행했고, 그러자 신으로 대변되는 질서와 규칙이 인간을 옭아맸다.

　물론 이상의 이야기는 중동 지역의 고고학적 연구에서 얻은 결론이다. 나머지 기원 지역에서는 농경의 시작 과정이 다르게 진행됐을 가능성이 있다. 농경의 시작에서 상징성의 증가가 아주 중요한 의미를 지니는 것은 중동 지역에서만 타당한 내러티브일 수 있다. 현재 중동 지역에 대한 연구가 가장 많이 이루어졌지만, 다른 지역에 대한 연구 결과도 많이 축적되고 있으므로 앞으로 비교 연구를 통해 더 풍부한 이해가 가능할 것이다.

이와 함께 또 한 가지 고려할 사항은 언어의 발전이다. 앞에서 말한 농경 사회의 여러 규칙은 세대 간에 전수되어야 한다. 그러기 위해서는 언어가 필수적이다.

아마 분절화된 언어는 구석기시대에 큰 동물을 집단으로 사냥하면서 만들어졌으리라 추정한다. 그것이 신석기 농업혁명을 거치며 발전하고 분화했을 것이다. 지금 세상에 존재하는 수많은 언어는 여러 개의 모어母語에서 분화되어 나왔다(이 모어들의 모어, 말하자면 그 여러 개의 모어들이 분화되어 나온 최초의 근원적인 모어가 있었는지는 불분명하다). 여기에서 이런 가설이 제기된다. 신석기 농업혁명의 기원 지역들에서 언어가 형성됐고, 그 후 농경이 확산되며 언어도 따라서 확산되면서 변화했다는 주장이다. 즉 농경과 언어가 함께 전달됐다는 것이다. 중동에서 인도-아프리카-아시아 지역으로, 중부 아메리카에서 아메리카 전역으로, 북중국에서 아시아로 그리고 작은 규모지만 북아메리카와 남아메리카 지역들 역시 주변 지역으로 언어들이 확산됐다. 예컨대 아랍어, 헤브루어, 나일 지역 언어들이 인도유럽어와 유사하고, 동아시아 언어들이 서로 비슷한 이유를 여기에서 찾을 수 있다.

농경의 시작은 결코 단순한 과정이 아니다. 인구가 증가하고 획득경제가 위기에 빠지자 그것을 극복하기 위해 농경이 '발명'됐고, 한 지역에서 이루어진 방식이 전 세계로 확산됐다는 과거의 설명은 이제 받아들여지지 않는다. 그보다는 아주 장기간에 걸친 유연한 과정이었고, 여러 현상이 복잡하게 얽힌 다면적인 현상으로 이해된다. 즉 우연의 산물이 아니라 기술과 문화가 오랜 기간 조정되고 발전하며 서서히 형성된 결과다. 결국 신석기 농업혁명이라는 용어 자체가 부정확하게 됐다. 그러나 그 결과가 실로 혁명적이라는 점은 여전히 타당하다. 인간의 삶이 완전히 바뀌었고, 역사는 새로운 단계로 진입해 들어갔다. 인류는 찬란한 문명을 발전시켰지만, 내부적으로는 통제와 억압, 불평등이 심화됐다. 그것이 꼭 행복으로 향한 길이었는가는 별개의 물음이다.

소

육식의 세계화와 빈곤의 세계화

소는 신성한 동물이었다. 소를 먹는 행위는 곧 신성한 힘을 나누어 가지는 종교 의례였다. 실상 고대에는 소의 수가 많지 않았고, 또 있다 해도 농사짓는 데 써야 하므로 소를 잡아먹는다는 것은 일상적으로 할 수 있는 일이 아니었다.

근대에 들어와 사정이 급변했다. 남아메리카의 팜파나 북아메리카의 대평원에서 그야말로 엄청난 수의 소를 키우다 보니 흔한 게 쇠고기가 됐다. 때마침 냉장 기술이 발전하여 유럽으로 수출하는 길이 열렸다. 귀족과 부유한 부르주아만 풍족하게 먹을 수 있었던 쇠고기는 오늘날 대부분의 사람들이 즐기게 됐다. 특히 서양 문명의 확산과 함께 세계인의 음식도 바뀌는 중이다. 경제가 성장하는 나라에서는 모두 서양인을 따라 육식이 증가하는 추세를 보인다.

단지 소만의 문제가 아니다. 중국인들의 돼지고기 사랑, 영국인들의 피시앤드 칩스 사랑, 우리나라 사람들의 삼겹살과 '치킨'에 대한 열렬한 사랑을 보면 전 세계 시민들의 음식 문화가 전반적으로 육식으로 바뀌어가는 것 같다. 그렇지만 정말로 세계 모든 사람이 고기를 먹는 것은 아니지 않은가? 빈부 격차가 갈수록 커지는 현대 세계에서는 일부 부유한 사람들이 먹는 고기를 얻기 위해 동물에게 사료를 대느라 가난한 사람들의 식량을 줄이는 꼴이 됐다. 이제 육식은 신성함과는 한참 거리가 멀어졌고, 오히려 세속적인 식탐의 행위일 뿐이다. 우리 몸의 건강뿐 아니라 지구환경 개선과 빈곤 문제 해결을 위해서 육식을 절제해야 하는 게 아닐까? 우리에게 아직 신성함 혹은 현명함이 남아 있다면….

: 쇠고기를 먹는 이유, 안 먹는 이유

인류 문명 초기부터 소는 실제적으로나 상징적으로나 가장 중요한 동물 중 하나였다. 고대 이집트의 아피스나 수메르의 엔릴 같은 황소 신들은 강력한 힘으로 적들을 물리치고 지상에 풍요를 가져다주는 최고 권좌의 신들이었다. 제우스도 흔히 황소 형상으로 변하여 많은 여성/여신을 유혹하지 않았던가? 더 극적인 사례로는 고대 그리스에서 디오니소스 축제 때 신도들이 밤새 춤추다 종교 의례가 클라이맥스에 이르면 살아 있는 소에 달려들어 맨손으로 소를 죽이고 날고기를 먹는 행위를 들 수 있다. 이는 소에 깃든 신성한 힘을 인간들이 나누어 갖는다는 의미로 보인다. 많은 사회에서 벌건 육즙이 도는 쇠고기는 귀족 전사의 지배력을 나타낸다.

정반대로 힌두교를 믿는 인도에서는 쇠고기를 먹는 것이 금기이지만, 사실 그 이유는 다른 문명권과 다르지 않다. 소를 너무 신성시하다 보니 아예 인간이 먹지 못하도록 한 것이다. 상징적인 의미 뒤에 언제나 물질적·실제적 이유가 있다는 점을 강조하는 인류학자 마빈 해리스는 이에 대해 다음과 같은 흥미로운 설명을 제시한다.

기원전 1750년경 천둥과 폭풍의 황소 신 인드라를 숭배하는 유목 민족인 아리아인이 인도에 들어와 정복민이 됐다. 이때만 해도 쇠고

이집트의 아피스 신(왼쪽)과 에우로페를 납치하는 흰 소 형상의 제우스(오른쪽).

기 섭취는 금기가 아니었다. 오히려 지배계급인 브라만은 제사를 지내고 난 후 주민들에게 쇠고기를 나누어줌으로써 충성을 확보했다. 그런데 점차 이 지역의 인구가 급증하여 곧 세계에서 가장 인구밀도가 높은 곳으로 변모해갔다. 산림은 헐벗고 토양 침식으로 지력이 고갈되는 데다가 목초지도 귀해져서 농민들이 농사를 짓기 위해 꼭 필요한 소를 키우는 것이 갈수록 힘들어졌다. 이런 상황에서 그 귀한 소를 브라만 계급이 계속 도축하여 먹는 것에 대해 민중계급이 저항했다. 이럴 때 새로 등장한 불교는 바로 그 점을 파고들었다. 불교는 가난한 하층민들의 구원을 설파할 뿐 아니라 살생을 금하는 교리를 펼침으로써 실생활에 필요한 소를 보호하고자 한 것이다. 결국은 힌두교가 다시 교세를 확보하여 인도의 주도적인 종교로 복귀했지만, 이때 힌두교는 경쟁 상대였던 불교의 주장을 많이 받아들여서 자기 것으로 만들었다. 이제 신성한 암소를 죽이는 행위는 사형에 처해질 수도 있는 중죄가 됐다. 실수로 죽인 경우에도 엄벌을 피할 수 없어서, 자신이 죽인 소의 가죽을 뒤집어쓰고 외양간에 한 달 동안 갇혀서 매일 암소들 뒤를 쫓아다니며 발굽에서 일어나는 먼지를 꾸역꾸역 삼켜야 한다.

∶ 영국의 고기 '요리'

과거에는 어느 문명이든 고기는 아주 귀한 음식이었고 서민들이 먹는 음식은 대부분 곡물 종류였다. 날이면 날마다 빵이나 밥, 죽, 혹은 지역에 따라서 감자나 옥수수만 계속 먹는 것이 서민들의 운명이었다. 그나마 비교적 자주 육류를 접했던 곳은 유럽이다. 벼농사를 짓는 아시아나 옥수수 농사를 짓는 아메리카 대륙과 달리 유럽에서는 농경과 목축이 긴밀히 연결되어 있었기 때문이다. 그렇다 하더라도 서민들이 신선한 고기를 맛보는 것은 드문 일이어서, 겨울나기 준비를 하는 가을철에 잠깐 고기 맛을 보는 정도였다. 겨울을 나기에는 목초가 부족하기 때문에 10월이 되면 종자를 보존할 짐승만 소수 남기고 나머지 짐승들을 잡는다. 이때 보름 정도 농민들은 살코기와 피, 내장을 먹고, 나머지 고기는 전부 염장 처리를 했다. 따라서 일반 서민들이 먹는 고기는 대개 염장 고기였고, 연중 신선한 고기를 먹는 것은 부유한 귀족이거나 대도시의 중산층 이상 시민들이었다. 유럽의 고급 음식 문화는 궁정과 대도시 상층 부르주아의 일이었지 일반 서민과는 거리가 멀었다.

2005년 당시 프랑스 대통령 자크 시라크는 영국을 비판하면서 "그처럼 요리를 못 하는 사람들을 신뢰할 수는 없다"는 말을 해서 일대 논란을 불러일으켰다. 예전에 드골 대통령이 영국의 윈스턴 처칠 총리에게 했다는 "246가지나 되는 다양한 치즈를 가진 나라 프랑스를 어떻게 잘 다스릴 수 있겠소?"라는 유명한 말과 비교해보면 다소 격이 떨어지는 편인 데다가, 이제는 그 말이 맞다고 할 수도 없다. 오늘날 영국에는 다양한 일급 요리를 제공하는 음식점들이 많다. 물론 자국 요리를 개발했다기보다는 세계의 요리들을 수입했다고 하는 편이 더 정확한 이야기겠지만. 하여튼 분개한 영국 언론은 그다음 날 '유명 맛집celebrity chef' 목록을 지상에 공개해서 반격에 나섰다.

영국 요리가 프랑스 요리만 못 하다고 자타가 공인했던 것은 과거의 일이다. 영국이 고급 요리 개발에 뒤처졌던 이유는 청교도적인 분위기 때문이었다. 19세기 빅토리아 시대에 정점을 이루었던 이 문화에서는 쾌락 추구 자체를 비판적으로 보았고, 따라서 '먹는 즐거움'을 과도하게 추구하는 것 역시 단정치 못한 일로 여겼다. 프랑스에서 누벨 퀴진nouvelle cuisine이라는 이름으로 세련된 요리가 발전할 때 영국에서는 '참담하도록 창의력이 부족한' 요리만 고집하고 있었다.

그렇다고 영국인들이 자국 음식에 대해 자부심이 없었던 것은 아니다. 무엇보다도 프랑스에서는 아직 쇠고기가 사치품이던 때에 영국에서는 점차 많은 사람이 풍부하게 쇠고기를 먹기 시작했다. 프랑스인들은 영국인을 '로스비프rosbif(roast beef를 프랑스식으로 읽은 말)'라고 불렀는데, 여기에는 분명 부러워하는 심정이 섞여 있다. 고기든 야채든 다소 과도하게 푹 익히는 나쁜 버릇은 있지만, '인위적이지 않고 정직한' 영국 음식은 분명 더 건강한 음식임에 틀림없다.

18세기 영국의 문인 헨리 필딩은 1731년에 「잉글랜드의 구운 고기The Roast Beef of Old England」라는 글에서 이렇게 썼다.

영국인들은 훌륭한 쇠고기 구이를 먹기 때문에 영혼이 고양되고 피가 풍요로워진다. 군인들은 용맹하고 궁정인들은 사려 깊다.… 그렇지만 경솔한 프랑스인들에게서 스튜 요리와 그들의 춤을 배운 다음부터 우리 모두 헛된 자만심만 늘었다.

그러나 18~19세기에 영국인 모두가 쇠고기를 많이 먹었다고 오해해서는 안 된다. 이때에도 역시 노동계급의 주식은 빵과 감자에 마가린이나 버터 그리고 여기에 생선(주로 저급품 대구)이 더해졌으니, 이게 유명한 '생선과 감자튀김fish and chips'이다.* 그나마 돈을 벌어오는 남자 가장은 간혹 고기 조각과 베이컨을 먹을 수 있었지만, 여성과 아이들은 오히려 사정이 더 악화됐다. 고기는 가장에게 양보하고 대신 설탕을 잔뜩 입힌 밀가루 음식들로 부족한 영양을 보충했던 것이다.

---

* 런던에 가면 가장 흔하게 볼 수 있는 음식점이 '피시 앤드 칩스fish and chips' 식당이다. 현지에서는 이를 치피chippie라 부른다. 이곳에서는 옷을 입혀 튀긴 생선에다가 감자튀김이 더해진 먹거리가 나온다. 감자튀김은 프랑스나 벨기에에서 비롯됐음에 틀림없다. 생선을 기름에 튀기는 요리는 이디시Yiddish, 즉 동유럽 유대인의 전통이다. 이들이 런던의 이스트엔드에 정착하면서 생선튀김 요리가 도입됐고, 여기에 감자튀김이 덧붙여지면서 피시 앤드 칩스가 만들어졌다. 이 음식이 널리 퍼지려면 도시에 생선이 상하지 않은 상태로 전달돼야 한다. 트롤선, 냉장 기술, 철도 등의 발달이 이것을 가능케 했다. 그 결과 1888년 영국에 '치피' 수가 1만 2천 개소였다가 1910년에는 2만 5천 개소로 증가했다. 요즘에는 미국 햄버거 가게들이 늘어나 수가 다소 줄고 있지만 그래도 여전히 치피는 성업 중이다. 신선한 생선을 써서 요리를 잘하는 가게도 있다고 들었으나, 내 경험으로는 대개 질보다 양으로 승부하는 이 음식은 저녁 때 맥주와 함께 먹으면 저녁거리 대용으로 딱 좋은 정도다. 물론 이는 전적으로 개인적인 경험일 뿐이다.

: 신대륙의 소

유럽의 고기 사정이 나아진 것은 19세기 후반에 아메리카와 오스트레일리아, 뉴질랜드 등지에서 냉동 육류를 수입하게 되면서였다. 통칭 신대륙이라 부르는 이곳들은 구대륙의 인간들과 그들이 앞세운 동물들이 들이닥치면서 일대 재앙을 만났다. 아메리카의 인디언, 오스트레일리아의 애버리지니Aborigine, 뉴질랜드의 마오리족 등은 유럽인 침입자들에 의해 대거 학살당했고, 겨우 살아남은 사람들은 제한된 구역으로 밀려났다. 인구가 희박해진 광대한 땅에는 유럽산 소와 말, 양 등을 키우는 대규모 목장이 들어섰다. 결국 동물이 사람을 쫓아낸 셈이다.

아메리카에 도입된 소는 스페인산 롱혼Longhorn 종류였는데, 워낙 강인하고 튼튼해서 신대륙의 야생 환경에 아주 잘 적응하여 번식했다. 목초도 먹기에 알맞았고, 빈 땅에 풀어놓아도 이 소들을 잡아먹을 대형 포식 동물이 거의 없었기 때문이다. 거의 야생으로 되돌아간 이

아메리카 대륙에 성공적으로 정착한 스페인산 롱혼.

소들은 어찌나 성격이 거친지 송아지들은 웬만한 높이의 담장을 뛰어넘어 달아났고, 거친 벌판에서 자기네들끼리 어울려 마음대로 돌아다녔다. 이 소들은 자기네가 가축이라는 생각을 전혀 안 했을 것이다. 카우보이, 가우초, 바케이루 등 각 지역마다 다르게 부르는 소 치는 사람들은 야생 상태에 가까워진 소가 얼마나 영리한지 잘 알고 있었다. 소들은 사냥개 못지않은 후각을 가지고 있어서 60킬로미터 떨어진 곳의 물웅덩이를 감지할 수 있었다고 한다. 이런 소를 잡는 것은 거의 사냥에 가까운 일이었다. 1700년경 남아메리카의 팜파 지역에는 이런 소가 5000만 마리에 달했다.

그런데 신대륙에 소가 아무리 많다고 한들 쇠고기를 유럽이나 다른 지역에 내다팔 수는 없었다. 냉동 설비가 아직 개발되지 않았던 시절이라, 몇 달 걸리는 항해 기간 동안 고기가 전부 썩었기 때문이다. 판로가 막힌 상황에서 소들이 넘쳐나도록 많다 보니 소 한 마리를 잡아서 다른 부위는 다 버리고 혀만 잘라 요리해 먹는 지경이었다. 그렇지 않으면 가죽을 팔든지 혹은 선원이나 노예들에게 제공하는 하급 식품으로 육포를 만들어 파는 정도였다. 그러던 차에 19세기 후반 냉동선이 개발되면서 일대 변혁이 일어났다.

1877년 프랑스의 엔지니어인 샤를 텔리에는 증기선 프리고리피크호에 냉각 장치를 해서 아르헨티나의 쇠고기를 싣고 부에노스아이레스에서 프랑스 루앙까지 항해했다. 이것이 역사상 최초의 냉동 화물 운송 사례로 언급되지만, 사실 이 배는 항해 중에 냉동 시스템이 고장 나서 프랑스에 도착하기도 전에 고기가 다 썩어버렸다. 몇 달 후 암모니아 냉각제를 사용한 훨씬 개선된 냉동 장치가 설치된 파라과이호가 완벽하게 보관된 냉동 고기를 프랑스까지 운반하는 데 성공했다. 드

인디언의 버펄로
사냥.

디어 신대륙의 고기를 유럽에 판매할 길이 열린 것이다. 그뿐만이 아
니다. 냉장차도 등장하여 멀리 떨어진 내륙 지역의 목장으로부터 대
도시와 항구까지 싸고 안전하게 고기를 운송할 수 있게 됐다.

유럽에서는 이전보다 훨씬 싼 가격으로 쇠고기를 먹을 수 있게 됐
다. 그렇지만 사람의 입맛은 그토록 간사한 것인가, 이제 유럽의 소비
자들은 단순히 쇠고기를 먹을 수 있다는 데에 만족하지 않고 더 부드
러운 고기를 원했다. 그러기 위해서는 마블링이 있는 꽃등심처럼 고
기 사이사이에 지방이 들어가도록 하는 게 좋다. 그런 고기를 얻기 위
해서는 일단 소들을 목초로 사육하다가 적당한 때부터 곡물을 먹여서
지방질이 늘어나도록 만들어야 한다. 때마침 미국 중서부 지방에서는
옥수수 재배가 엄청난 성공을 거두어 옥수수가 남아돌아갔다. 그래서
사람들은 이 옥수수를 소에게 먹이고 질 좋은 고기를 생산하여 영국
을 비롯한 유럽 각지에 팔자는 생각을 하게 됐다. 한쪽에서는 당장 사
람이 먹을 식량이 부족한데 다른 곳에서는 엄청난 양의 곡물을 소에
게 먹이는 기묘하고도 불합리한 일이 벌어졌다.

도축을 위해 시카고에 운집한 소.

미국 중서부가 고급 육질의 소 사육 중심지로 발전하는 데에는 아직 걸림돌이 있었다. 19세기 후반만 해도 이 지역에는 공격적인 인디언들이 버펄로 사냥을 하며 살아가고 있었다. 이들을 없애기 위해 잔혹한 일들이 벌어졌다. 우선 수백만 마리의 버펄로를 닥치는 대로 사살해서 거의 멸종 단계로 몰아갔다. 버펄로를 주식으로 하는 인디언들은 존립 기반을 상실했고, 더 나아가서 미국 기병대의 잔혹한 인간 사냥에 희생자가 됐다. 이전 주인이 떠난 자리에는 소가 들어왔다.

20세기 들어 미국은 엄청난 양의 쇠고기를 소비하기 시작했다. 그러기 위해 수많은 소를 죽이고 몸통을 해체하고 포장하여 수송해야 했는데, 이게 보통 일이 아니다. 이전에는 소를 한 마리 잡으려면 망치로 급소를 친 다음 칼로 찔러서 죽기를 기다렸다가 푸주한들이 달려들어 뼈와 내장을 떼어내고 고기를 나누는 일을 했다. 당연히 힘들고 시간이 오래 걸리는 작업일 수밖에 없다. 이런 식으로 그 많은 소를 일일이 도축하는 것은 불가능하므로 결국 도축의 '산업화'가 이루어졌다. 현대식 도축장에서는 컨베이어에 소를 매달아 이동하는 동안 인부들이 각자 정해진 과정에 따라 소를 해체하면서 기계적으로 절단·세척·포장을 해나간다. 헨리 포드가 바로 이 소 도축 공정을 모

방해서 자동차 조립 공장을
만들었다는 것은 유명한 사
실이다.

그 과정이 과연 위생적이었
을까? 업튼 싱클레어(1878~
1968. 미국 소설가, 사회비평가)
는 1906년에 시카고의 쇠고
기 도축·포장 작업장에서
일어나는 비리와 계급 갈등,
비위생적 작업 과정을 고발
하는 소설 『정글』을 출판했

시카고에서 소 도축 시의 위생 검사 장면, 1906.

다. 여기에는 화학약품으로 쇠고기를 세척하고, 수챗구멍에 걸려 있
는 고기 찌꺼기들까지 삽으로 긁어모아 운반차에 싣는 과정이 적나라
하게 묘사되어 있다. 새끼를 낳는 어미 소, 다리가 부러진 소, 어떻게
죽은지도 모른 채 시체가 되어 도착한 소까지 모두 모른 척 처리된다.
미국식품의약품위생법이 제정되고 미국식품의약국FDA이 설립되는
계기가 됐다고 할 정도로 충격적인 내용을 담고 있는 이 소설은 현대
인간이 다른 생물과 맺는 관계가 해괴하게 변화됐음을 말해준다.

: 절제하는 현명함

오늘날 미국인들은 1년에 1인당 68킬로그램(150파운드) 이상의 고
기를 소비하는데 그중 60퍼센트 이상이 쇠고기다. 문제는 경제성장

을 이룬 국가들이 대개 미국과 같은 과다한 고기 소비 방식을 따라간다는 데에 있다. 이처럼 과도하게 쇠고기를 소비하는 게 과연 좋은 일일까? 오늘날 전 세계에는 12억 마리 이상의 소가 사육되고 있다. 이 소들이 먹는 사료는 사람 수억 명이 먹을 수 있는 양이다. 단순하게 이야기하면 선진국에서 쇠고기 소비만 대폭 줄여도 전 세계의 굶어죽는 사람을 많이 살릴 수 있다.* 또 목장이 세계 경지의 4분의 1을 차지하게 되면서 삼림도 줄어들고 공해도 심각해졌다. 더구나 육식이 증가하면서 전에 없던 병도 많이 발생한다고 한다. 우리 시대에 가속화되는 이런 일들은 인류 역사 전체의 큰 흐름에서 보면 지극히 비정상적인 일이다. 우리 몸의 건강과 사회의 건강, 크게는 지구의 건강을 위해서는 분명 육식을 절제하는 현명함이 필요하다.

---

* 소만의 문제, 혹은 미국만의 문제가 아니다. 13억 중국인의 소비를 위해 엄청난 수의 돼지를 키우는 것이 21세기 새로운 지구적 문제로 부상했다. 돼지 사료를 얻기 위해 해외에서 콩을 수입하다 보니 남아메리카 각국에서 이제는 소목장들을 폐업하고 콩을 재배하여 중국에 수출한다. 아르헨티나 팜파의 엄청난 소 떼도 이제 옛날이야기가 되어가고 있는 것이다. 세계는 변화하고 문제의 초점도 바뀌어가고 있다.

말

인류의 역사와 함께 달리다

말보다 더 착한 눈을 가진 동물이 있을까? 조너선 스위프트가 『걸리버 여행기』에서 인간을 야후라는 천하의 야비한 짐승으로 그리고 그 대신 말을 고상한 미덕을 지닌 지적인 존재로 상상한 것이 이해가 안 되는 바가 아니다.

일찍이 기원전 4000년경 가축화된 이후 말은 늘 인간과 함께 살아왔다. 처음 가축화할 때에는 먹잇감으로 중요했지만, 말은 잡아먹으려고 키우기에는 너무 고상한 동물이다. 사람들은 곧 말의 빠른 속도와 적절한 힘을 이용하는 다른 용도를 찾게 됐다. 농사나 짐 운반 같은 데에 말이 많이 쓰였지만, 그보다 더 큰 의미를 지니는 것은 군사적 용도다. 말은 여러 문명권에서 군의 핵심 요소였다. 말을 타고 빠른 속도로 움직이며 높은 위치에서 창칼을 휘두르고 활을 쏘거나 전차戰車를 몰고 돌진하면 일반 보병의 입장에서는 대적할 방도가 없다. 그런 압도적인 우위를 누리는 덕분에 흔히 말 타는 자들이 지배자의 지위에 올랐다. 동양에서는 대개 문文이 무武보다 상위의 지위를 누린 반면 서양에서는 말을 타고 칼을 휘두르는 기사騎士가 귀족계급이 됐다. 이런 과정에 잘못 끼어들어간 말은 그들의 선량한 본성과는 상관없이 인간들의 폭력성이 거침없이 분출되는 소름끼치는 전장을 누벼야 했다.

시대가 바뀌어 이제는 말 타고 전쟁하는 일은 거의 사라져가고 있다. 20세기 중반까지 인간들의 싸움을 거들던 말은 이제야 본래의 우아한 모습으로 평화로이 살게 됐다.

ː 1만 년 만의 귀환

말이 전속력으로 달릴 때 네 발굽이 동시에 땅에서 떨어지는 때가 있을까?

이는 19세기 말 미국에서 사람들 사이에 많이 회자되던 문제다. 맨 눈으로 보면 어느 순간 말의 네 다리가 전부 공중에 떠 있는 것 같기도 하고 아닌 것 같기도 해서 통 알 수가 없다. 어찌 보면 한가하기 그지없는 문제지만, 궁금증을 풀지 않으면 참을 수 없는 사람이 꼭 있게 마련이다.

19세기 말 미국의 거부巨富이자 캘리포니아 주지사를 역임한 정치가이며, 특히 스탠퍼드대학교 설립자로 유명한 릴런드 스탠퍼드가 그런 사람이었다. 2만 5천 달러라는, 당시로서는 엄청난 거액을 걸고 친구와 내기를 한 그는 "네 다리가 동시에 떠 있다unsupported transit"는 자신의 주장을 증명하기 위해 마침 그 시기에 등장한 사진기를 이용하기로 하고, 에드워드 마이브리지에게 말이 달리는 모습을 찍도록 했다(1877~1878). 당시의 유리 원판 사진기는 촬영 준비를 한 후 한 번밖에 찍지 못하는지라 마이브리지는 24대의 카메라를 동원해서 연속 촬영을 했다. 결과는? 말의 네 다리가 동시에 땅에서 떨어진 모습이 확실히 찍혀서 스탠퍼드의 주장이 맞는 것으로 밝혀졌다. 참고로,

에드워드 마이브리지의 말 사진(1877~1878).

마이브리지의 촬영은 정지된 사진으로부터 '활동사진'으로 발전하는 단계에서 중요한 의미를 가지기 때문에 영화 교과서에 자주 거론되는 사건이다.

19세기에 캘리포니아에서 처음 말 사진을 찍은 이 일화는 장구한 역사의 흐름에 주목하는 역사가의 관점에서는 새삼 흥미로운 데가 있다. 원래 말의 고향은 다름 아닌 아메리카 대륙이었다. 말이 아시아와 아프리카까지 퍼져가게 된 것은 지금부터 약 1만 3천 년에서 1만 4천 년 전의 일이다. 당시 지구의 기온이 크게 떨어져 해수면이 내려가서 현재의 베링해협이 뭍으로 드러남으로써 시베리아와 북아메리카가 연결됐다. 지질학자들이 베링기아라 부르는 이 땅은 남북 간 폭이 약 800킬로미터에 이르는 거대한 교량 역할을 했다. 이곳을 통해 아시아와 아메리카 사이에 많은 생물종이 교환됐다. 무엇보다도 시베리아로부터 인간이 이 교량을 넘어 아메리카로 가서 오늘날 통상 '인디언'이라는 잘못된 이름으로 불리는 아메리카 선주민이 됐다.* 반대편으로는 여러 동물이 넘어갔는데 대표적인 것이 바로 말이다. 고향을 떠난 말은 유라시아와 아프리카 대륙에까지 널리 퍼져갔지만, 정작 자기 고향인 아메리카에서는 멸종했다. 그 후 지구 기온이 상승하여 해수면이 올라감으로써 베링기아가 다시 베링해협이라는 바다가 되어 아시아와 아메리카 대륙은 단절됐다. 아시아의 말들이 고향으로 되돌아가려 해도 갈 수 없게 된 것이다.

아메리카에 다시 말이 나타난 것은 콜럼버스 이후의 일이다. 그는 1494년에 24마리의 수말과 10마리의 암말을 들여왔는데, 이 말들은 에스파뇰라섬에서 크게 번성했다. 베링기아를 건너갔던 말은 아시아 초원 지대에서 살다가 아랍 지역에 들어갔고, 그 후 이슬람의 지배를 받았던 스페인에 아랍 말이 전해졌다가, 다시 스페인인에 의해 아메리카로 들어오게 된 것이다. 그 후 19세기가 되면 서부 영화에서 보듯이 미국 서부 지역에까지 유럽산 말과 소가 넘쳐나게 됐다. 마이브리지의 말 사진은 1만 년 만의 극적인 귀향을 축하하는 기념사진처럼 보인다.

: 식량에서 가축으로

말은 5000만 년 전에 존재했던 약 60센티미터 길이의 에오히푸스Eohippus로부터 오늘날의 에쿠스equus에 이르기까지 진화를 거듭해오

---

* 이것이 지금까지 정설이었다. 늘 그렇듯이 모든 정설에는 많은 이론異論들이 제기되게 마련인데, 이 경우에는 이론의 도전이 만만치 않아 정설이 뒤집혀질 공산도 크다. 74쪽의 박스 면 참조.

조너선 스위프트의 『걸리버 여행기』에서 인간은 야후라 불리는 야비한 동물로 전락하여 묘사된 대신 말은 고귀한 존재로 격상되어 그려졌다.

는 동안 초원 위를 빨리 달리는 성질을 계속 강화해갔다. 발가락이 사라지고 대신 발굽이 생겨났으며, 다리는 더 길어졌다. 그래야 포식자들로부터 자신을 지킬 수 있기 때문이다. 눈이 커지고, 귀는 모든 방향으로 돌 수 있으며, 코가 발달한 것 역시 위험을 빨리 인식하고 빠른 속도로 달아나기 위해서다. 말은 평지에서 최고 시속 60킬로미터로 달릴 수 있고, 하루에 160킬로미터까지 달릴 수 있다. 천리마라는 게 실제 존재한다면 하루에 400킬로미터를 달린다는 이야기이니 보통 말의 두 배 반 정도 더 달린다는 의미다(게다가 등짝에 '야후' 하나를 태우고 말이다).

이 겁 많고 잘 놀라는 동물은 잠자는 방식도 아주 특이해서, 낮에 10~15분씩 짧은 잠을 여러 번 자는데 이것을 전부 합쳐도 하루에 서너 시간밖에 자지 않으며(이에 비해 사자 같은 포식 동물들은 하루에 16시간까지 잔다), 또 눕지 않고 선 채로 잔다. 다만 며칠에 한번 누워서

누운 말을 보는 것은 생각보다 쉽지 않다. 말은 언제나 서서 잔다고 생각하기 쉽지만 야생 상태에서는 잠깐씩 누워서 잔다.

1~2시간 정도 깊은 잠을 자는데, 이때에는 반드시 무리 중에 일부가 보초를 서서 위험을 예방한다. 게다가 야생 상태에서는 아무리 느린 정도라도 계속 움직이는 버릇이 있다. 육식동물의 먹이로 태어난 까닭에 말은 그야말로 끊임없는 움직임의 화신이 됐다.

인간과 말이 언제부터 만났는 지는 알 길이 없으나, 선사시대의 동굴 벽화에 가장 많이 그려진 동물 중 하나가 말인 것을 보면 사람들은 일찍부터 말을 영험한 동물로 본 것 같다. 그러나 말의 가축화는 다른 동물들에 비하면 상대적으로 느린 편이다. 개보다는 6천 년, 소보다는 3천 년 늦은 시기인 기원전 4000년경에 우크라이나 남쪽의 드네프르강 유역에서 말이 사람 손에 길들여지기 시작했다.

이때에는 다른 용도보다는 잡아먹기 위한 것이었다. 사실 오랫동안 말고기는 쇠고기만큼이나 맛있고 값진 식량이었다. 사람들이 말고기를 먹었다는 고고학적 혹은 문헌학적 증거는 러시아, 스칸디나비아, 독일, 이탈리아, 그리스, 영국 등지에서 풍부하게 발견된다. 그렇지만 오늘날에 와서는 말고기가 식용食用되는 경우가 갈수록 줄어서, 프랑스의 통계를 보면 1년에 약 2만 7천 마리 정도만 스테이크 재료로서 생을 마칠 뿐 대부분의 말들은 30세를 넘겨 말 양로원에서 늙어 죽는다고 한다. 유럽에서 쇠고기는 아무 거리낌 없이 먹는데 말고기는 즐겨 먹지 않아 일종의 금기 식품처럼 취급된다. 2013년 유럽 여러 나라에서 쇠고기에 말고기를 섞은 햄버거 패티가 유통되어 소동이 벌어졌었다. 왜 그럴까?

대체로 서기 8~9세기까지는 여전히 유럽에서 말고기를 많이 먹은 것 같다. 아직 기독교화가 되지 않은 북쪽 지방으로 찾아간 전도사들이 그곳 주민들이 말고기를 먹는 사례를 자주 거론했다. 다만 그 기록을 보면 사람들이 일상적으로 말고기를 먹는다기보다는 축제와 의례 등에서 제한적으로 먹는다고 보고하는데, 이를 보면 말고기가 기독교가 아닌 이교異教 신앙과 연관이 있음을 알 수 있다. 그런 이유 때문에 교회 당국은 말고기를 완전히 금지하지는 않는다 하더라도 가급적 먹지 말라고 주민들을 매우 조심스럽게 회유했다.

723년에는 교황 그레고리우스 3세(재위 731~741)가 말고기 식용에 대해 "앞으로 절대 허용하지 말고 가능한 모든 방법을 동원하여 억제하라"고 명령하는 교황 칙서를 발표했다. 아마도 이즈음에 말고기에 대한 금기가 본격화된 것으로 보인다. 이 이후에는 기근 때에만 어쩔 수 없이 먹는 음식이 됐다. 예컨대 1258년 영국 서퍽주의 도시 베리 세인트에드먼즈의 연대기에는 홍수로 인해 기근이 들어 "가난한 사

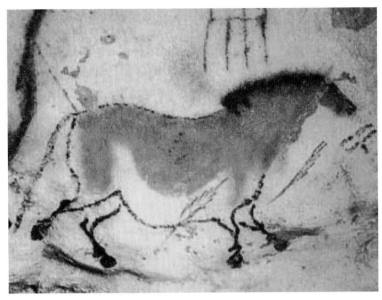
1만 5천 년 전 라스코 동굴벽화에 그려진 말. 말은 사냥감일까, 숭배 대상이었을까.

람들이 말고기, 초근목피, 그 외에 더러운 것들을 먹을 수밖에 없었다"고 기록하고 있다. 과거 이교 신앙에서 영험한 기운을 지닌 것으로 여겨졌던 말은 바로 그 때문에 기독교 사회에서 점차 식용에서 배제됐다. 실제로 중세 유럽의 요리 설명서에는 말고기 레시피가 거의 전무하다.*

사람과 말이 포식자와 먹잇감이 아닌 다른 방식으로 만나게 되는 것은 처음 가축화된 이후 1천~2천 년이 더 지난 뒤의 일이다. 이제는

---

* 오늘날 유럽에서 말고기를 전혀 안 먹는 것은 아니다. 다만 많은 사람이 께름칙해하는 것 같다. 마치 우리나라에서 어떤 사람은 개고기를 즐겨 먹는데 어떤 사람들은 피하는 것과 비슷하다. 한편, 우리나라 제주도에는 말고기 요리점이 많고 일본에서도 말고기 요리가 발달해 있다. 일본의 이자카야 중에는 말고기 회를 파는 곳도 있다.

잡아먹기보다는 말의 힘을 이용해서 수송, 농사, 전투 등의 다양한 용도로 말을 부리게 됐으니 일종의 재가축화가 일어난 것이다.

그렇다면 말의 힘을 어떻게 이용할 것인가?

이는 정말로 힘들고 복잡한 문제다. 동물의 강력한 근육 힘을 사람이 바라는 여러 방식으로 통제하기 위해서는 여러 종류의 마구馬具들이 필요하다. 가장 먼저 등장한 마구로는 재갈이 있다. 기원전 2000년경에 등장한 재갈은

유럽에 전해진 등자. 기사들이 완전한 지배 계급으로 올라서는 데에 등자가 핵심 역할을 했다는 설명도 제기됐다.

서서히 사방으로 퍼져가서 기원전 800년경이면 유럽과 시베리아에까지 보급됐다. 그리고 이것이 길마, 안장, 가슴띠, 멍에, 목줄, 뱃대끈 등 여러 마구의 발명과 보급을 자극했다. 이것들이 각각 어디에서 처음 나와서 어디로 전해졌으며 또 그것이 어떤 영향을 미쳤는가는 기술사技術史의 중요 토픽들이다.

그 가운데 특히 많은 주목을 받은 고전적인 사례로는 등자鐙子(stirrup)를 들 수 있다. 등자가 왜 중요할까? 그것을 잘 이해하려면 등자가 없는 상황을 상상해보면 된다. 말에 올라탄 사람은 허벅지에 쥐가 나도록 말 옆구리를 자기 다리로 꽉 죄고 있어야 떨어지지 않고 균형을 잡을 수 있을 것이다. 실제로 고대 아시리아인들은 등자가 개발되기 이전에 말을 탔는데, 이들은 고삐를 잡아다니거나 양다리로

힘을 가하면서 말이 달리는 방향을 조정하고, 또 그런 상태에서 활을 쏘았으니 정말로 대단한 기마 실력이라 하지 않을 수 없다. 등자는 안장 위에 앉은 사람에게 안정성을 주고, 그래서 피로를 줄여주며 다양한 승마 스타일을 가능케 한다.

등자는 아마도 기원전 500년경에 인도에서 '발가락 등자toe stirrup (고리 모양의 로프로서 여기에 엄지발가락을 넣게 되어 있다)' 형태로 처음 개발된 것으로 보인다. 이것이 중국에 알려졌고 이곳에서 다시 아시아를 관통하여 유럽에 전해져서 800년경 샤를마뉴 시절에 유럽에서도 널리 쓰이게 됐다. 일부 학자들은 등자의 도입이 유럽에 봉건주의를 확립시킨 요인이라고까지 주장한다. 말을 타고 칼을 휘두르는 강력한 무사 집단이 지배계급으로 확고하게 자리 잡으려면 승마 기술이 완벽하게 정착되어야 하기 때문이라는 설명인데, 다소 과장됐지만 흥미로운 아이디어라 하지 않을 수 없다.

: 전쟁과 말

말은 농사에도 널리 쓰였지만, 우리에게는 마그누스 에쿠스Magnus Equus나 데스트리어Destrier처럼 전투용으로 쓰인 '엘리트' 종들이 더 흥미를 끈다. 여러 문명권에서 말은 무력의 핵심 요소였다. 고대와 중세에 말은 오늘날의 탱크나 전투기에 해당했다. 빠른 스피드와 높이의 이점을 가진 기병이 활을 쏘거나 창을 휘두르며 보병을 덮치면 압도적인 우위를 누렸다. 이 때문에 말은 무력을 장악한 사회 엘리트, 즉 전사 귀족을 특징짓는 요소가 됐다. 중앙정부나 귀족만이 말의 이

이집트인에게 말을 타고 싸우는 것은 힉소스인이 처음이었기에 말 탄 힉소스인에 쉽게 정복됐다. 위의 그림은 이집트 파라오 아흐모세 1세가 하‡이집트의 지배자였던 힉소스인들을 전투에서 물리치는 장면이고, 아래 그림은 이수스전투에서 애마 부케팔루스를 타고 다리우스 3세와 싸우는 알렉산드로스다.

용을 독점하고 말의 번식, 수출입, 조련 등을 엄격히 통제하는 것은 유럽, 중국, 중앙아시아 각국에서 공통적으로 나타나는 현상이었다.

　강력한 기마민족이 이웃 지역을 공격하고 점령하는 일은 유라시아의 역사에서 자주 반복되는 스토리다. 인류 문명의 초기인 수메르 시대에 말이 전투에 사용된 이래 고대 제국의 역사에서 말과 마차는 빠지지 않고 등장하는 요소가 됐다. 기원전 18세기에 힉소스가 기마 전차를 앞세워 이집트를 공격해 들어갈 때의 기록을 보면, "전차가 마치 화살처럼 날아오고 말발굽은 천둥소리를 낸다"고 서술되어 있다. 알렉산드로스 대왕이 세계 제패를 목표로 아시아의 광대한 영토를 정복해 들어갔을 때에도 기마대가 전면에 서 있었다. 알렉산드로스는 부케팔루스('소 대가리를 한 말'의 뜻)라는 명마를 타고 친위 기마대를 지휘하며 전장을 누비고 다녔다. 인도에까지 이르는 동안 단 한번도 전투에서 패배한 적이 없는 이 영웅의 신화적인 일대기에서 말 이야기는 빠지는 법이 없다.

이슬람교의 팽창에서도 말은 중요한 역할을 했다. 아마 세계종교의 역사 중에 이슬람교만큼 빠른 속도로 광범위한 지역에 퍼져간 경우는 찾기 힘들 것이다. 이슬람교는 성립되고 난 후 단기간에 아라비아로부터 중앙아시아와 아프리카 북부까지 석권했다. 어떻게 그럴 수 있었을까? 이 팽창이 단지 종교 전도이기만 한 게 아니라 동시에 군사 정복이었기 때문이다. 일단 군사 정복을 한 다음 피지배민들에게 이슬람교를 받아들이든지, 아니면 원래 자신의 종교를 유지하되 높은 세금을 물든지, 그렇지 않으면 죽든지 택일하라고 강요하는 방식이었다. 그러니까 군사적 관점에서 보면 무함마드 자신이 탁월한 기병대 장군에 해당한다고 할 수 있다. 따라서 무함마드가 거느린 말에 관한 전설이 빠질 리 없다.

어느 날 무함마드는 자신이 거느리는 말들의 충성심을 시험해보고자 했다. 그래서 일주일 동안 물을 주지 않고 가둬두었다가 마침내 문

유럽인들이 탐내던 아랍 명마.

을 열자 모든 말이 일제히 급수대로 달려갔다. 바로 그 순간, 무함마드가 전투 신호를 보냈다. 그러자 그 가운데 다섯 마리가 곧바로 달려왔다. 이 말들이 무함마드가 애용한 말들이 됐으며, 그 후손들이 아라비아의 왕실 말이 됐다고 한다. 무함마드가 "바람에서 탄생한 존재"라고 일컬은 아랍 말은 오랫동안 아시아와 유럽 각국이 소유하고 싶은 명마의 대명사였다.

중국에서도 말은 전략적으로 늘 중요했다. 한나라는 흉노에 맞서기 위해 한혈마汗血馬를 얻으려는 노력을 아끼지 않았다(「장건의 서역 출사」 편 참조). 역사상 가장 강력한 군사 제국이라 일컬어지는 칭기즈 칸의 몽골제국 역시 기병의 승리를 통해 이룩한 것이다. 몽골 기병들은 한번 말에 타면 며칠 동안 내려오지 않을 정도로 말과 한 몸이 됐

뒤늦게 아메리카 인디언들이 말에 완전히 적응했다. 말의 원산지가 본래 이곳이라는 사실을 말도 인디언들도 몰랐을 것이다.

으니, 이건 거의 켄타우로스 수준이라고 할 만하다. 말이 풀이나 건초를 먹는 동안에도 그들은 말에서 내리지 않고 안장에서 쉬었다. 칭기즈 칸의 군대는 식량이 떨어졌을 때 자기가 타고 다니는 말의 혈관에 구멍을 뚫고 피를 빨아먹으며 싸운 것으로 유명하다. 말한테 너무 한 것 아니냐고 생각할 수도 있으나, 그건 우리같이 소심한 사람들의 생각이고, 초원을 지배하는 전사에게 할 소리는 아니다. 정복 전쟁 때만이 아니라 제국 건설 후에도 말의 공헌은 결정적이었다. 제국 전역에 약 20킬로미터마다 역참驛站을 두어서 모두 1만 곳의 역참이 있었는데, 한 곳마다 400마리의 말을 보유하되 그중 절반인 200마리는 언제라도 사용할 수 있는 채비를 갖추고 있었다고 한다. 몽골은 그야말로 말의 제국이었다.

역사상 전투에서 말이 가장 큰 힘을 발휘한 사례 중 하나는 유럽인들이 아메리카를 정복했을 때다. 콜럼버스 이후 자기 원산지로 되돌아온 말들은 가공할 정복자로서 귀향한 셈이다. 말을 처음 본 이곳 주민들에게 그것은 지옥에서 온 괴물처럼 보인 모양이다. 잉카제국 점령 당시의 기록을 보면 어이없어 보일 정도로 쉽게 제국이 무너지는데, 그 이야기의 중심에는 말이 있다. 1532년에 잉카제국의 수도 쿠스코에 도착한 피사로의 군대는 고작 106명의 보병과 62명의 기병으로 구성되어 있었다. 이 소규모 부대가 7천 명을 살해하고 잉카(황제)를 생포함으로써 8만 명의 군인이 지키고 있는 제

제1차 세계대전 당시 동원된 말. 방독면을 써본 말도 흔치는 않을 것이다.

국을 지배하게 된 것이다. 그때의 전략이라는 것이 고작해야 병사들이 나팔을 불고 말에 딸랑이를 매달아 소리를 내면서 기습 공격을 감행한다는 것이었다. 말의 괴력 앞에 인디오들이 혼비백산한 것이 승패를 가른 요인이라고 역사는 기록하고 있다.

이처럼 세계 역사의 중요한 고비마다 말이 등장하는 것을 보게 된다. 도대체 말은 언제까지 사람들 간의 무력 충돌에 동원됐을까? 우리가 통상 짐작하는 것보다 훨씬 더 늦은 시기까지 말이 전쟁에서 맹활약했다. 그 정도가 아니라 19세기에서 20세기 초반까지가 군마軍馬의 전성기라고 볼 수도 있다. 이때는 철마鐵馬(기차)가 등장한 시기라고 하지만 사실은 엄청난 수의 살아 있는 말이 수송과 전투에서 결정적인 공헌을 했다. 1866년에 일어난 프로이센-오스트리아 전쟁(보오전쟁普奧戰爭) 당시 5만 6천 명의 기병이 창과 칼로 무장하고 총을 든

병사들과 대적한 적이 있었고, 몇 년 뒤 프로이센-프랑스 전쟁(보불전쟁普佛戰爭, 1870~1871)에서도 9만 6천 명의 기병이 전투에 임했다. 이런 현상은 제1차 세계대전까지 지속돼서, 1914년에만 해도 기병대 간의 교전이 상당히 자주 일어났고, 특히 정찰 활동에 말이 유용하게 이용됐다.

다만 서부전선에서는 참호전이 일반화되고 철조망과 기관총이 널리 사용되면서 말은 급격히 전투에서 배제됐다. 그렇지만 참호전이 확립되지 않은 동부전선에서는 여전히 말이 광범위하게 사용됐다. 당시는 러시아군에 20만 명의 기병이 있던 때였다. 전선에 직접 투입되지는 않는다고 해도 특히 무기와 보급품의 수송에서는 말이 결정적인 역할을 맡고 있었다. 철도는 적의 폭격으로 끊어지지만, 말은 길이 없는 곳까지 다닐 수 있기 때문이다. 1916년 전투에 동원된 말의 수가 120만 마리로 추정되고 있으니, 이때만 하더라도 말 사료가 중요한 군수물자였다. 우리는 흔히 제1차 세계대전에는 전투기와 탱크, 독가스와 기관총 등 온갖 신무기가 동원된 전투가 벌어졌으리라고 생각하기 쉽지만, 사실은 여전히 말이 핵심 역할을 한 전쟁이었다. 말이 전쟁에서 배제된 것은 제2차 세계대전에 가서의 일이다. 탱크와 자동차가 말의 역할을 거의 완전히 대체하게 된 것이다. 이제 비로소 말은 사람들 간의 싸움에서 놓여나기 시작했다.

: 소집 해제

오늘날에는 단지 의장대나 왕실을 지키는 부대 같은 곳에서만 상징적인 의미를 지닐 뿐 이제 말의 군사적 효용은 거의 사라졌다고 보아야 한다. 군사 부문만이 아니라 수송 부문에서도 마찬가지다. 19세기에도 가장 중요한 운송 수단은 동물이었다. 철도와 선박이 아무리 발달했다고 해도 항구와 철도 사이를 연결하는 부문에서는 말을 비롯한 끌 짐승이 필수적이었다. 심지어 제2차 세계대전 직후에도 유럽에서는 당분간 말이 운송 수단으로 사용됐다(1948년 프랑스에는 말 200만 마리가 있었다).

혹시 김승호 씨가 주연을 맡아 연기한 1961년도 영화 「마부」를 본 사람은 알 수 있을 것이다. 주인공이 마부로 일하며 어렵게 살림을 꾸려가는 동안 믿음직한 장남(신영균 분)이 고시에 패스하여 성공하는 휴먼스토리인데, 그 시대만 해도 서울 한복판에서 말이 요즘의 택배 서비스나 용달차 역할을 하고 있다. 물론 이 시기 이후 곧 말은 교통수단으로서 사라져갔고 자동차로 대체됐다.

이제 말은 지금까지와는 다른 부문에 사용되고 있으며, 특히 레저용으로 각광받고 있다. 다만 우리나라에서는 다른 나라와 달리 '승마'보다는 '경마' 분야만 과도하게 커져 있는 게 문제라고 전문가들은 이야기한다. 더구나 요즘에는 말을 이용한 치료equitherapy 같은 새로운 분야도 개발되고 있다. 신체 장애아나 자폐아에게 말 타는 법을 가르치면 몸의 균형을 찾고 외부에 마음을 열도록 하는 데에 효과가 크다고 한다. 말은 역사의 흐름 내내 남성적·전투적·귀족적 성격을 띠며 인간과 함께 해왔지만, 이제는 여성과 아동에게 친화적인 모습으로 탈바꿈하여 훨씬 다정한 존재로서 우리 곁으로 다가오고 있다.

인류와 함께 역사의 무대를 누비고 다닌 말에게 평화를!

아메리카에는 언제부터
사람이 거주했을까?

　다른 대륙에 비해 아메리카에는 가장 늦게 사람이 거주했다. DNA 검사 결과를 보면 이들은 모두 하나의 조상에서 나왔을 가능성이 높다. 가장 개연성이 높은 가설은 언젠가 중앙시베리아에서 한번에 건너온 사람들이 아메리카 대륙 전체에 퍼져갔으리라는 것이다. 유골 화석을 보면 몽골로이드의 특징을 보이는 것도 그 가설에 대한 방증이다. 이런 내용이 대체로 교과서에서 가르치는 내용이다. 그것을 정리하면 이런 식의 내러티브가 된다. 소빙하기 말기인 1만 2천 년 전, 지구 기온이 지금보다 현저히 낮아서 해수면이 내려가 있었다. 지구온난화가 지속되면 해수면이 올라가 몰디브 같은 섬들이 바닷물에 잠길 것이라고 우려하는데, 반대로 기온이 내려가면 해수면이 크게 내려가서 바다였던 땅이 뭍으로 드러나게 된다. 그래서 현재의 베링해가 베링기아라는 육지가 되어 있어서, 시베리아와 알래스카가 연결됐다. 이때 아시아인들이 동쪽으로 넘어와 '인디언'의 선조가 됐다는 것이다. 이들이 북쪽에서부터 남쪽으로 확산되어 내려갔고 그 결과 거주 가능한 모든 곳에 사람들이 채워졌다는 주장이다. 그 후 기온이 올라가 베링해가 생겨나면서 아시아와 아메리카 대륙은 다시 단절됐다.

　이것이 지금까지의 정설이었다. 그런데 최근 이 이론에 부합하지 않는 사례들이 발견됐다. 최근 남아메리카에서 유골이 발견됐는데 적어도 2만 년 전 것으로 추론된다. 가장 오래된 유골이 남쪽에서 나온 것이다. 이 현상을 설명하기 위해 해로海路 가설이 제기됐다. 알래스카로 들어온 사람들

중에 다수는 육상으로 서서히 남하했지만, 그 이전에 일부가 해로를 이용해 태평양 연안을 따라 더 일찍 남아메리카로 내려갔으리라는 추측이다.

한편, 약 1만 2천 년 전의 유골이 플로리다에서 발견되어 또 다른 가설도 제기됐다. 이에 따르면 시베리아에서 해로를 통해 아메리카로 사람들이 갔는데, 태평양 방면이 아니라 대서양을 넘어갔다는 것이다. 앞으로 더 연구가 진척되어야 이 중 어떤 것이 맞는지 가려지겠으나, 어쨌든 중간 경로와 상관없이 출발지가 시베리아라는 데에는 의심의 여지가 없다.

그런데 최초의 아메리카인 문제는 학문적 차원을 넘어서서 정치·종교 문제로 비화되기도 한다. 미국의 극우파와 창조론자 그리고 모르몬교에서 완전히 새로운 주장을 하고 나선 것이다. 예컨대 유대 부족 중 한 가문이 일찍이 아메리카에 왔다는 주장이 한 사례. 몽골계 선주민 이전에 백인이 먼저 도착했다는 말인데, 이를 팔레오아메리칸paleo-American이라고 부른다. 황인종에게 아메리카의 첫 조상의 영예를 넘기고 싶지 않은 인종주의 냄새가 물씬 나는 이 주장은 사실 학문적인 근거는 없다.

한편, 인디언 부족들은 그와 같은 엉뚱한 주장은 안 하지만 그 대신 기묘한 요구를 하고 있다. 이들은 고고학적으로 발굴된 사체를 그들의 '위대한 조상'이라 부르며 내놓으라고 요구한다. 이들의 주장의 근거는 1990년에 통과된 '아메리카 선주민 묘지 보호 및 송환법Native American Graves Protection and Repatriation Act'이다. 법에 근거하여 주장하니 별수 없이 미국 정부는 일단 군 헬기를 동원해 발굴 사이트를 흙과 돌로 덮고 연구를 중단시켰다. 그러나 이번에는 연구자들이 강력하게 항의했다. 450세대나 단절됐는데 무슨 조상이란 말인가! 그래서 발굴된 유골을 박물관으로 옮겨 연구를 재개했다.

아메리카 최초의 거주민은 학술적으로나 정치·종교적으로나 뜨거운 이슈가 되고 있다.

면화

온 세상 사람들에게 옷을 입힌 작물

인류 역사에서 가장 중요한 직물 재료 중 하나는 단연 면이다. 면을 알지 못한 문명은 없었다고 해도 과언이 아니다. 그런데 유독 유럽만 가장 뒤처져 있었다. 유럽에서는 면화를 재배하지 못했기 때문이다. 아시아에서 면사를 수입하여 혼방 직물을 짜기는 했으나 순면 제품은 사용하지 못하는 상태였다. 그러던 차에 아시아로 찾아간 유럽 상인들이 놀라운 인도 직물을 들여왔다. 인도에서는 항하사恒河沙(갠지스강의 모래만큼이나 엄청나게 큰 수. 10^{52})의 손재주 좋은 직조공들이 수천 년 내려온 전통에 따라 기가 막힌 직물을 제조하고 있었다. 값싸고 아름답고 가볍고 색깔 좋고 물빨래가 가능한 면직물을 왜 마다하겠는가.

이것이 유럽의 산업과 일상생활에 충격을 가하여, 이를 방치하면 모직물이나 마직물 산업이 통째로 몰락할 판이다. 그래서 인도산 면직물 수입을 아예 금지시키든지, 아니면 적극적으로 배워서 자체적으로 생산해야 했다. 영국은 이 중 두 번째 것을 취했다. 이것이 영국 산업혁명의 첫걸음이었다. 아무리 재주 좋은 사람들이 많다 한들 기계의 힘을 당해낼 수는 없는 법, 결국 세계 최고·최대의 면직물 제조 국가였던 인도마저 영국산 직물 수입 국가로 전락하고 말았다. 인간의 삶, 민족의 운명을 산업혁명의 기계가 깡그리 변화시켰다.

면화는 인류 역사에서 가장 중요한 직물 재료 중 하나다. 면직물은 지난 수천 년간 인류가 몸에 걸쳤던 전체 의복 중 3의 2 정도의 비중을 차지했을 것으로 추산된다. 면화는 아주 일찍부터 재배됐다. 인도에서는 기원전 3000년, 페루에서는 기원전 2500년 그리고 이집트에서는 기원전 500년경에 재배됐다는 기록이 있다.

　　면의 야생종은 남아프리카 모잠비크에서 앙골라에 걸친 열대우림 지역에서 자생했으며, 그 종자가 동으로는 남아프리카의 동해안을 따라 인도로 전해지고 서로는 남아메리카 대륙으로 건너가 두 지역은 일찍부터 면직이 발달했다. 그 후 면은 동남아시아, 중앙아시아, 서아시아로 전파되며 각 지역의 환경에 따라 품종이 변화됐다.

　　인도에서는 아주 일찍부터 면직물이 만들어졌다. 놀랍게도 고대 인도의 면직물이 실물로 남아 있다. 고대 인더스문명의 유적지인 모헨조다로에서 세계 최고最古의 면직물이 발견됐는데, 꼭두서니로 염색한 붉은 빛깔이 5천 년이 넘는 세월을 지나 지금까지 보존되어 있다. 이는 인도의 직조 기술과 염색 기술이 일찍부터 얼마나 크게 발달해 있었는지 말해주는 증거다. 중국에서도 1979년 푸젠성福建省 우이산武二山 암묘巖墓에서 3,200년 전(기원전 1500년)의 청회색 면포가 여러 점 출토됐다.

﹕ 직물과 신화

　인간의 삶에 워낙 밀착된 물품들이라 그런지, 전 세계의 신화에는 실과 옷감에 관한 이야기가 자주 등장한다. 그 가운데 흥미로운 사례로 아프리카 도곤족의 신화를 들 수 있다. 서부 아프리카의 바니강과 니제르강이 만나는 반디아가라Bandiagara('코끼리들이 물을 마시는 물통'이라는 뜻) 지역을 중심지로 하여 살아가는 이 종족은 세계에서 가장 풍요롭고 유머러스하며 시적詩的인 창조 신화를 가지고 있다. 여기에는 다음과 같은 면화 이야기도 포함되어 있다.

　날이 밝아오면 태양 아래서 일곱 번째 정령이 여든 개의 목화 실을 뱉어낸다. 정령은 자기 윗니를 이용해서 이 실을 방적기의 빗살에 끼운 것처럼 고르게 분배한다. 그리고 다시 아랫니를 이용해서 똑같은 일을 반복하는데, 이렇게 해서 짝수 번째 실의 위치를 잡는다. 정령은 턱을 벌렸다 오므렸다를 반복하면서 날실 쪽의 무늬를 만들어낸다. 실들이 교차됐다가 흩어지기를 반복하는 동안 정령의 갈퀴 혀의 두 부분에서는 번갈아가며 씨실이 만들어져 나온다.… 정령은 그 기술이 전달되도록 하기 위해서 자기 말을 전달했다. 정령이 목청을 가다듬어 말을 하면 그의 말은 이내 실과 함께 옷감으로 짜여 나왔다. 그의 말은 옷감 그 자체였으며 옷감은 말이었다. 그렇기 때문에 이 나라 말에서는 옷감을 나타내는 단어도 '소이'이며 말을 뜻하는 단어 역시 '소이'다.
　_에릭 오르세나, 양영란 옮김, 『코튼로드』, 황금가지, 2007, pp.22~23.

　이 신화에서 직물은 곧 육화肉化된 신의 말씀이다. 실 잣는 여인의

운명의 세 여신인 모이라이. 클로토는 실을 잣고, 라케시스는 실의 길이를 재고, 아트로포스는 실을 끊어서 우리 삶을 마감시킨다.

손에서 흘러내리는 면사는 하늘과 땅, 신과 인간을 연결하는 끈이며, 직조공이 한 뜸 한 뜸 직물을 짜나가는 것은 무한히 반복되는 우주적 순환의 연속이다.

이 비슷한 이야기는 다른 여러 문명권에서도 찾을 수 있다. 그리스신화에서 인간의 운명은 실잣기에 비유된다. 운명의 세 여신 중 클로토는 실을 잣고, 라케시스는 실의 길이를 재고, 아트로포스는 가위로 실을 끊어서 우리 삶을 마감시킨다. 다른 문명권에서도 신화적 상상은 비슷해서 실로 옷감을 짜는 행위는 신의 말씀을 나타내는 상징이었다. 인간의 몸을 감싸주는 동시에 신분을 드러내는 옷감을 만든다는 것은 가장 실제적이면서 동시에 가장 상징적인 일이었다. 테세우스가 미궁迷宮 속으로 들어가 반인반수半人半獸의 괴물 미노타우로스를 처치하고 다시 바깥으로 길을 찾아 나올 때 그를 인도한 것 역시 아리아드네가 전해준 실이었다. 이 실은 어둠의 세계에서 빛의 세계로 인도하는 역할을 한다.

고대 인도의 종교·철학에서 경전經典을 뜻하는 산스크리트어 수트라sūtra 역시 실을 뜻한다. 직물이 씨실과 날실의 교차에 의해 만들어지듯 한 권의 책 역시 여러 수트라로 이루어진다. 씨실의 수직선은 남성적·능동적인 원리에 해당하며, 날실의 수평선은 여성적·수동적 원리에 해당한다. 직물을 짠다는 것은 이처럼 생의 두 상태의 지속적인 교체를 상징한다. 아프리카의 여러 부족에게는 직물 자체가 삶을 구성하는 이야기를 상징하므로 부족장을 장례 지낼 때 엄청나게 많은 직물로 시체를 감쌌다. 그래야만 저 세상에 가서 조상님들과 풍요로운 삶의 관계를 구성할 수 있기 때문이다. 실과 옷감은 물질적으로만이 아니라 정신적으로도 우리 삶을 이루는 중요한 요소다.

：면의 확산

고대로부터 근대에 이르기까지 세계 최고의 품질을 자랑하던 인도의 면직물은 아주 일찍부터 먼 지역으로 수출됐다. 기원전 7세기의 그림 자료들을 보면 대상隊商 무역을 통해 메소포타미아 지역으로 면직물이 수출됐음을 알 수 있다. 곧 이 무역은 더욱 확대되어서 지중해 동쪽 지역과 그리스 세계에까지 면직물이 퍼졌다. 헤로도토스(기원전 484~기원전 425년경)가 "인도에서는 나무가 열매 대신 솜을 맺는데, 사람들은 이 솜으로 의복을 만든다. 이 솜은 양털보다 훨씬 아름답고 질도 좋다"고 언급한 것을 보면 고대 그리스인들도 인도의 면화에 대해 비교적 잘 알고 있었던 것으로 보인다. 로마 시대에는 인도양의 계절풍을 이용해서 많은 아시아 상품을 수입했는데,* 그중에는 모슬린 같은 고급 면직물도 포함되어 있었다. 로마인들은 경탄을 자아낼 정

---

* 인도양에서는 겨울에 북서풍, 여름에 남동풍이 규칙적으로 분다는 사실이 일찍이 알려져 원거리 항해에 이용됐다. 그 덕분에 아시아 상품이 바다를 통해 중동 지역과 아프리카에 전해지고 이것이 다시 유럽에 전해질 수 있었다.

도로 섬세한 이 직물을 벤투스 텍스틸리스ventus textilis, 즉 '바람으로 짠 직물'이라고 불렀다.

면화는 인도어로 카르포사karposa, 그리스어로는 카르포스karpos, 라틴어로는 카르바수스carbasus, 아랍어로는 알카툰al-katun(여기서 al은 아랍어의 정관사다), 페르시아어로는 카탄katan, 13세기 이후 유럽에서는 코토눔cotonum이라 불렀으며, 이 말이 변해서 영어의 코튼cotton이 됐다. 단어의 전파에서 짐작할 수 있듯이, 인도에서 점차 주변 지역으로 면화 재배와 직조술이 전해졌을 것으로 보인다. 결국 전 세계 광대한 지역에서 면화가 재배되기에 이르렀다.

우리나라에는 고려 말에 문익점文益漸(1329~1398)이 원나라에서 목화를 들여온 것으로 알려져 있다. 그는 1363년 원나라에 갔다가 귀국하는 길에 종자從者 김용金龍을 시켜서 밭을 지키던 노파가 제지하는 것을 무릅쓰고 목화 몇 송이를 따서 그 종자를 붓대 속에 넣어 가지고 돌아와 장인 정천익鄭天益에게 나누어주고 함께 시험 재배를 했다. 3년간의 노력 끝에 드디어 목화 재배에는 성공했으나 목화씨를 어떻게 제거하고 실을 어떻게 뽑는지 알 수 없었다. 그런데 때마침 정천익의 집에 머물던 호승胡僧이 씨를 빼는 씨아와 실을 뽑는 물레 만드는 법을 가르쳐주어 이후 면으로 의복을 짜서 입게 됐다고 한다. 이것이 통상 알려져 있던 우리나라의 면화 수입 관련 이야기이지만, 최근 그보다 800년 앞선 백제 시대의 면직물이 발견되어 학계의 주목을 받고 있다.(91쪽의 박스 면 참조)

우리나라 사례에서 알 수 있듯이 전 세계 거의 모든 지역은 면화를 접하면 어떻게든 이를 수용하여 재배하려 했다. 여기에서 매우 놀라운 예외는 유럽 지역이다. 앞에서 언급한 것처럼 유럽도 고대에는 면화의 존재를 몰랐던 것이 아니다. 십자군 시대에도 서아시아 지역에 갔던 유럽인들이 면직물을 접한 후 이탈리아 상인들이 원면原綿과 면직물을 유럽에 수입했고, 또 이렇게 들여온 원면을 재료로 직물을 제조했다. 그러나 다른 지역들과 달리 유럽에서는 면화 재배에 성공하지 못했다. 면화가 잘 자라기 위해서는 서리가 없어야 하고 수분이 많이 필요하며 배수가 잘되는 흙에 더운 여름날이 오래 지속되어야 한다. 유럽은 이런 조건을 만족시키지 못하므로 결국 자체 재배에 성공하지 못했고 늘 원재료를 수입해야 했다. 그리고 수입한 원재료로 만든 직물도 퍼스티안fustian처럼 면과 리넨을 섞어서 짠 혼방 위주였지 순면 제품은 거의 모르고 지냈다. 이런 상태에서 어느 날 갑자기 밀려들어온 인도 직물을 보고는 경탄을 금치 못했던 것이다.

ː 인도 면직물의 충격

대항해시대에 유럽인들이 아시아로 들어갔을 때 인도양 세계에서 가장 중요한 상품 중 하나는 인도의 직물이었다. 인도 면직물 중에는 실로 감탄스러운 상품들이 있다. 예컨대 최고급 모슬린은 어찌나 부드러운지 한 필 전체가 반지를 통과할 수 있는 정도이고, 이 옷감으로 지은 의복은 일곱 벌을 겹쳐 입어도 몸이 비치는 '시스루' 패션이었다고 한다. 유럽 상인들은 아시아 상인들이 하는 방식을 그대로 좇아 인도의 면직물을 구입한 후 아시아의 다른 지역에 가져가서 팔거나 다른 상품과 맞교환하여 큰 수익을 올렸다.

이런 활동에 앞서간 것은 네덜란드동인도회사였다. 17세기까지만

인도의 전통 직조 방식으로 작업 중인 인도 직조공.

해도 아시아 안의 교역에서 네덜란드동인도회사에 뒤처져 있던 영국 동인도회사는 이 직물을 아시아에서만 유통시킬 것이 아니라 유럽에 직수입하여 판매해보기로 결정했다. 이는 일종의 모험이었는데 이것이 '대박'을 터뜨린 것이다. 어느 학자는 유럽에 수입된 인도의 면직물—수입 인도 면직물을 캘리코라고 불렀다—이 "유럽인들의 외피 外皮를 홀랑 바꾸어버렸다"고 표현했다.

처음에는 인도에서 들어온 이 '알록달록한 천', 곧 캘리코는 너무 천박하다고 해서 하녀들도 입기 꺼렸고, 주로 거실의 마룻바닥이나 벽을 가리는 가리개로 쓰였다. 그런데 『로빈슨 크루소』의 작가 대니얼 디포의 표현을 빌리면, 곧 이 천은 마룻바닥에서 귀족의 등으로 올라갔고, 깔개에서 바지로 변했다.

가볍고 따뜻한 데다가 아름답고 세탁도 간편한 캘리코의 수요가 폭증해서 일대 광풍이 불었다. 마직이나 모직 같은 기존 직물 공업이 큰 타격을 입게 된 것은 당연지사였다. 1719년에는 리넨 제조 직공들이 길거리로 뛰쳐나와서 캘리코 직물을 입고 다니는 여자들을 공격했다. 파리에서도 한 상인이 창녀들에게 이 옷을 입힌 뒤 길거리에서 공개적으로 벗기는 쇼를 해서 수요를 누르자는 기발한 제안을 하기도 했다. 18세기에 영국에서는 자국 산업을 보호하기 위해 캘리코의 사용을 금지하는 법안이 여러 차례 가결됐다. 그렇지만 그런 법으로 대세를 막을 수는 없었다.

그러나 길게 보면 인도 직물의 수입은 영국 경제를 기적적으로

모슬린을 입은 마리 앙투아네트.

일신시키는 자극을 주었다. 엄청난 양으로 수입되어 국내 경제를 압박하는 이 직물을 어떻게든 국내에서 생산하고자 한 것이다. 물론 인도에서처럼 헐값을 받고도 세계 최고 수준의 직물을 제조하는 고급 인력을 기대할 수는 없는 일이다. 결국 답은 기계화밖에 없었다. 이것이 영국 산업혁명의 도화선이 됐다.

: 면직물이 산업혁명을 일으키다

면직물업의 기계화 과정을 일별하면 방직紡織(옷감 짜기)과 방적紡績 (실잣기) 부문에서 교대로 혁신이 일어났다. 방직이 너무 발전해서 실이 모자라게 되면 곧 방적 분야에서 큰 발전이 일어나고, 그 결과 실이 많아지면 다시 방직 부문에서 새로운 돌파가 이루어지는 식이었

영국의 면방직 공장.

다. 중요한 첫 발명은 1733년 존 케이의 플라잉셔틀flying-shuttle이었
다. 셔틀shuttle은 오늘날에는 지정된 장소 사이를 왕복하는 셔틀버스
라는 의미로 더 익숙하게 됐지만, 원래는 베틀의 북(날실의 틈으로 왔
다 갔다 하면서 씨실을 푸는 기구)을 뜻했다. 플라잉셔틀은 '날아다니는
북'이라는 뜻으로서, 한자로 비사飛梭라고도 하는데, 손 대신 핸들 장
치로 북을 빠른 속도로 움직이게 만든 혁신적인 발명이었다. 이로 인
해 직조 속도가 급격하게 빨라지니, 미처 실을 충분하게 대지 못해서
이것이 병목 현상을 야기했다.

　이 문제를 푼 사람은 제임스 하그리브스라는 목수 출신의 발명가
였다. 그가 1765년에 개발한 제니 방적기는 수동으로 조작하는 크랭
크를 이용해서 여러 개의 물렛가락을 한번에 작동시키는 기계였다.
이 기계 하나로 한 사람이 무려 30~40명에 해당하는 일을 하게 되자 일자리를 빼앗긴 여인들이 하그리브스의 작업장에 쳐들어가서 기계들을 부수는 일까지 벌어졌다.

문제는 이 기계가 너무나 단순해서 누구나 쉽게 모방해 만들 수 있다는 점이었다. 하그리브스는 특허 소송에 몰두했으나 끝

물 방적기.

내 큰 수익을 얻지 못하고 죽었다. 리처드 아크라이트는 이 기계를 더욱 개량하여 수력을 이용해서 크랭크를 돌림으로써 이제 손을 쓸 필요도 없는 수력방적기를 만들어냈다. 1779년 아크라이트는 2천 개의 물렛가락을 갖춘 대형 방적공장을 세웠다. 그에게도 역시 마찬가지 일이 일어났다. 일자리를 잃은 여공들이 달려들어서 공장에 불을 지르고 기계를 파괴했고, 특허 소송에서도 토머스 하이즈라는 인물이 자신이 먼저 기계를 발명했다는 주장을 편 데 대해 반증을 제시하지 못해 패소했다. 그에게는 안된 일이지만 그의 발명품은 누구나 사용할 수 있게 됐고 이로 인해 방적기가 영국 전역에 확산됐다.

다시 1774년에는 새뮤얼 크럼프턴이라는 기계 기술자가 제니 방적기와 수력방적기의 장점을 섞은 뮬mule(암말과 수나귀 사이에 태어난 노새를 뜻하니 결국 두 종류의 기계를 합쳤다는 의미다) 방적기를 만들었다.

이제 실은 충분히 공급되는데, 다시 옷감을 짜는 방직 부문에서 병목 현상이 일어났다. 여기에 돌파구를 마련한 사람은 성직자 출신인 에드먼드 카트라이트로서 그는 1784년에 증기기관을 이용한 자동방

직기를 만들었다. 새로운 발명이 이루어질 때마다 불을 지르는 게 영국의 전통이 됐는지, 이번에도 역시 직공들이 공장에 불을 지르며 항의했지만, 기계화는 어쩔 수 없는 시대의 대세였다. 18세기 말이 되면 이제 이런 기계들 덕택에 영국이 인도를 제치고 세계 최고의 면직물 생산 및 수출 국가가 됐다. 1775년만 해도 영국에서 생산된 캘리코는 5만 야드, 수입은 211만 야드였는데 1783년이 되면 생산량이 2,358만 야드에 달했으나 수입은 78만 야드에 불과했다(면직물은 통상 야드yard 단위로 재는데, 1야드는 약 90센티미터라고 보면 된다).

그러나 산업화는 결코 당대 사람들을 행복하게 만들어주지는 못했다. 공장 노동자들의 비참한 현실은 차마 믿기 힘들 정도였다. 노동자들은 극빈자로 전락했고, 여성과 아동이 비참한 지경에서 일을 해야 했다. 아이들을 책임지고 있는 교구 성당은 고작 4~5세의 아이들을 주저 없이 공장으로 보냈다. 아이들은 하루에 12시간, 심지어 어떤 경우에는 16시간씩 7년 동안 일하는 조건의 견습 계약에 얽매여 있었다. 1787년 조사위원회가 밝힌 아동 노동 실태는 가히 충격적이다. 열 살도 안된 소녀가 강간당하기도 하고, 사소한 실수를 저지른 아이를 가동 중인 기계 위에 거꾸로 매달아 놓고 몇 시간이고 바디가 왔다 갔다 할 때마다 몸을 들어올려 피하도록 만들었다.

구대륙의 산업화는 신대륙의 노예제를 더욱 악화시키는 결과도 가져왔다. 미국은 영국으로부터 독립을 쟁취했지만 여전히 옛 모국에 면화를 공급했다. 아직 기계화가 안된 면화 재배와 수확 및 가공 부문에는 수많은 흑인 노예가 동원됐다. 봄이 지나고 여름으로 넘어가는 즈음이면 광활한 미국 남부 지역에는 흰 목화 꽃이 만발한다. 이 꽃이 분홍색으로 변하다가 노란색이나 붉은색으로 된 다음에 꽃잎이 떨어

1890년 오클라호마에서 흑인노예들이 목화를 수확하는 모습(맨 위)과 목화 꽃(중간) 그리고 현대의 면화 수확 기계(오른쪽).

진다. 그러면 꼬투리같이 생긴 열매가 생기는데, 이 열매를 열면 솜털에 싸인 씨앗들이 나온다. 바로 여기에서 소중한 섬유를 얻는 것이다. 수확기가 되면 수많은 인력이 동원되어 1헥타르에 약 400만 개씩 열리는 이 꼬투리를 하나하나 따서 마대에 담는다. 그러고는 이것들 모두 일일이 손으로 까는 지겨운 일을 해야 했다. 노예 노동이 필요한 이유가 여기에 있었다.

이렇게 해서 원료를 확보하여 맨체스터의 공장에서 대량으로 생산된 직물은 전 세계로 수출됐다. 그 중요한 수입국 중에는 인도도 포함되어 있었다! 왕년의 세계 최고의 직물 수출국 인도는 이제 '해가 지지 않는 제국' 영국에 가려 항상 그림자가 짙게 드리워진 어두침침한 식민지로 전락하고 말았다. 인도의 농촌 인력은 고작 면화 재배와 수확에 동원됐다. 영국 상품 수출을 확대하기 위해 인도에서의 직조 행위는 금지당해서, 이를 위반한 방직공은 남녀 불문하고 오른손을 절단했다. 마하트마 간디가 감옥에서 직접 물레를 돌리는 퍼포먼스를 한 것은 폭압적인 서구 산업주의의 폐해에서 벗어나 예전의 단순하고 경건한 가난한 삶으로 되돌아가자는 취지였다. 그러나 간디의 지극한 정성도, 수천 년 지속되어온 아름다운 전통도 기계의 힘을 앞세운 서구 세력 앞에서는 무력하기만 했다.

수천 년 동안 인간의 몸을 감싸준 소중한 직물, 신의 말씀이 육화된 것으로 여겨지던 면은 고대 인도에서 출발하여 전 세계로 팽창해 갔다가 종래 산업혁명의 기계화를 거치며 무자비한 자본주의·제국주의의 무기가 되어 고향 인도를 정복했다.

백제의 면직물

고려 말인 14세기 후반 문익점에게서 시작됐다고 알려져왔던 한국 면직의 역사가 무려 800년이나 올라갈 전망이다.

1999년부터 2000년까지 시행된 부여 능산리 절터의 6차 고고학 발굴 조사에서 출토된 유물 중에서 수습한 직물(폭 2센티미터, 길이 약 12센티미터)이 면직물임이 밝혀졌다. 같은 층위에서 567년 백제 창왕 때 제작한 이른바 '창왕명 사리감'이 발견된 점을 고려할 때 이 직물은 백제의 것이며, 따라서 실물로 존재하는 우리나라 최고最古의 직물이다. 일반적으로 우리나라 면직물의 시원은 고려 공민왕 때 원나라 사신으로 갔던 문익점이 면종자를 채취하여 가져와 시작됐다고 알려져왔으나, 면직물이 삼국시대부터 있었다고 하는 연구는 오래전부터 발표됐다. 삼국시대 기록에 나오는 백첩포白疊布(白氎布)가 면직물이며, 중국에 예물로 보내는 물품이었다는 내용이 그것이다. 이제 실물이 발견됨으로써 삼국시대부터 면직물을 직조했다는 것이 분명하게 밝혀졌다.

연구 팀이 직물을 현미경으로 관찰하여 확인한 결과 이번 면직물은 고대의 일반적인 직물 직조법과는 달리 위사緯絲에 꼬임을 많이 준 실을 사용하여 평조직으로 제작한 축면 직물임이 밝혀졌다. 축면 직물이라 함은 강하게 꼬임을 준 좌연사와 우연사(각각 왼쪽과 오른쪽으로 꼰 실)를 번갈아가며 교차로 직조하여 직물 표면에 오글거리는 추문皺紋(주름살 무늬)의 효과가 생기는 직물이다. 이런 식의 면직물은 우리나라뿐 아니라 중국과

백제 면직물.

일본에도 아직 보고되지 않은 희귀한 종류라 한다. 이런 직물을 만들기 위해서는 오랜 숙련이 요구된다. 백제 지역은 마한시대부터 견솜으로부터 실을 자아 '면포綿布'를 제직했다는 기록이 있는 것으로 보아 이 지역에서 오랜 기간에 걸쳐 축적된 제사 기술이 있음을 알 수 있다.

_ 심연옥 외, 「부여 능산리 사지 출토 백제 면직물 연구」, 『문화재』, 제44권 제3호, 2011.

염료

세계사에 색을 입히다

　우리 주변에 온통 아름다운 색이 넘쳐나게 된 것은 염료 덕분이다. 사람들이 입는 옷, 회화, 집 안 장식에 이르기까지 다 색이 입혀져 있다. 이것들을 다 어떻게 얻을까? 먼 과거에는 물론 모든 게 다 천연염료였다. 그러다가 19세기 독일에서 화학공업이 발달하여 인공 염료가 나오면서 모든 게 바뀌었다. 조금 과장하면 이 세상은 인공 염료가 나온 이후의 세계와 그 이전의 세계로 나뉜다. 전 근대 시대에 우리 민족이 백의민족이었을지 모르지만 오늘날 우리는 더 이상 백의민족이 아니라 '총천연색 민족'이다.

　천연염료 혹은 안료는 거의 대부분 생산이 지극히 어려워 아주 귀한 물질이었다. 오죽하면 네로 황제가 티리언 퍼플 색을 자신만 쓸 수 있다고 선언했을까? 그 귀한 색이나마 서로 나누고 섞었다. 남아메리카의 벌레에서 얻은 코치닐이 유럽 귀족의 옷을 붉은색으로 물들이고, 인도의 쪽에서 얻은 인디고가 유럽 부르주아의 옷을 쪽빛으로 염색했다. 아프가니스탄 동굴사원의 불상을 성스럽게 치장하던 청금석의 푸른 안료는 바다를 건너 울트라마린이라는 이름으로 불리며 성모마리아의 옷을 푸르게 하여 신비로움을 강조했다.

　세상은 서로를 아름다운 붉은색, 푸른색으로 물들여주었다.

오늘날 우리는 무수히 많은 색깔 속에서 살아간다. 주변을 한번 둘러보기만 해도 얼마나 다양한 색이 우리를 휘감고 있는지 알 수 있다. 그러나 이것은 19세기에 화학공업의 발달로 많은 인공 염료가 개발된 이후의 일이다. 그 이전에 대부분의 사회는 '색의 빈곤' 속에서 살아갔다. 특히나 일반 대중들에게는 의복이든 실내장식이든 화려한 색깔은 거의 접하기 힘든 사치이거나 아예 법으로 금지되어 있었다.

　색은 단순히 눈에 보이는 것 이상의 깊은 의미를 띠기도 했다. 예컨대 고대 인도에서는 색깔마다 특별한 상징성이 깃들어 있었다. 노란색은 '바잔트vasant(봄)'의 색으로서 꽃들의 색이며 남풍의 색이다. 인디고(닐라)는 크리슈나의 색으로서 비를 머금은 구름을 상징한다. '하리 닐라'라는 또 다른 뉘앙스의 푸른 인디고는 하늘이 비치는 물의 색이다. 사프란(게루아)은 요기(요가 수도자)의 색이요, 땅을 거부하는 시인과 예언자들의 색이다.

　근대 이전에 이런 색들은 어떻게 얻었을까?

: 티리언 퍼플과 꼭두서니

붉은색 염료로는 티리언 퍼플과 꼭두서니가 대표적이다.

'티리언 퍼플Tyrian purple은 고대 페니키아에서 생산되던 최고급 자주색 염료다. 페니키아인들은 지중해 전역에서 교역을 했고 여러 곳에 식민 도시들을 건설했는데, 그중에서 상업적으로 가장 큰 성공을 거둔 곳이 티레Tyre(Tyros)였다. 이곳에서 생산된 염료가 바로 티리언 퍼플이며, 이 염료로 물들인 자주색 고급 직물은 페니키아인들이 거래하는 대표적 상품 중 하나였다.

티리언 퍼플은 무렉스 브란다리스Murex brandaris와 푸르푸라 하이마스토마Purpura haemastoma라는 두 종류의 조개에서 얻는데, 아주 짙은 자주색을 띤다. 그리스인들은 이 색을 포이닉스phoinix라고 불렀으며, 페니키아라는 이름도 여기에서 유래했다. 전설에 의하면 이 염료를 발견한 것은 다름 아닌 헤라클레스였다. 헤라클레스는 조개를 씹어 먹은 자기 개의 주둥이가 자주색으로 물든 것을 보고 염료 물질을 찾아냈다고 한다.

이 귀한 염료는 이집트의 파라오나 로마 황실, 혹은 유럽의 왕실이나 귀족 같은 최상층 인사들만 사용할 수 있는 값비싼 물질이어서 '임피리얼 퍼플(황제의 자주색 염료)'이라는 별명을 가지게 됐다. 디오클레티아누스 황제 시절(4세기), 이 염료로 염색한 최상품 옷감 1파운드(1파운드는 약 0.45킬로그램)는 로마 은화 5만 데나리온, 혹은 같은 무게의 금값에 해당했다. 약간 저렴한 임피리얼 퍼플도 파운드당 1만 6천 데나리온에 달했다. 당시 석공의 일당이 50데나리온이라는 점을 놓고 보면 이것이 얼마나 비싼 물품인지 알 수 있다. 네로 황제는 자

티리언 퍼플의
재료인 조개.

신만이 이 색깔을 사용할 수 있으며, 다른 누구든 이 염료를 쓰다가 발각되면 사형에 처한다고 선언했다. 그리하여 이 색은 곧 고귀한 혈통과 동의어가 되다시피 했다. '자주색 속에서 태어났다born in purple'는 표현이 한 예인데, 이 말은 비잔티움제국에서 황녀가 자주색 옷감을 두른 방 안에서 아이를 낳는 데에서 유래했다.

또 다른 중요한 붉은색 염료로는 꼭두서니madder가 있다. 이 식물의 뿌리를 가공하여 얻는 염료는 고대부터 가죽, 양모, 면, 비단을 물들이는 데에 사용됐다. 야생 꼭두서니는 세계 여러 곳에서 발견되지만 원래는 인도에서만 재배됐다. 널리 알려진 종류로는 루비아 팅토룸Rubia tinctorum이나 루비아 코디폴리아Rubia cordifolia 등이 있다. 인도에서 성소聖所 장식용으로 쓰이던 붉은색과 검은색 직물들은 이 염료를 사용한 것인데, 바그리Vaghri라는 카스트가 이 일을 전문으로 했다.

다만 꼭두서니 염색은 세탁에 오래 견디지 못하는 단점이 있었다. 그래서 빛과 세탁에 잘 견디는 붉은색을 얻기 위해 지역에 따라 다양한 소재의 매염제媒染劑(섬유에 물감을 고착시키는 물질)가 개발됐다. 주로 명반이 쓰였지만, 그 외에도 크롬, 철, 소금, 식초, 가성소다 (수산화나트륨) 등을 섞은 합성제도 쓰였다. 이런 물질들이 직물 속에서 염료를 꽉 '무는' 역할을 하는 것이다('물다'라는 뜻의 불어 동사 mordre에서 매염제를 뜻하는 단어 mordant가 나왔다).

꼭두서니.

　매염제의 구성 성분과 정확한 함량은 오랫동안 가족이나 공동체 안에서만 전수되는 비법이었다. 이 비밀을 알기 전까지는 직물에 아무리 색을 들이려 해도 세탁 과정에서 색이 바랬다. 따라서 오랫동안 세계 각지의 사람들은 인도 염색술의 비밀을 캐내기 위해 안달이었다. 드디어 17세기 중반 오스만제국은 인도에 정기적으로 왕래하던 콘스탄티노플 직물 상인을 통해 그 비밀의 일부를 처음 알아냈다. 인도 바라나시 지역의 염색 기술자 한 명을 터키로 몰래 데려온 것이다.

　터키의 아드리아노플은 면과 꼭두서니를 다 재배할 수 있다는 장점을 가지고 있는 곳이었는데, 이 지역의 아르메니아인 염색공들이 꼭두서니 염색의 비법을 전수받아 아주 아름다운 붉은색 직물을 생산하여 터키와 유럽 고객 모두에게 호평을 받았다. 이 때문에 이 색은 그 후로 '터키 레드Turkey red'라 불렸다. 이 비법은 다시 1672년 마르세유에 전파됐다. 이 도시의 아르메니아 공동체 날염업자가 터키의 동족에게서 염색법을 전수받은 것이다. 그러나 이보다 훨씬 아름다운 색을 내는 인도 본토의 비법은 여전히 비밀이어서 각국 정부는 인도에 계속 스파이를 보내서 이 비법을 알아내려고 했다. 18세기에 비

로소 인도 염색의 비밀
이 자세히 알려지기 시
작했는데, 이렇게 되기
까지는 예수회 신부들까
지 나서서 열심히 비밀
을 염탐한 덕분이었다.

인디고페라 팅토리아.

ː 인디고

파란색 역시 사람들이 많이 찾는 색이지만, 문제는 빨간색에 비해
파란색을 얻을 수 있는 염료가 많지 않다는 데에 있다. 아시아와 유럽
에서 널리 쓰이던 파란색 염료로는 인디고indigo(쪽, 인도남印度藍이라고
도 한다)가 대표적이다.

인디고는 아시아와 아메리카에 자생하는 식물이다. 식물학자들에
따르면 인디고에 속하는 식물은 모두 350종이나 되지만 과거에 교역
에서 중요한 역할을 한 것은 인디고페라 팅토리아Indigofera tinctoria였
다. 산스크리트 기록에 의하면 4천 년 전에 인도에서 이 식물을 염료
로 사용했으며, 그때 이미 이집트로도 수출됐다. 이집트에서는 미라
의 옷을 염색하는 데에 이 염료를 사용했다.

인디고 염색에는 매염제가 필요 없지만 그 대신 인디고 용액을 준
비하고 물들이는 과정이 매우 까다로웠다. 인디고 액을 담은 통에다
가 조개껍질에서 얻은 석회나 오줌을 넣어 사흘 동안 끓여 발효시킨

다음 이 통에 직물을 담갔다가 꺼내면 처음에는 흰색이었다가 녹갈색을 거쳐 점차 푸른색이 나타난다. 이 염료를 얻는 식물의 녹색 잎을 보면 도무지 파란색을 얻을 것 같지 않아 보이니, 청출어람靑出於藍(쪽에서 뽑아낸 염료가 쪽보다 더 푸르다는 뜻으로, 제자나 후배가 선생이나 선배보다 나을 때 쓰는 말)이라는 말이 괜히 나온 것이 아니다.

이 과정을 화학적으로 설명하면 이렇게 된다. 인디고를 얻는 원천 식물에서 인디컨indican이라는 물질

인디고로 염색한 실.

을 얻는데 이 자체는 무색이다. 그런데 이것이 알칼리 환경에서 발효하면 인디컨이 인독솔indoxol이라는 물질이 되고, 이 물질이 공기 중의 산소와 반응하면 푸른색 인디고가 되는 것이다. 인디고 염색은 염색액에 담그는 횟수와 사용된 첨가물에 따라 청색 종류가 나뉘는데, 『백과전서』에는 가장 연한 색부터 가장 짙은 색까지 열세 단계의 색상을 분류해 놓았다. 직물을 인디고 용액에 담갔다가 꺼내기를 계속하면 거의 검은색에 가까운 짙은 청색도 얻을 수 있다. 이렇게 어려운 과정을 거친 인디고 염색은 빛에 강하다는 장점을 가지고 있다. 예컨대 14세기에 제작되어 앙제(프랑스 남서부 루아르 계곡에 위치한 유서 깊은 도시)에 보관된 『요한계시록』 태피스트리Apocalypse tapestry를 보면 다른 식물성 염료는 시간과 함께 퇴색했으나 인디고를 사용한 푸른색

『요한계시록』 태피스트리. 오래된 태피스트리를 보면 대개 푸른색이 짙게 살아남아 있다.

은 여전히 짙게 남아 있다.

오랫동안 가장 중요한 인디고 생산지는 인도였다. 75킬로그램의 인디고 염료를 얻으려면 무려 30톤의 잎사귀가 필요하다는 데에서 알 수 있듯이 이 역시 다른 염료와 마찬가지로 생산하기 힘들고 귀한 물품이었다. 인도에서 생산된 인디고는 뛰어난 품질 덕분에 세계 각지로 수출됐다. 중세 말기에 이탈리아 피렌체에서 푸른색 고급 모직물을 생산했는데, 그 염색법은 절대 엄수해야 할 비밀에 속했다. 그비밀의 핵심은 다름 아닌 인디고였다. 이탈리아 상인들은 키프로스나 알렉산드리아, 특히 바그다드에서 인디고를 구입했다. 유럽 본산의 푸른색 염료인 대청大靑(woad)을 사용하던 장인들은 인도에서 생산되는 '악마의 염료'를 수입 금지하도록 압박했기 때문에 이탈리아 상인들은 인디고를 몰래 숨겨서 들여와야 했다.

그런데 스페인인들이 아메리카에 갔을 때 놀랍게도 이곳에서 그귀한 인디고를 재배하는 것을 발견했다. 더 나아가서 그들은 1570년경에 품질 좋은 아시아의 종자를 들여와서 실험 재배해 보았다. 이 종자는 새로운 땅에 적응하여 아주 잘 자라나서 17세기에는 과테말라에서만 유럽으로 수십만 파운드의 인디고가 수출되기에 이르렀다. 그러는 동안 유럽에서는 30년전쟁(1618~1648)으로 독일의 대청 재배기반이 거의 무너지는 바람에 아메리카의 인디고가 더욱 확고한 지위를 차지하게 됐다. 밝은 인디고 청색이 크게 유행하자 유럽 각국은 더 많은 염료를 확보하기 위해 아메리카의 자국 식민지에서 흑인 노예들을 대량 고용하여 생산을 확대했다. 그러고 보면 인디고는 아시아의 종자와 생산 기술을 아메리카에 이식하고 아프리카 출신 노예들을 이용해서 대량 생산된 다음 유럽을 비롯한 전 세계 각지의 의상에 아름다운 푸른색을 입히는 데에 사용됐으니, '색깔의 세계화'의 전형적인 사례라 할 만하다.

: 색을 얻는 수고로움

인디고의 생산 과정을 보면 그처럼 아름다운 색을 얻는다는 것이 얼마나 힘든 과정을 거쳐야 하는 것인지 알 수 있다. 인디고 잎을 수확하여 염료를 생산하는 과정을 살펴보도록 하자.

수확 시에는 잎에 붙은 가루 같은 물질이 떨어지지 않도록─이 가루가 매우 중요한 염료 성분이기 때문이다─조심스럽게 작물을 잘라서 묶음을 만든다. 다음에 큰 통에 이 잎 묶음을 쌓고 물을 붓는다. 햇볕의 열기를 받으면 네 시간 정도 지나 이 안에서 인디고가 발효하기 시작한다. 이때 나무를 위에 띄워서 잎들이 물에 잠겨 있도록 만든다.

24시간이 지나면 발효로 인해 열이 생겨서 통 안의 물이 부글거리고, 물은 짙은 청색을 띠기 시작한다. 이것이 인디컨트indicant가 물에 빠져나오는 과정이다. 이때 중요한 포인트는 정확히 언제까지 발효하도록 두느냐다. 이 액체는 처음에 역한 냄새가 나는데 어느 시점부터 향긋한 냄새로 바뀌고, 물 색깔은 황록색을 띠게 된다. 이즈음에서 물을 빼는데, 정확히 언제 물을 빼느냐가 중요하다.

이 물을 모아 두 번째 통에 옮긴 다음 이 용액을 막대기로 두드린다. 약 세 시간 정도 이 작업을 하면 액체가 서서히 응결하며 인디고 알갱이가 만들어지기 시작한다. 여기에 석회수를 넣으면 이 과정이 빨라진다. 알갱이들은 처음에는 녹색이지만 두드리는 일을 많이 할수록 푸른색이 짙어진다. 두드리는 일을 너무 적게 하면 알갱이가 형성되지 않아서 다시 물에 녹고, 너무 많이 두드려도 알갱이가 부서져서 역시 용액에 녹아버린다.

이처럼 인디고 염료 생산에는 주의할 점이 많아서 때로 잠깐의 실수로 모든 일이 허사가 되곤 한다. 두드리기 작업이 끝나면 10시간 가까이 그대로 두었다가 물을 뺀다. 그리고 이 물질을 말총으로 만든 망태에 넣어 음지에서 대여섯 시간 말려서 남은 물기를 없앤다. 이것을 압착기에 넣어 마지막으로 수분을 없애고 바람이 통하는 곳에 둔다. 이때 조심할 것은 파리다. 냄새에 꼬여 파리가 날아와서 알을 낳으면 자칫 마지막 순간에 상품을 모두 버릴 수도 있다.

아메리카 식민지의 인디고 재배는 18세기에 크게 확대되다가 이 세기말에 급격한 반전이 일어났다. 주요 생산지인 생도맹그에서 노예봉기가 성공한 데다가—이것이 역사상 유일하게 성공한 흑인노예 반란이었다(1804)—, 전쟁이 발발해서 이제 염료보다 식량이 더 중요해졌기 때문에 아메리카의 인디고 생산이 급감했다. 그 결과 다시 인도가 인디고 최대 생산국의 지위를 되찾았다. 그동안 유럽의 주문이 점차 많아지자 영국과 프랑스 상인들은 아메리카의 생산에만 의존할 수 없었으므로 벵골을 비롯한 여러 곳에서 인디고 제조인들을 양성하고 있었던 것이다.

그러나 인도가 되찾은 우위는 오래가지 못했다. 1897년 아돌프 폰 바이어(1835~1917. 독일의 화학자, 1905년 노벨 화학상 수상자)가 합성 인디고를 개발했기 때문이다. 화학적으로 생산하는 인공 염료 때문에 아메리카든 인도든 천연염료 생산은 파국을 맞았다. 그동안 아름다운 색을 얻기 위한 피나는 노력의 역사가 새로운 전기를 맞았다. 천연염료의 시대에는 문명권마다 고유한 색깔들을 개발해 가지고 있었고, 그것이 서서히 전파되어 색의 교류를 하고 있었지만, 염료가 워낙 귀한 물품이다 보니 색은 일부 한정된 사람들만 향유할 수 있었다. 그러나 황제와 귀족, 혹은 부자들만 누리던 색은 이제 모든 시민에게 돌아갔고, 모든 사회는 무채색의 빈곤으로부터 풍부한 색의 풍요를 누리게 됐다.

울트라마린 : 신비의 짙푸른 색

중세부터 근대 초까지 유럽에서 가장 고귀하고 또 가장 비싼 푸른색 안료는 울트라마린ultramarine이었다. 이것은 아주 짙은 청색을 내는 물질로서, 청금석lapis lazuli이라는 광석을 갈아서 만든다. '울트라마린'이라는 말은 라틴어 '울트라마리누스ultramarinus'에서 나왔는데, 그 뜻은 '바다 건너(온 안료)'다. 아프가니스탄에서 생산된 이 상품을 이탈리아 상인들이 해상 운송을 통해 수입해왔기 때문이다.

르네상스 시대 이후 화가들은 성스러움의 상징인 이 짙푸른 청색을 주로 마리아나 예수의 의상을 그리는 데에 썼다. 아시아 원산지에서도 이 색은 신성함을 나타내는 데에 주로 쓰였다. 아프가니스탄의 불교 동굴벽화가 그런 사례다. 14~15세기의 이탈리아 화가 첸니니 첸니니는 울트라마린에 대해 다른 어느 안료보다 가장 완벽한 아름다운 색을 낸다고 기술했다.

이 안료는 매우 힘든 과정을 거쳐 얻는다. 우선 이 광석을 갈아 가루를 내는 것이 대단히 힘들다. 어렵게 갈아서 가루를 얻더라도 대개 뿌연 청색밖에 내지 못한다. 13세기에 가서야 제조법이 개선됐다. 원재료를 녹은 밀랍, 송진, 기름 등과 섞어 천에 싼 후 묽은 알칼리 용액 속에서 반죽하듯 이기는 것이다. 그래서 탁한 물질들을 버리고 푸른 입자들만 긁어모은다. 이 과정을 세 번 반복하면 최종적으로 투명한 푸른색을 내는 울트라마린재를 얻는다.

이처럼 안료를 다루는 데에 화학 지식이 필요하고 또 일부 안료는 약으

이탈리아 화가 일 사소페라토가 그린 「기도하는 성모 마리아」(1640~1650년경)의 푸른 옷(왼쪽) 그리고 요하네스 베르메르의 「진주 귀고리를 한 소녀」(오른쪽)의 터번이 울트라마린이다.

로도 쓰이기 때문에 (예컨대 안료를 엉기게 만드는 물질로 쓰이는 트라가칸트고무tragacanth는 기침, 목이 쉬고 눈꺼풀이 붓는 증세에 약으로도 썼다) 화가들 중에는 약제사 길드에 가입한 사람도 있다. 이런 힘든 과정을 거쳐 얻은 빛나고 투명한 청색 안료는 헤프게 쓸 수 있는 물품이 아니었다. 화가들은 이것을 아주 아껴가며 가장 고상한 곳에만 썼다. 그리고 이 재료를 아끼기 위해 밑바탕의 채색에는 더 싼 푸른 안료를 쓰고, 제일 위에만 울트라마린을 사용하곤 했다.

이 안료를 많이 사용한 화가로는 요하네스 베르메르(1632~1675)를 들 수 있다. 「진주 귀고리를 한 소녀」에서 소녀가 쓴 터번이 바로 울트라마린 색이다.

다만 이 안료는 단점이 있으니, 시간이 가면서 색이 약간씩 날아간다는 점이다. 그러니까 현재 우리가 보는 베르메르의 그림은 원래 그려졌을 때에는 훨씬 더 짙푸른 색이었다.

포도주

신들의 음료에서 세계인의 술로

포도주는 유럽 문명의 대표적인 음료수이자 술이다. 술은 이제 대부분의 성인들이 흔히 마시는 상품이 됐지만 원래는 종교적 의미로 충만한 귀한 물질이었다. 신들을 위한 음료였던 것이 즐거움을 배가하기 위해 혹은 슬픔을 달래기 위해 마시는 소비품으로 바뀌었다는 사실 자체가 근대 역사의 중요한 현상 중 하나다.

18세기에 유럽 대륙 내에서 포도주 소비가 크게 증가했다. 서민층의 중저가 포도주 소비도 크게 늘어난 한편 최고급 포도주를 찾는 고급 수요 역시 확산되어갔다. 원래 포도가 재배되지 않아 음료수로서 맥주를 주로 마시는 북유럽 지역으로도 포도주가 퍼져갔다.

더 흥미로운 점은 19세기 이후 유럽 경계를 넘어 세계로 포도주가 확산되어간다는 점이다. 우선 아메리카가 중요한 공헌을 했다. 캘리포니아에서 유럽 포도를 재배하고 유럽식 포도주를 생산하는 데에 성공함으로써 캘리포니아가 또 하나의 중요한 생산지로 자리 잡았다. 그러나 캘리포니아에서 발생한 포도나무 질병과 필록세라 진디가 유럽에 들어가 기존 포도나무와 포도주 생산에 막대한 충격을 주었다. 유럽 포도 재배의 역사는 말하자면 필록세라 사태 이전과 이후로 나뉜다고 해도 과언이 아니다.

이른바 '신대륙 와인'이 양으로나 질로나 크게 성장하여 포도주의 판도를 바꾸고 있다. 우리나라를 비롯한 비유럽권 지역에서도 포도주 소비가 늘어나는 것은 유럽 문화의 확산의 중요한 현상이라 할 만하다. 앞으로는 과학 발전이 완전히 새로운 종류의 변화를 초래할지도 모른다.

포도주는 유럽 문명을 대표하는 술이자 동시에 음료수다. 우리는 대개 포도주를 취하기 위해 마시는 술로만 생각하기 쉬우나 유럽에서는 물 대신 마시는 '음료수'로서의 역할이 크다. 유럽의 많은 지역에서는 물이 워낙 안 좋아서 맨 물을 그냥 마시면 위험하기 때문에 제조 과정에서 안전성이 보장된 포도주나 맥주를 마시는 것이다. 이는 중국에서 차를 마시는 이유와 비슷하다고 할 수 있다. 화강암 지질 구조인 우리나라는 물이 맑고 깨끗해서 다른 음료가 굳이 발달할 필요조차 없었던지라 유럽의 이런 사정을 이해하기 힘들다. 그렇지만 수돗물에 석회 성분이 어찌나 많은지 아예 쌀뜨물 같은 것이 나오는 지방에 살아보면 왜 포도주가 발전하게 됐는지 저절로 이해가 된다. 이런 용도로 일상적으로 마시는 식사용 포도주table wine(불어로는 vin de table)로는 당연히 고급 포도주와는 다른 저렴한 포도주가 쓰이며, 술이 약한 사람들은 여기에 물을 섞어서 마시기도 한다.

: 유럽 문명의 음료

물론 포도주는 고통을 잊게 하고 기분을 좋게 만드는 알코올 성분

1500년경에 바바리아인이 그린 압착기 속의 예수로 포도주가 그리스도의 피를 상징한다는 것을 보여준다.

이 함유된 술의 기능도 수행한다. 많은 고대 문명에서 술은 대개 제 사용으로 쓰이고 일반인들의 음주는 제한되는, 말하자면 신들의 음료였다. 아스테카나 잉카 같은 아메리카 문명의 경우에는 축제 기간이 아닌 평시에 일반인이 술에 취한 상태로 발견되면 사형에 처할 정도로 엄격한 제약을 받았다. 취한다는 것은 현재 상태에서 벗어나 다른 세계를 경험한다는 것인데, 이는 종교적 황홀경과 유사하기 때문이다. 그리스신화에서 포도주의 신 디오니소스가 동시에 생명의 신이자 부활의 신인 것도 이와 관련이 있다. 초기 기독교에서 음주를 극구 억제한 것 역시 단순히 흐트러진 생활을 피한다는 의미를 넘어 고대 이교異教와 통하는 길을 원천 봉쇄하기 위함이었다.* 이

---

* 7세기 초 유럽에서 복자福者 콜롬바누스가 아직 기독교화가 되지 않았던 슈바벤인을 만났을 때의 기록에 이런 내용이 나온다. "그는 이 사람들이 불경스러운 희생을 준비하고

처럼 술은 사제와 국왕, 귀족에게만 제한적으로 허용된 일종의 종교 수단이었다가 시간이 지나면서 점차 일반인들에게까지 문호가 확대되어갔다.

처음 포도주가 만들어진 곳은 기원전 6000년경 조지아(그루지야)나 아르메니아 지역이었을 것으로 추측된다. 포도주를 담그려면 기본적으로 용기容器가 있어야 하므로 토기가 나온 시대 이후에나 포도주 제조가 가능했을 것이다. 이곳에서 차례로 메소포타미아 지방과 이집트로 포도주 제조법이 전해지고, 그 후 사이프러스나 크레타 같은 지중해 동부의 섬의 중개를 거쳐 고대 그리스와 로마 문명에 전파됐다. 그 후 고대 세계 최고의 상업 민족 중 하나인 페니키아인들 덕분에 포도주가 포르투갈과 스페인에까지 전해졌다.

포도주의 전파 과정을 보면 교과서상에 보이는 서양 문명의 계보와 거의 일치한다는 것을 알 수 있다. 포도주는 그야말로 유럽 문명의 핵심 요소처럼 보인다. 그런데 최근 이런 생각을 근본적으로 뒤흔드는 고고학적 발견이 있었다. 지금까지 알려진 것보다 1천 년 앞선 기원전 7000년경에 중국에서 포도와 쌀을 재료로 한 발효주의 흔적이 발견됐기 때문이다. 과연 중국에서 세계 최초로 포도주를 빚은 것이 확실한

있으며 이를 위해 약 20모두스(180리터)의 케르비시아cervisia(맥주와 비슷한 고대의 술) 가 든 큰 통을 갖다놓은 것을 보았다. 그는 그들에게 다가가 무엇을 하려느냐고 물었다. 그들은 보탄Wotan 신에게 드리는 희생을 위한 것이라고 답했다. 콜롬바누스는 이 통에 바람을 크게 불어넣었는데 그러자 이 통이 무서운 소리를 내면서 수천 조각으로 깨지고 그 케르비시아와 함께 사악한 영이 튀어나왔다. 이 통 안에는 악마가 숨어 있어서 그 불경스러운 음료수를 갖고 그 희생제에 참가하려는 사람들의 영혼을 빼앗으려고 했던 것이다." 이 기록에서 보면 기독교 이전 고대 종교에서 술과 종교의식이 긴밀히 연관되어 있으며, 그 때문에 기독교 쪽이 공격하고 있음을 알 수 있다. 맛시모 몬타리니, 주경철 옮김, 『유럽의 음식문화』, 새물결, 2001, p.44.

지는 앞으로 더 많은 연구를 통해 가려야 할 문제다.

: 포도주의 확산

포도주의 확산에서 가장 큰 문제는 포도 재배가 추운 북쪽 지역으로 확대되기 힘들다는 점이다. 자연 상태에서는 포도가 자라는 북방한계가 이탈리아 정도에서 멈춰야 했지만, 중세 유럽에서 미사에 반드시 포도주를 써야 하는 사정 때문에 수도원마다 온갖 노력을 기울인 결과 포도 재배가 상당히 북쪽까지—현재는 북위 50도 50분까지—올라갔다. 대체로 대서양의 루아르강 하구로부터 크림반도와 조지아를 잇는 선이 상업적으로 포도를 재배할 수 있는 북방한계선이다.

너무 추운 지역이나 너무 더운 지역에서는 포도주의 품질이 떨어질 수밖에 없다. 추운 지역에서는 포도에 당분이 너무 적어서 그것으로 포도주를 담그면 신맛이 강하게 된다. 반면 너무 뜨거운 지역에서는 섬세한 맛이 부족해서 '흐물거리는' 포도주가 생산된다(대신 이를 잘 활용하면 포르토나 셰리처럼 도수를 높인 고급 포도주를 만들 수 있다). 그러므로 고급 포도주 생산지는 보르도나 부르고뉴,

16세기의 압착기.

고대 그리스에서 포도주 운반에 쓰이던 항아리 암포라.

라인이나 모젤 지역처럼 너무 덥지도 않고 너무 춥지도 않은 곳이다. 다만 달콤한 백포도주의 경우는 슐로스 요하니스베르거Schloss Johannisberger(독일 헤센 지역의 유명한 리슬링포도주 생산지)나 샤토 디켐Château d'Yquem처럼 뜨거운 여름 날씨가 지속되는 곳에서 명품이 만들어진다.

포도주 수요는 전 유럽적인 데 비해 생산은 이처럼 지리적으로 제한됐기 때문에 포도주는 일찍부터 원거리 무역 품목이 됐고, 또 언제나 고가품 취급을 받았다. 이미 이집트 시대에도 일상적으로는 맥주를 마시지만 귀한 손님 대접은 먼 지방에서 수입한 비싼 포도주를 사용했다. 고대 아테네에서는 포도주 수출이 중요 사업이었다. 그리스는 농사짓기에는 나쁘지만 포도 생산에 적격인 언덕배기 땅이 많으므로 포도주를 많이 생산하여 흑해 연안 지역으로 수출하고 아주 유리한 조건으로 곡물을 수입해왔다. 요즘말로 하면 비교 우위에 근거한 합리적 경영을 한 셈이다. 중세 이후에는 남유럽에서 북유럽 방향으로 포도주 수출이 대규모로 이루어졌다. 세비야와 안달루시아로부터 영국과 플랑드르로, 부르고뉴 지방으로부터 파리로, 모라비아와 헝가리로부터 폴란드로, 또 해상 무역이 발달하면서 포르투갈과 스페인으로부터 상트페테르부르크로 포도주가 이동했다.

참나무통.

그런데 한 가지 기억해야 할 점은 이렇게 수출되는 고급 포도주는 오래된 포도주가 아니라 바로 그해에 만든 술이라는 점이다. 시간이 지나면 포도주 품질이 개선되는 게 아니라 대개 시어져버리기 때문이다. 우리는 포도주는 오래될수록 좋아진다고 믿는 경향이 있지만, 대부분의 백포도주 혹은 중급 이하 적포도주는 적정 시기가 지나면 오히려 품질이 떨어진다. 시간이 흐를수록 품질이 개선되는 것은 일부 고급 적포도주에만 한정된 이야기이며, 그나마 포도주를 병에 담가 보관한 이후의 일이다.

오랫동안 포도주의 수송과 보관은 아주 비효율적이었다. 고대 그리스에서는 암포라amphora라는 아주 불편한 대형 항아리나 가죽 부대가 사용됐고, 중세부터는 널판을 맞대고 둥그렇게 쇠테를 대서 만드는 통을 사용했다. 통 속의 포도주는 자칫하면 식초로 변하므로 대개 새 술이 오래된 술보다 값이 더 나갔다. 1500년의 가격 자료를 보면 오래된 보르도 포도주 한 통이 6리브르인 데 비해 새 포도주 한 통은 50리브르였다. 포도주를 병에 담고 코르크 마개를 사용한 것은 16세기에 개발됐지만 당시에는 별로 사용되지 않다가 18세기에 가서야 일반화됐다.

: 포도주 소비 혁명

18세기는 포도주가 한편으로 일반 서민층에게까지 널리 보급되고 다른 한편 고급화가 진행되는 중요한 전환점이었다. 고급 포도주 특산지를 가리키는 '그랑 크뤼grand cru'의 명성이 본격적으로 정립된 것도 이 시기의 일이다. 이 말은 이전부터 사용해왔는데, 원래는 고급 품질보다는 교통이 편하다는 의미에 가까웠다. 수로가 가까이 있어서 먼 곳까지 쉽게 수출할 수 있는 곳 혹은 파리 근처의 오를레앙처럼 포도주 생산지 근처에 대도시가 있어서 대규모 소비가 확실하게 보장되는 곳들이 그런 명성을 얻곤 했다. 이처럼 수송의 편의로 인한 대량 판매보다 고급 포도주라는 의미에서 그랑 크뤼의 명성이 확고하게 된 것은 18세기 중엽으로 보인다.

당시 문필가들과 '포도주 속물wine snob'들이 명품 포도주를 거론하기 시작했다. 세바스티앙 메르시에는 "로마네생비방, 시토, 그라브산 포도주"를 추천하지만 세계 최고의 포도주("세계를 지배한 자가 마시는 포도주"라는 식의 과도한 표현과 함께)는 헝가리의 토카이 포도주라고 단언했다. 당시 상업 세계에서 최고의 매뉴얼로 통했던 자크 사바리(1622~1690)의 『완벽한 상인』은 샹파뉴 지방과 부르고뉴 지방의 포

빈센트 반 고흐가 그린 「겡게트」.

도주를 최고로 쳤다. 아마 프랑스 왕실에서 이 두 지역의 포도주를 애
용한 점도 여기에 영향을 미쳤을 것이다.

대귀족이나 부유한 도시민들의 최고급 포도주 소비보다도 더 의미
있는 현상은 일반 서민층에서 포도주 소비가 크게 늘었다는 점이다.
최근 역사학계에서는 18세기의 이른바 '소비 혁명' 현상에 많이 주목
한다. 오늘날 소비사회의 먼 원조가 되는 이 시기에 소비 수준이 전반
적으로 높아지면서 시장경제가 발달하고 산업화가 촉진됐다는 것이
다. 포도주 소비 역시 이전 시대에 비해 18세기에 폭발적으로 증가했
다. 이때 파리 외곽의 선술집인 겡게트guinguette가 엄청난 성공을 거
두었다. 시내가 아니라 도시 외곽에 술집이 번성한 이유는 술에 붙는

높은 소비세aide 때문이다. 술값이 3수sou인데 파리 시내로 들어올 때 매기는 세금이 4수나 됐기 때문에 이 세금을 피하기 위해 성문 바깥에 서민들의 술집이 들어선 것이다. "모두 바쿠스처럼 마셔보세, 눈에서 포도주가 새 나올 때까지!" 당시 술집의 광고 문안처럼 사람들은 일요일 저녁에 미친 듯이 술을 마시기 위해 한 주일을 사는 것 같았다. 당시 유명한 선술집인 라 쿠르티유La Courtille('농가의 뜰')의 설립자인 랑포노는 당대 최고의 지성 볼테르(1694~1778. 프랑스의 철학자, 문학자)나 조르주루이 르클레르 드 뷔퐁(1707~1788. 프랑스의 박물학자. 철학자)보다 "천 배는 더 유명하다"는 것이 당대의 떠도는 말이었다. 포도주는 유럽인들의 몸과 마음을 완전히 사로잡았다.

더 나아가서 19세기 이후에는 포도주가 유럽 대륙을 넘어 전 세계로 확산되기 시작했다. 포도주의 세계화 중심지는 아메리카 대륙이었다. 이곳에 포도와 포도주가 들어온 것은 꽤 오래전 일이다. 이미 콜럼버스가 2차 항해 시에 산토도밍고에 포도 재배를 시도했다가 실패한 적이 있다. 그 후 멕시코에서 포도 재배와 포도주 생산에 성공했지만 저급품 생산에 그치고 말았다. 이에 비해 페루와 칠레에서는 여건이 좋아서 좋은 포도주를 생산할 수 있었지만, 스페인 당국이 식민지 경제를 본국에 종속시키려는 정책의 일환으로 이를 억압했고, 그 결과 이곳 포도주는 오랫동안 지방 수요를 충당하는 정도에 그치고 말았다.

신대륙에서 고급 포도주를 생산하는 데에 성공한 곳은 캘리포니아 지역이다. 이곳 역시 오랫동안 가톨릭교회 수도원들에서 자체 수요를 위해 포도주를 생산하는 정도에 불과했다. 여기에 큰 변화가 찾아온 것은 1849년 골드러시 때 수많은 사람이 몰려온 이후다. 금광 개발의 꿈을 안고 몰려든 이 사람들에게 공급할 중저가 포도주 생산이 크게 늘었다. 이때 캘리포니아 포도주의 품질을 한 차원 높게 개선한 주인공은 헝가리 출신인 아고스톤 하라슈티라는 인물이다. 그는 각고의 노력 끝에 소노마 지역에 설립한 부에나비스타 포도원에서 유럽 품종 포도나무를 성공적으로 키울 수 있었고 품질이 좋은 포도주 생산에도 성공했다. 그런데 이로 인해 전 세계 포도주의 역사를 뒤집어 놓을 대사건이 일어났다.

: 캘리포니아산 대재앙

원래 캘리포니아 지역에는 자생종 포도나무가 없지만, 로키산맥 동쪽에는 네 종류의 자생종 포도나무가 존재했다(비티스 라브루스카Vitis Labrusca, 비티스 리파르티아V. ripartia, 비티스 루프레스티스V. ruprestis, 비티스 베를란디에리V. berlandieri). 여기에 기생하는 생물들이 하라슈티의 포도나무에 옮겨 붙었다가 이 포도가 유럽에 수출될 때 함께 전해져서 유럽의 포도밭에 엄청난 피해를 입혔다. 제일 먼저 말썽을 일으킨 것은 흰곰팡이mildew 종류였다. 1851년경 유럽에 전해진 이 곰팡이는 포도나무에 오이듐oideum이라는 병을 일으켰는데, 잎이 말라 떨어지고 열매의 품질을 떨어뜨려서 그 결과 포도주 생산량도 감소하고 품질도 아주 형편없는 수준으로 떨어졌다. 프랑스, 독일, 이탈리아 모두 심각한 피해를 입었는데, 포도주 생산이 나라에 따라 25~50퍼센트 감소했고, 고급 포도주는 아예 자취를 감추었다. 결국 나무 주위에 유황을 잔뜩 쳐서 곰팡이를 제거하는 방식으로 이 병을 없앨 수 있었다.

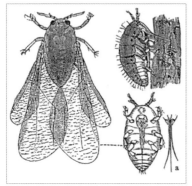

필록세라(왼쪽)와 1890년 만화로 그린 필록세라(오른쪽).

그나마 이 병의 피해는 후속타에 비하면 약과였다. 오이듐에 대한 치료책을 필사적으로 찾는 과정에서 하라슈티가 제안한 대로 오이듐에 강한 미국 자생종 즉 비티스 리파르티아, 비티스 루프레스티스 들을 수입해서 기존 포도나무를 대체하려고 한 것이 문제였다. 이 품종들은 오이듐병 곰팡이에는 강할지 모르지만 그보다 훨씬 더 심각한 피해를 입히는 필록세라phylloxera 진디가 붙어살았던 것이다. 유럽에 들어온 필록세라 진디는 포도나무 잎을 완전히 떨어뜨렸다. 오이듐 때문에 유럽 포도주 생산이 20년 동안 매년 2억 리터 감산됐는데, 필록세라의 피해는 그 다섯 배에 달했다. 요즘 같으면 강력한 살충제를 사용하겠지만 당시에는 그런 처방이 불가능했다. 사람들이 생각해낸 한 가지 방법은 미국에 존재하는 천적인 치즈벌레Tyroglyphus phylloxera 를 들여온다는 것이었다. 그런데 미국에서는 이 벌레가 필록세라를 잘도 잡아먹었건만 유럽에서는 다른 먹거리들이 풍부해서 그런지 필록세라는 거들떠보지도 않았다.

최종적인 해결책은 이 진디에 강한 미국 품종을 뿌리로 삼고 여기에 유럽 포도나무를 접붙이는 방식이었다. 이렇게 접붙이기를 하면 원래 유럽 품종의 포도 열매를 생산하면서도 필록세라에 강한 성격을 띠게 된다. 필록세라의 피해를 입은 이후 전 유럽의 포도나무 중 이런 식의 접붙이기를 거치지 않은 것은 거의 없다고 보아도 무방하다. 극히 예외적으로 원래의 포도나무 품종이 그대로 유지된 사례가 있는데, 포도주에 대해 지극히 섬세한 감식 능력을 가지고 있다고 자부하는 '마니아'들은 이런 품종에서 생산된 포도주의 품질이 더 낫다고 주장한다(유명한 로마네콩티가 그런 사례다).

필록세라의 피해를 입어 원 재배지에서 완전히 멸종된 포도 품종도 있다. 대표적인 것이 카르메네르Carménère 품종이다. 이것은 원래 보르도의 메도크 지역에서 생산한 유명한 포도주 생산 품종이었는데, 필록세라의 공격을 받은 후 자취를 감추었다. 이 품종은 완전히 멸종된 것으로 생각했었는데 최근 칠레와 이탈리아에서 재발견됐다. 19세기에 보르도에서 칠레로 수입된 이 포도나무가 칠레의 여러 지역에서 자라고 있었는데, 그동안 이 지역 사람들은 이것을 메를로Merlot 품종으로 잘못 알고 있다가 1990년대에 이것이 사라진 카르메네르라는 것이 밝혀졌다. 이와 비슷하게 이탈리아의 한 포도원에서도 그동안 카베르네 프랑 품종이라고 알고 있던 포도나무가 실제로는 카르메네르로 판명났다.

20세기 후반부터 포도주의 생산과 소비는 이전과는 또 다른 차원에서 변화를 거듭하고 있다. 그 변화의 바람의 근원에는 캘리포니아를 비롯해서 오스트레일리아, 뉴질랜드, 칠레 등 이른바 '신대륙 와인'이 있다. 이 지역들은 새로운 소비층의 요구에 맞추어 새로운 상품을 개발하되 기계화와 생화학 발전의 성과를 적극적으로 이용하고 있다. 이렇게 만들어진 포도주는 프랑스나 이탈리아처럼 '산지産地 (terroir)'를 강조하는 게 아니라 포도 품종을 내세우는 전략을 쓰고 있다. 이 방식이 극단화되면 미래의 포도주는 공장에서 만들어질지도 모른다. 예컨대 카베르네 소비뇽Cabernet Sauvignon 품종의 포도를 땅값과 인건비가 싼 나라에서 대량 생산한 다음 그 즙을 공장에 가지고 와서 정확한 효소enzyme를 집어넣어 발효시킴으로써 부르고뉴의 명품 포도주를 거의 그대로 복제할 수 있다. 코르크 마개가 점점 귀해지므로 거의 같은 효과를 내는 플라스틱 마개를 쓰고, 참나무통이 비싸므로 스테인리스 스틸 용기를 쓰되 그 안에 참나무 조각들을 집어넣어서 유사한 효과를 내는 식으로 변화가 진행 중이다. 신대륙 와인과 구대륙 와인은 한마디로 기술 대 전통의 대립 양상을 보이고 있다. 시적 상상력으로 충만했던 포도주의 세계도 세계화의 모진 광풍 앞에 어쩔 수 없이 변신을 꾀하는 중이다.

가시관

성스러움으로 통치하다

> 그의 옷을 벗기고 홍포를 입히며 가시관을 엮어 그 머리에 씌우고 갈대를 그 오른손에 들리고 그 앞에서 무릎을 꿇고 희롱하여 이르되 유대인의 왕이여 평안할지어다 하며 그에게 침 뱉고 갈대를 빼앗아 그의 머리를 치더라.
>
> _『마태복음』제27장 제28~30절.

이처럼 성경에는 예수가 십자가형을 당할 때 로마 병사들이 그의 머리에 가시관을 엮어 씌웠다는 기록이 나온다. 가시들이 머리를 찌르는 고통을 가하는 것과 동시에 예수가 왕이라고 주장한 데 대해 모욕을 주는 의미였다. 가시관은 그 후 어떻게 됐을까? 그냥 없어졌을까? 프랑스 가톨릭교회는 이와 관련하여 놀라운 주장을 편다. 예수의 가시관이 실물 그대로 파리의 노트르담대성당에 보존되어 신자들에게 공경의 대상이 되고 있다는 것이다. 또 가시들 중 일부는 유럽 여러 지역에 선사됐다고 하는데, 그중 하나가 현재 런던의 대영박물관에 보존되어 있다.

예수와 마리아, 성인들은 우리 곁을 떠났지만 그들이 남긴 유물을 통해 여전히 기적을 행한다. 눈에 안 보이는 성스러움과 눈에 보이는 이 땅의 권력 사이에는 어떤 관계가 있을까?

예수는 수난Passion을 통해 모든 인간이 원죄를 씻고 구원을 받는 길을 열었다. 마리아는 성령으로 잉태하여 그 예수를 낳았다. 또한 보통 사람들로서는 따라 하기 힘든 지극한 신앙의 모범을 보인 성인들이 있다. 이들의 권능이 미약하기만 한 우리들을 도와 이 세상에서 올바른 삶을 살고 사후에 영원한 생명을 누리도록 하리라.

그런데 어리석은 소생, 여기에서 한 가지 질문! 예수와 마리아와 성인들의 힘이 '구체적으로 어떻게' 작용하는 걸까?

: 공덕의 보고

이런 질문에 답하는 것이 중세 가톨릭교회가 제시하는 '공덕功德의 보고寶庫'라는 설명이다. 예수가 쌓은 공덕은 실로 한없이 크다. 마리아와 성인들 역시 마찬가지다. 이들이 쌓은 공덕이 차고 넘치나니, 이 넘치는 공덕을 교회가 적절히 사람들에게 배분해줄 수 있다는 것이 이 이론이 이야기하는 바다.

그 공덕을 나누어 가지기 위해서는 구체적인 방식이 마련되어야 한다. 바로 여기에 필요한 것이 성유물들이다. 예수와 마리아가 승천했고 성인들도 이미 우리 곁을 떠났으므로 직접 그들을 만날 수는 없지만 그래도 이 세상에 그들이 남긴 흔적들이 있다. 그들의 사체, 그들이 생전 몸에 갖고 있던 물품 같은 것들이 성스러운 힘을 지니고 있어 기적을 일으킨다. 유명한 교회, 큰 권력과 위엄을 갖춘 대귀족들은 성유물 컬렉션에 온 힘을 쏟았다. 그중에는 심지어 예수가 흘린 피, 탯줄, 포경 피부, 태어나던 날 머물던 구유, 죽을 때 매달렸던 십자가의 조각 같은 것들이 있고, 마리아의 경우에는 머리카락, 빗, 의복, 심지어 마리아의 모유를 담은 유리병도 남아 있다.

신자들은 순례라는 방식으로 이 유물에 접근하여 성스러움을 얻는다. 종교에서도 이처럼 구체성 혹은 물질을 중시하는 것이 중세인들 사고의 중요한 특징이다. 순전히 추상적인 요소보다는 '손에 잡히는 그 무엇'을 통해 성스러움을 확인하고자 하는 것이다. 죽은 후 지옥의 고통을 피하고 천국에 가게 해달라는 열망 말고도, 병을 낫게 해달라든가 임신과 순산을 도와달라든가, 안전한 여행을 도와달라는 등의 소원이 있을 때, 그냥 눈감고 마음속으로 기도만 하는 것보다는 효험이 있는 장소와 물건에 접하며 비는 것이 훨씬 도움이 되지 않겠는가.

공덕의 보고와 연관된 사항 중 하나가 연옥煉獄의 교리다. 오늘날에는 가톨릭 신자들 사이에도 연옥이라는 개념이 점차 희미해져가지만 이는 지금도 엄연히 가톨릭교회의 교리에 굳게 자리 잡고 있는 개념이다. 간단하게 말하면, 죽은 후 천국에 직행하는 지극히 선한 사람들이나 지옥으로 직행하는 지극히 악한 사람들 말고 그 중간에 속한 사람들이 가는 곳이 연옥이다. 말하자면 지옥에 갈 정도의 대죄大罪를 지은 것은 아니지만 그렇다고 곧바로 천국으로 직행할 정도로 완벽한 삶을 살지는 않은 사람들이 연옥에 가서 살아생전 지은 경미한 죄들을 지우고 천국에 간다는 교리다. 그렇다면 사실 대다수 사람들이

이탈리아 화가 아뇰로 가디(1350?~1396)의 「성십자가를 발견하다」, 1380.

다 연옥으로 갈 후보라 해도 과언이 아니다. 연옥에 가면 나중에 천국으로 가서 영원한 지복至福을 누린다는 희망을 갖기야 하겠지만, 문제는 이곳에서 죄를 지우는 과정이 상상할 수 없이 길고 끔찍한 고통의 연속이라는 점이다. 불로 태워 죄를 지우는 곳이라고 하니, 이곳에서 한 시간이 이 세상의 몇 년 세월에 해당한다고 하지 않던가.… 그러니 어떻게 해서든 그 기간을 단축하고 싶은 것이 인간의 자연스러운 심정이리라. 예수와 마리아, 모든 성인이 이런 일을 도와주지 않는다면 그 어찌 성스러운 존재라 하겠는가. 중세 가톨릭교회는 이와 관련된 적절한 규칙을 정해 놓았다.

흔히 '면죄부'라 일컫는 인둘겐티아Indulgentia(영어로는 indulgence) 제도 역시 이와 관련이 있다. 엄밀히 번역하면 차라리 '면벌부兔罰符'에 가까운 이 말은 교회에서 정한 적절한 과정을 거친 사람들에게 연옥의 고통을 없애거나 줄여주는 약속을 해주는 것이다. 이 자체가 꼭 잘못된 제도라고 할 수는 없으며, 중세 신학자들과 법학자들, 교회 당국의 논의를 거친 후 확립된 교리다. 예컨대 1300년 교황 보니파키우스 3세(1235~1303)는 성년聖年(주기적으로 교황청에서 특별한 대사大赦를 베푸는 해)에 로마를 방문하는 사람들에게 전대사全大赦(plenary indulgence)를 허락한다고 발표했다. 문제는 이런 일들이 오남용될 가능성이 크다는 점이다.

오남용될 가능성이 있는 일은 반드시 오남용된다는 머피의 법칙이 작용했다. 일부 교황들이 자신의 입지를 굳건히 하기 위해 죄의 용서와 벌의 면제를 너무 통 크게 행사한 것이다. 교황 보니파키우스 9세(1389~1404)는 베로니카(예수 얼굴이 찍힌 천. 아래에서 다시 설명할 것이다)를 참배하면 연옥에서 보내는 기간을 1만 2천 년, 산로렌초성당에 순례를 가면 7천 년 줄여준다고 약속했다. 사면의 초인플레이션hyper-inflation에 다름 아니다.

15세기 순례자인 윌리엄 웨이는 당시 순례와 그로 인한 연옥의 고통 줄이기에 관해 다음과 같은 산수 계산을 했다. 우선 산티아고데콤포스텔라 순례를 하는 경우 일반적인 인둘겐티아를 받는데, 이로써 이미 죄의 반을 씻어낸다. 여기에 추가적으로 이곳의 미사에 한번 참석할 때마다 40일, 축일에 행하는 미사에 참석하면 300일, 특히 산티아고 성인의 날에 행하는 미사에 참석하면 600일까지 연옥의 기간을 줄일 수 있다. 특히 흥미로운 것은 산티아고 성인의 날이 일요일에 겹치는 해는 특별한 해로서, 이해에 산티아고데콤포스텔라에 순례를 가면 연중 언제나 전대사를 얻을 수 있다. 특별 세일의 해인 셈이다!

: 성유물의 경쟁

성유물을 찾는 수요는 많은데 유물 자체는 한정되어 있어 '수급 불균형' 사태가 벌어지고 있었다. 그래서 이 문제를 해결하는 특별한 방식들도 만들어졌다. 일부 성인들의 팔다리를 잘라서 여러 곳에 나누어 모시는 게 대표적이다. 때로는 다소 기이한 방식도 가능했다. 영국이 아직 가톨릭 국가였던 중세, 캔터베리대성당에는 베케트 성인이 모셔져 있어서 많은 순례객을 끌어 모았다. 사람들은 이 성인의 피를 얻어가려 했는데, 당연히 그 양이 제한적일 수밖에 없었다. 성당은 성인의 피에 물을 타서 나누어줘도 효험이 똑같다고 선언하고 물을 탄 피를 나누어주었다. 이제 '무한 리필'이 가능해졌다.

캔터베리대성당의 베케트 성인을 묘사한 스테인드글라스.

때로는 유명한 성당들 사이에 자신의 효험이 더 낫다고 하는 경쟁이 벌어졌다. 캔터베리와 레딩 사이의 경쟁은 심지어 이런 설화도 낳았다. 어느 소녀가 병을 고치기 위해 캔터베리로 가는 도중에 꿈을 꾸었다. 꿈에 제임스 성인이 나타나 그녀에게 말하기를, 캔터베리에 가봐야 병이 낫지 않을 테니 레딩으로 가도록 해라, 그곳에 내 수도원이 있는데 그곳에서 기도하면 분명 차도가 있으리라, 하더라는 것이다. 그대로 했더니 과연 완쾌됐다더라… 하는 이야기인데, 이것은 아무리 봐도 레딩 쪽에서 내놓은 네거티브 선전용 설화라는 의심을 지울 수 없다.

때로 그 경쟁은 노골적인 기부금 문제를 놓고 한판 싸움으로 이어지기도 한다. 프랑스에서 투르와 오세르 사이의 경쟁이 그 예다. 원래 투르에 마르탱 성인의 유골이 모셔져 있었는데, 바이킹의 공격이 심

라테란의 예수 얼굴.

해졌을 때 이를 피하기 위해 오세르로 성인의 유골을 옮겼다. 그러자 순례객들의 기부를 어디에서 받느냐 하는 문제가 제기됐다. 투르 쪽은 마르탱 성인의 치유 기적은 모두 자기 성지에서 행한 것이므로 자기네가 수령해야 마땅하다고 주장했지만, 오세르는 이제 마르탱 성인 유골도 옮겨왔을 뿐 아니라 병이 낫는 것은 자기네 성인인 제르마누스 성인 덕분이니 자기들이 받아야 한다고 주장했다. 결국 두 성인의 공력을 확인하는 콘테스트가 벌어졌다. 나병 환자 한 명을 데려와 두 성인의 유골 사이에 세워두었다. 다음 날 보니 마르탱 성인 쪽을 향한 피부는 깨끗해졌는데 제르마누스 성인 쪽을 향한 피부는 여전히 흉한 채 그대로였다. 다음 날에는 그 사람을 돌려세워 놓고 하루를 지냈다. 이번에도 마르탱 성인 쪽 피부가 낫는 결과가 나왔다. 이런 실증적인 실험 끝에 승리한 투르 측이 기부금을 모두 받게 됐다.

라테란과 바티칸 사이에도 경쟁이 심했다. 라테란은 베드로와 바울의 머리를 가지고 있는 외에 우로니카Uronica(성 누가와 천사들이 그렸다고 하는 예수 이미지)를 보유하고 있어서 단지 베드로의 몸통이 묻혀 있다고 주장하는 바티칸보다 순례객을 더 많이 모았다. 그때 바티칸이 비장의 유물을 공개했으니 그것이 바로 베로니카다. 이것은 예수가 갈보리 언덕으로 갈 때 예수의 얼굴을 닦아준 천인데, 그 위에 예수의 얼굴이 그대로 찍혔다는 유물이다. 이는 바티칸이 더 중요한 순례지가 되는 데에 큰 기여를 했다. 베드로와 바울 수준이 아니라 예수와 직접 연관된 유물이기 때문이다.

성유물이 이토록 중요한 의미를 띠며 한참 가열되던 때에 아주 중요한 사건이 일어났다. 1204년 십자군이 비잔티움제국의 수도 콘스탄티노플을 약탈한 희한한 사건이 그것이다. 애초 십자군이라는 것이 튀르크족의 위협에 맞서기 위해 비잔티움제국이 형제 기독교권인 서유럽에 원군을 요청해서 일어난 것이 아니던가. 그런데 십자군이 도와주어야 할 비잔티움제국을 오히려 지배하고 약탈한 것이다. 이때 플랑드르 백작인 보두앵 1세(1172~1205)가 비잔티움제국의 황제로 등극한 이후 이 제국을 따로 라틴제국이라 칭한다(1204~1261). 이즈음 유서 깊은 동방 기독교 중심지에 보관되어 있던 수많은 유물이 약탈되어 서방으로 흘러왔고, 바야흐로 각종 새 유물의 거래가 성행하게 됐다. 이 현상이 신상품 세일처럼 너무 무질서해지자 1215년 라테란 공의회에서 교황청의 승인을 받아야만 성유물로 인정한다고 선언해야 했다.

：가시관

이제 성유물도 국제적으로 오가는 시대가 열렸다. 그 가운데 가장 큰 사건 중 하나가 바로 가시관의 수입이다.

가시관에 대해서는 여러 기록이 존재한다. 초기 기독교 저술가들은 가시관이 예루살렘에 남아 있다는 기록을 남겼다. 그 후 가시관이 11세기에 비잔티움제국에 보존됐으며, 더 나아가서 이 가시관에서 나온 가시들 중 일부가 여러 경로를 통해 황제나 국왕, 귀족들에게 선사됐다고도 한다. 유스티니아누스 황제가 가시 하나를 파리 주교에게 선사하여 그것이 생제르맹데프레성당에 보존됐다든지, 이레네 여제(797~802년 동안 재위했던 비잔티움제국의 여자 황제)가 샤를마뉴에게 가시 여러 개를 전해주었고 그 가운데 여덟 개가 아헨성당의 축성식 때 공개됐다는 기록도 있다. 그 후에도 프랑스, 독일, 스페인의 성당이나 군주들이 성스러운 가시들을 보존하고 있다고 주장하는 기록들을 남겼다.

십자군 운동 시기에 이르면 오늘날까지 남아 있는 '실물'과 더불어 아주 구체적인 이야기가 전한다.

프랑스 국왕 루이 9세는 성인으로 축성받아 성왕聖王 루이라고 불린다. 그는 사법제도 개혁에서 큰 성과를 거두었고, 전반적으로 국내 정치 질서를 안정시키는 공헌을 했다. 그렇지만 그는 무엇보다 기독교 가치를 수호하는 데 헌신한 것으로 유명하다. 개인적으로 중병에 걸렸다가 기적적으로 회복한 후 더욱 종교에 헌신하게 되어, 십자군 운동에 몸소 참전했다가 결국 튀니지에서 병사했다. 십자군 운동에 참전하기 전인 1239~1241년 사이에 그는 라틴제국 황제인 보두앵 2

세 드 쿠르드네(1217~1293)에게서 예수 십자가의 일부분과 가시관을 구입했다. 구매 대금은 13만 5천 리브르라는 엄청난 거액이었다고 한다(말하자면 13만 5천 개의 금덩어리라고 생각하면 된다). 세계에서 가장 고귀한 보물을 얻었다고 생각한 성왕 루이는 파리 중심부의 시테섬에 고딕 소성당인 생트샤펠성당을 지어 이 성유물을 안치했다.

노트르담 대성당의 십자가 유물.

이후 역대 프랑스 왕실은 이 숭엄한 유물을 계속 생트샤펠성당에 보관해왔으나 프랑스혁명 때 이 유물들이 국립도서관으로 이전됐다. 그 후 나폴레옹이 황제가 되어 교황청과 프랑스 가톨릭교회 문제를 논의할 때 이 유물을 다시 가톨릭교회 쪽에 되돌려주기로 결정했다. 단, 이때부터는 가시관이 노트르담대성당에 옮겨져 보존되기에 이르렀다.

파리 노트르담대성당의 홈페이지에는 성유물의 유래와 그것이 프랑스로 오게 된 과정에 대해 이렇게 설명한다.

성당에 보관된 성유물은 십자가 조각과 예수를 못 박을 때 사용된 못 하나 그리고 가시관이다. 십자가 조각은 로마의 콘스탄티누스 황제의 어머니인 성녀 헬레나가 보관했다가 전해준 것이다. 이 가운데 특히 가시관이 가장 소중한 유물이다. 수많은 연구와 과학적 탐구 노력

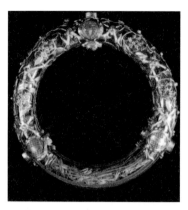

파리 노트르담대성당에 보존되어 있는 가시
관.

에도 불구하고 이 유물의 진실성을 확증할 수는 없었다. 그러나 이 유물은 1,600년 동안 열렬한 기도의 대상이었다.…

성당에 보관된 가시관은 나뭇가지들을 원 모양으로 엮고 금실로 고정시켰다. 지름 21센티미터의 원형에 가시들이 붙어 있다. 가시들은 수 세기 동안 비잔티움제국 황제들과 프랑스 국왕들에 의해 나누어졌다. 원래의 가시로 밝혀진 것이 70개가 있는데 모두 같은 유형이다.…

7세기부터 10세기 사이에 이 유물들은 차례로 콘스탄티노플에 있는 비잔티움제국 황제의 성당으로 이전했는데, 이는 페르시아 침입 때 예수 성묘가 입은 것과 같은 파괴를 피하기 위해서다. 1238년 비잔티움제국은 라틴제국 황제인 보두앵 2세 드 쿠르드네가 통치했으며, 재정적으로 큰 어려움에 봉착하자 돈을 빌리기 위해 베네치아 은행에 담보로 이 유물들을 맡겼다. 프랑스 국왕 성 루이는 베네치아인들에게 그 돈을 다 갚고 유물들을 도로 찾았다. 1239년 8월 10일 국왕은 빌뇌브 대주교구에서 29개의 성유물을 인수받아 8월 19일 파리에 도착했다. 국왕은 어의를 벗고 간단한 외투만 걸친 채 맨발로 가시관을 받아 노트르담대성당에 옮겨왔고, 그 후 이 유물에 걸맞은 건물로 생트샤펠 성당을 건축했다.

프랑스혁명 때 이 유물들이 국립도서관으로 이전됐다가 1801년의 협약 이후 다시 파리 대주교에게 맡겨졌다.… 그 이후 이 유물들은 메트로폴리탄 바실리카 사제단이 경배 의전을 주관하고 예루살렘 성묘 기사단 단원들이 보조를 한다.

노트르담대성당에서는 매달 첫 번째 금요일 오후 3시에 이 가시관 유물을 신자들에게 보여 경배하는 의례를 펼친다. 가시관은 크리스털 케이스에 들어 있는 상태로 모셔 내온다. 가톨릭교회 신자는 아니지만 너무 궁금하던 차라 2014년 봄에 한번 이 행사를 참관했다. 신자들이 그 넓은 성당을 꽉 채우고 있었다. 의례의 끝 무렵, 한 사람씩 차례로 나와 성물에 직접 입맞춤을 한다(수많은 사람이 같은 곳에 입을 맞추어 위생상의 문제가 발생할 수 있으므로 의례를 보조하는 사람이 옆에 서서 한 사람이 거쳐 갈 때마다 티슈로 닦았다).

: 성스러운 가시들

가톨릭교회 백과사전의 설명을 덧붙이자면, 가시관이 파리에 도착했을 때 60~70개의 가시가 따로 있었는데, 이 중 일부를 성왕 루이와 그의 후계자들이 다른 사람들에게 나누어 선사했다고 한다. 당시에는 주는 사람이든 받는 사람이든 이보다 더 귀중한 선물은 따로 없었을 것이다. 이 가시들 중 하나가 런던의 대영박물관에 있는 '성스러운 가시 유물Holy Thorn Reliquary'이다.

20센티미터 높이의 이 작품은 한가운데 문제의 가시를 두고 마지막 심판의 드라마를 나타낸다. 천사들이 트럼펫을 불고, 네 명의 남

대영박물관에 있는 '성스러운 가시 유물'.

녀가 관에서 막 일어나려는 참이다. 그리고 저 높은 곳에서 하느님이 마지막 심판을 주재한다. 이 드라마 한가운데 인류 구원을 위한 예수 수난의 '실물'인 가시가 있고, 그 아래 '이것이 우리 주 예수 그리스도의 왕관에서 나온 가시다Ista est una spinea corone Domini nostri Ihesus Christi'라는 글귀가 쓰여 있다.

이것은 어떤 연유로 런던에 오게 됐을까?

대영박물관 쪽의 연구에 의하면 이 유물의 소유자는 14세기 말 프랑스의 대귀족인 베리 공작 장(1340~1416)이라고 한다. 무엇보다 그의 문장紋章이 유물에 새겨져 있다는 점이 이를 말해준다. 베리 공작은 그 외에도 수많은 성유물을 가지고 있었다고 하는데 그중에는 성경에 나오는 가나의 결혼 때 사용했던 결혼반지, 불타는 나무의 조각, 또 헤롯 대왕이 죽인 무고한 아이들 중 한 명의 사체 등도 포함되어 있다. 백년전쟁(1337~1453) 중인 1415년의 아쟁쿠르전투 당시 프랑스를 침공한 영국군이 그의 보물들을 모두 약탈하거나 파괴했다고 하니, 아마 이 전투 이전 시기에 베리 공작이 살아 있을 때에 가시 유물이 다른 누군가에게로 선사

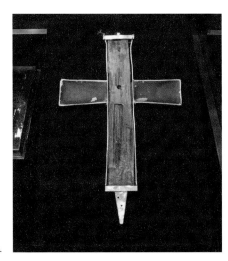

빈의 성십자가 일부.

됐을 것으로 추정한다.

　그다음 이야기는 성유물 관련 사항치고는 조금 부끄러운 이야기라 하지 않을 수 없다. 1544년 기록에 이 유물이 빈의 합스부르크 가문 보물 목록에 있는 것으로 보아 어떤 과정을 거쳤는지는 모르되 하여튼 이것이 오스트리아로 넘어간 것은 분명하다. 당시 합스부르크 가문의 황제인 페르디난트 1세(1503~1564)가 1537년 앤티크와 예술품을 수집하라는 명령을 내리고, 1558년 지금의 호프부르크 자리에 예술품보관실khunsthamer을 지었다. 당시 유럽 왕실들은 모두 진귀한 보물들을 수집했지만 합스부르크 가문의 컬렉션이 유럽에서는 최대 규모와 최고 수준을 자랑했다. 아마도 이처럼 전 유럽에 걸쳐 보물을 수집하는 과정에서 가시 유물 역시 수집된 것으로 보인다. 그 후 1860년대에 황실에서 한 골동품 수집상에게 이 유물의 수선을 맡겼는데, 이 사람은 가짜를 만들어 황실에 돌려주고 오리지널은 자신이 가졌

다. 이 유물은 다시 유명한 유대인 은행가 가문인 로스차일드가의 소
유가 됐다가, 1898년에 이 가문이 대영박물관에 기증하여 오늘에 이
르렀다. 예수 수난의 증거인 유물이 참으로 큰 수난을 겪으며 돌아다
닌 것이다.

: 성스러움과 정치권력

왜 정치권력이 성유물의 수집에 그토록 열심이었을까? 과거에 통
치의 정당성은 종교적 성스러움과 직결되어 있었기 때문이다. 중세와
근대 초 유럽의 군주들이 가진 힘의 근원은 종교와 뗄 수 없는 긴밀한
관계에 있다. 이런 질문을 던져보자. 프랑스 국왕은 왜 국왕인가? 어
떤 근거로 그가 프랑스 사람들을 통치하는가? 이에 대한 답은 국왕이
신성하기 때문이라는 것이다. 이 나라 백성들을 다스리게 된 것은 하
느님의 뜻이다. 프랑스 국왕은 대관식을 할 때 랭스대성당에서 도유
식塗油式을 하는데 이때 왕의 몸에 바르는 기름은 성령의 비둘기가 직
접 천국에서 받아가지고 왔다고 설명했다. 국왕은 이 세상에서 하느
님의 뜻을 잘 지키기 위해 정치권력을 부여받은 하느님의 지상 대리
인인 셈이다.

이런 신성한 능력을 더 구체적으로 예시하는 현상이 병의 치유 능
력이다. 이른바 '병을 고치는 국왕roi thaumaturge'이라는 개념이다. 중
세 이래 연주창戀主瘡(이름 자체가 '왕을 연모하는 병'이라는 의미다)이라
불리는 피부병을 고치기 위해서는 국왕의 신체와 접촉하면 낫는다는
전승이 있었다. 그래서 왕이 행차할 때에는 수많은 피부병 환자가 모

생트샤펠성당의 아름다운 내부.

여드는데, 이때 국왕이 이 환자들을 만져서 낫게 하는 의식을 치렀다. 국왕은 이때 "내가 너희를 만지니 신께서 낫게 하리라" 하는 말을 한다. 그런데 나중에 이 과정을 단순화하여 국왕이 행차할 때 그가 손으로 만진 동전을 나누어주는 방식으로 변모했다(너무 많은 피부병 환자가 몰려들면 아무리 정통성 확립에 도움이 되는 행사라 해도 께름칙했을 것 같다). 국왕의 얼굴이 조각된 동전은 그 자체가 국가와 국왕의 권위를 표현하는 물체인 데다가, 국왕이 의례를 통해 신성한 힘을 불어넣었으니 병을 낫게 하는 힘을 지녔으리라 믿은 것이다.

이런 정도로 종교적 위엄과 정치적 권력이 긴밀히 엮여 있는 터에, 다름 아닌 예수의 십자가나 가시관은 곧 지상 최고 권력의 담보물이 아닐 수 없다. 성왕 루이는 예루살렘을 탈환한다는 원래의 십자군 전쟁의 목표를 이루는 데에는 성공하지 못했지만, 그보다 더한 공적을 이루었다고 자부했으리라. 예수 수난의 증거 그 자체를 구해왔으니 말이다. 이것들을 안치하는 성당을 최대한 위엄 있고 아름답게 짓는 것이야 당연한 일이다.

1240년경에 지어진 생트샤펠성당은 지금은 오랜 세월의 무게로 인해 많이 낡고 퇴락했지만, 그 아름다움은 여전하다. 고딕 성당 중 가장 높고 아름다운 건물 중 하나로 알려진 이 소성당은 그 당시 그야말로 국가가 전력을 다해 성심성의껏 지은 명품이다. 특히 이 건물 내부의 스테인드글라스는 아마도 세상에서 가장 아름다운 종교 예술품 중 하나라 해도 과언이 아니다. 그 찬란한 아름다움 가운데 예수 수난의 증거를 직접 모신 생트샤펠성당은 곧 솔로몬의 궁전이요, 파리는 제2의 예루살렘이고, 프랑스는 천상의 나라로 부상할 수 있었다. 생트샤펠성당이 완공되고 축성식을 할 때 파리 주교가 "예수 그리스도께서 그의 수난의 승리를 경배하는 나라로 프랑스를 선택하셨도다" 하고 선언한 것도 그런 맥락이다.

프랑스 국왕의 성스러운 통치 기반을 만들어주는 데에 먼 동방 제국의 유물이 수입됐다. 예루살렘에서 콘스탄티노플, 베네치아와 파리, 런던에 이르기까지 성스러움의 증거물은 먼 거리를 옮겨 다니며 세속의 권력, 세속의 부와 긴밀하게 엮였다.

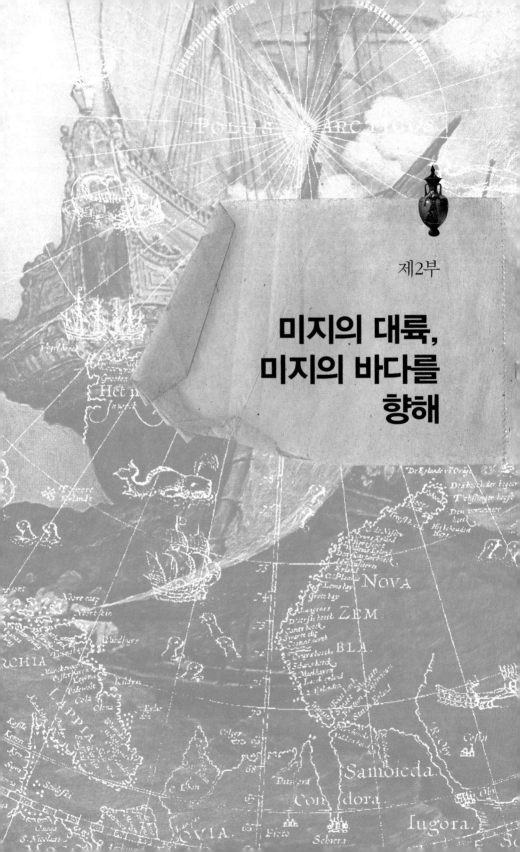

제2부

미지의 대륙,
미지의 바다를
향해

장건의 서역 출사

초원 지대의 광대한 세상을 엿보다

거시적으로 보면 유라시아 대륙의 역사는 농경 지역의 제국과 초원 지대의 유목 민족 간 대립의 연속이었다. 대개 유목 민족들은 기동성 있는 강한 군사력을 가지고 있으나 상대적으로 소수의 분산된 집단들이었다. 따라서 부와 문화 그리고 무엇보다 인구의 우위를 누리는 제국이 이들을 통제할 수 있었다. 그러나 때로 유목 민족이 강력하게 응집하여 힘을 규합하면 제국을 크게 위협한다. 아마도 역사상 가장 강력한 유목 민족 국가 중 하나가 흉노일 것이다. 한 제국은 흉노를 진압하려 했지만 오히려 강력한 힘에 밀려 화친 정책을 펴야 했다.

이때 생각할 수 있는 방책이 흉노의 배후 세력을 찾아 손을 잡고 협공한다는 것이었다. 그러려면 우선 초원 지대에 있는 여러 민족의 사정을 정확히 파악할 필요가 있다. 그 어려운 과제를 수행한 것이 장건이었다. 그는 무엇보다 흉노와 불구대천의 원수로 알려진 월지를 찾아 외교 관계를 맺으려 했다. 여러 차례 생사의 고비를 넘기며 광대한 서역 땅을 돌아다니면서 유목 민족들과 교섭하려 했지만 원래의 목적을 이루지 못하고 귀국했다. 그는 자신이 보고 온 내용을 정리하여 조정에 보고했는데 이는 중원의 제국이 광대한 초원 지대를 파악하는 매우 중요한 정보원이 됐다.

거대 제국과 유목 민족들 간에 펼쳐진 이와 같은 복잡다기한 군사·외교 관계의 결과 제국은 서서히 서역의 땅을 알아갔고, 교역과 교류가 시작됐다.

： 한나라와 로마

서력기원 전후 수백 년 동안 유라시아 대륙을 거시적으로 보면 아주 흥미로운 균형 상태를 보게 된다. 동쪽에는 중국의 한漢 제국이, 서쪽에는 로마제국이 광대한 영토를 거느린 거대 제국을 형성하고 있었다. 두 제국은 서로의 존재를 어느 정도 알고 있었고 때로 사신도 교환하려 했다. 중국은 로마제국을 대진大秦이라 불렀는데, 이는 '서방의 또 다른 중국'이라는 의미였다.

두 제국 모두 변경 너머 강력한 이민족들의 위협을 받고 있다는 점도 비슷했다. 더 나아가서 이민족에 대한 관념과 태도, 그들에 대한 정책 역시 유사했다. 문명과는 거리가 먼 삶을 사는 오랑캐 혹은 야만족barbarian들은 인간 사회라고 할 수 없는 저열한 상태에 있으므로 이들을 교화하기 힘들 때에는 아예 복종시키고 노예화하는 것이 당연하다. 따라서 제국의 힘이 강력할 때에는 이들을 진압하러 나가지만, 만일 그렇지 못할 경우에는 아예 조심스럽게 회피하는 것이 최선이다. 그래서 거대한 장벽을 세워서 이방인들의 침입을 막았다. 중국에서는 진시황 이후 만리장성을 쌓았고 로마는 하드리아누스 황제가 라인-도나우강을 따라 리메스limes(요새화된 성벽)를 건립했다. 중국은 조만간 성벽을 이중으로 보강했고, 안토니우스 황제 역시 하드리아누스의

만리장성(위)과 하드리아
누스의 방벽(오른쪽).

방벽을 보강했다.

이민족을 막기 위해 가능한 모든 방책을 동원해야 했던 두 제국은 때로 마술을 써서 적을 막으려고 했다는 점에서도 유사하다. 마르쿠스 아우렐리우스 황제는 서기 174년에 쿠아디족(모라비아 지방에 자리 잡고 있던 게르만족의 일파)과 전쟁을 할 때 마술사들을 동원했다. 그들은 로마군이 포위되어 갈증에 시달릴 때 비를 내려 갈증을 해소하고 또 벼락으로 적을 공격하는 기적을 일으켰다고 주장했다. 그렇지만 이런 면에서는 중국이 한 수 위로 보인다. 중국의 술사術士들은 서기 2세기부터 몽골 지방에 가축 사료가 되는 풀에 병이 돌아 흉노족이 풀을 찾아 서쪽으로 몰려가도록 유도했다는 것이다. 물론 오늘날 역사가들은 이런 마술 효과에 대해서 크게 믿지는 않지만 말이다.

그렇지만 이민족에 대한 두 제국의 대응 방식은 결국 상이한 방향으로 나아가게 됐다. 로마는 처음에는 게르만족들을 누르면서 영토를 팽창했지만, 급기야 팽창은커녕 오히려 이 이민족의 위협에 대비하느라 전전긍긍戰戰兢兢했고, 결국 그들 중 여러 부족을 끌어들이지 않을 수 없었다. 많은 게르만족 사람은 서서히 로마 영내로 들어와서 농사도 짓고 때로는 로마군에 들어가거나 혹은 아예 로마의 동맹군이 되기도 했다. 예컨대 타키투스의 『게르마니아』에서 바타비아족(네덜란드의 조상이 되는 민족)에 대한 서술을 보면 이러하다.

모든 종족 중에서 바타비아족이 가장 용감하다. 그들은 원래 차텐족의 일부였지만, 내부 분열로 현재 주거 지역으로 이주해왔으며, 여기에서 로마제국의 일원으로 허락됐다. 그들은 로마제국과 오랫동안 동맹을 인정받고 자신의 독자적인 위치를 유지했다. 로마는 그들에게

조공을 바치게 하지 않았고, 어떤 세금 인수인도 그들을 괴롭히지 않았다. 세금과 조공으로부터 면제되고 오로지 전투 준비만 하면서 그들은 로마인의 전쟁을 위해서 방어 무기로 대기하고 있다.

_ 타키투스, 이광숙 옮김, 『타키투스의 게르마니아』, 서울대출판부, 1999, 29항.

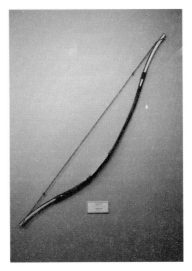

흉노의 활.

로마제국 말기에는 이처럼 게르만족을 용병으로 써서 그들이 자기 동족들을 막도록 했다. 그러나 그렇게 불러들인 이민족이 로마의 멸망을 재촉하는 계기가 됐다. 로마제국은 동로마와 서로마로 나뉘었다가(애초에는 통치와 행정의 편의상 둘로 나눈다는 것이었는데 시간이 지나면서 아예 두 개의 단위로 분할됐다), 동로마는 비잔티움제국이라는 이름으로 별개의 문명권을 형성한 채 1천 년을 더 지냈지만, 유럽 본토에 해당하는 서로마는 서기 476년에 게르만족 출신 용병대장 오도아케르에 의해 멸망했다.

한편, 한나라에 큰 위협이 되는 세력은 흉노족이었다. 몽골고원의 여러 부족을 연합하여 유목국가를 건설하는 데에 성공한 흉노는 막강한 군사력으로 한나라 국경을 자주 어지럽혔다. 유방劉邦(기원전 247?~기원전 195)이 이들을 공격하다가 오히려 포위되어 간신히 탈출할 정도로 흉노의 전투력은 대단했다. 할 수 없이 한나라는 황실의 공주를 선우單于(흉노의 왕)에게 주고, 매년 많은 견직물·술·쌀 등을 흉노에게 보내는 조건으로 화의和議를 맺었다(기원전 198). 그 뒤로도 흉노는 주변 부족들을 격파하며 더 큰 세력으로 성장해갔으니 한나라로서는 실로 큰 위협이 아닐 수 없었다. 한나라는 때로 원정군을 보내고 때로 화친 정책을 펴며 대응책을 준비했다.*

: 오랑캐 너머의 오랑캐와 손잡기

한나라로서는 흉노를 막기 위한 방책으로 흉노가 사는 지역 너머의 다른 이민족을 찾아 제휴하여 협공을 하려 했다. 이는 동시에 초원지대의 전투에서 필수적인 좋은 말을 얻으려는 목적도 있었다. 그렇게 하기 위해서는 문명권 상품을 보내 그들을 유혹하는 수밖에 없었다. 대표적인 상품이 비단과 견사絹絲(깁이나 비단을 짜는 명주실)였다.** 이처럼 문명권의 상품을 공급하면 그 사회의 엘리트들이 여기에 '중독'되어 중국에 유화적으로 나오리라고 기대한 것이다.

그러나 한 제국은 그들이 직접 대면하고 있는 흉노 너머에 사는 부

---

* 고조선도 한나라의 압박에 대항하기 위해 흉노와 협력했을 가능성이 있다. 한나라는 '고조선이 흉노의 왼팔'이라며 걱정했을 정도다. 이 '왼팔'이 어느 정도의 펀치를 휘둘렀는지, 흉노와 어느 정도 긴밀한 관계를 유지했는지는 더 자세한 연구가 필요한 실정이다.

** 중국의 비단은 유라시아 대륙을 가로질러 반대편에 자리 잡은 로마에까지 도달해서 황실과 귀족들의 필수불가결한 사치품으로 사용됐다. 그리고 이것은 재정 담당자들과 철학자들의 맹렬한 비난의 대상이 됐다. 사치품을 구입하느라 너무 큰 비용이 지출되어 국정이 위태로울 지경이 됐고, 비단옷이 여인들의 몸매를 가리는 게 아니라 은근히 비쳐보여서 풍속을 어지럽힌다는 이유에서였다.

족들이 도대체 어떤 사람들인지조차 알지 못하는 상황이었다. 한나라에서 이 지역을 파악하고 통교하려는 데에 결정적 공헌을 한 인물이 장건張騫(?~기원전 114)이다.

흉노의 배후에서 협공할 세력을 찾아 손을 잡고자 할 때 과연 어떤 부족을 찾아가는 것이 좋을까? 그런데 마침 이에 딱 맞는 정보를 입수하게 됐다. 흉노에서 투항해온 사람들 중에 많은 자가 "흉노는 월지月氏(月支)의 왕을 격파하고 그의 머리뼈로 술 마시는 그릇을 만들어서, 월지는 쫓겨난 뒤로 항상 흉노에게 원한을 품고 있으나 함께 흉노를 치는 사람이 없다"고 말한 것이다. 이런 정보를 입수한

한 무제에게 출사 인사를 하는 장건.

한 무제武帝는 월지로 사신을 보내 통교를 한 다음 흉노를 협공하려는 생각을 하게 됐고, 장건에게 그 임무를 맡겼다. 기원전 138년에서 기원전 126년까지 이루어진 장건의 서역 출사가 그것이다. 그는 흉노족 출신으로 그 지역 전반의 사정을 잘 아는 감보甘父와 함께 길을 떠났다.

문제는 월지로 가려면 흉노의 땅을 지나지 않을 수 없다는 점이었다. 흉노를 협공할 파트너를 찾아가는데 바로 흉노 땅을 지나야만 하니 딱한 노릇이 아닐 수 없다. 장건 일행은 결국 흉노에게 잡혀 선우

장건의 서역 출사. 7~8세기의 그림.

에게 끌려갔다. 선우가 "월지는 우리 북쪽에 있는데 한나라가 어찌 사신을 보낼 수 있느냐? 내가 당신네 나라 남쪽에 있는 월越로 사신을 보내려고 하면 허락하겠느냐?" 하는 지당한 주장을 하며 장건을 억류했다. 장건은 이곳에서 10년 이상 붙잡혀 사는 동안 흉노 여인과 결혼하여 자식까지 낳았다. 그러면서도 황제가 준 부절符節을 품에 잘 간직하면서 호시탐탐 도망칠 기회를 노리고 있다가, 마침내 감시가 소홀한 틈을 타서 서쪽으로 도망갔다. 수십 일을 정신없이 도망가다가 당도한 곳이 대완大宛(페르가나)이었다.

장건은 이 나라 사람들이 한나라 물품에 욕심을 낸다는 사실을 알고, 자신을 월지로 보내주면 나중에 한나라로 돌아간 후 이루 말할 수 없이 많은 재물을 보내주겠다고 그들을 설득했다. 대완 사람들은 이 말에 혹했는지, 통역과 안내인을 딸려주며 장건을 서쪽으로 보내주었다.

그리하여 장건은 드디어 꿈에 그리던 월지 사람들을 만나게 됐다. 그런데 막상 만나고 보니 이들은 옛날 일은 이미 까마득하게 다 잊고 평화로이 살고 있어서, 흉노를 공격할 생각은 조금도 없었다. 월지는 그동안 서쪽의 대하大夏를 공격해서 그 땅을 빼앗아 살고 있었으며, 남서쪽으로 쫓겨난 대하 사람들을 복속시켜 지배했다. 현재 살고 있는 땅이 비옥하고 다른 침략자가 없어서 안락하게 살고 있는 판에, 막강한 흉노를 다시 공격하여 전쟁을 벌일 이유가 없었다. 1년 남짓 머무르며 월지와 대하 사람들에게 한과 손잡고 함께 흉노를 협공하자고 설득했지만 전혀 그의 말을 듣지 않자 할 수 없이 장건은 고국으로 돌아가는 귀환 길에 올랐다.

올 때와 똑같은 길로 갔다가는 다시 흉노에게 붙잡힐 염려가 있으므로 장건은 제 딴에는 남쪽 먼 길로 피해 돌아가려고 했지만 또다시 흉노에게 붙잡혀 억류됐다. 자칫 목숨을 잃을 수도 있었으나 이번에도 운이 따라주었다. 이곳에서 1년 남짓 억류되어 있는 동안 선우가 죽고 그의 아우가 태자를 죽여 스스로 선우로 등극하는 사건이 일어나 흉노 내부에 심한 내분이 일어났다. 이 어지러운 틈을 타서 장건은 가까스로 도망쳐서 한나라로 올 수 있었다. 떠날 때에는 인원이 모두 100여 명이었지만 13년 만에 귀국했을 때에는 그와 감보 둘뿐이었다.

: 장건의 보고서

장건은 황제에게 높은 관직을 제수받고, 황제에게 변방 지역의 사정에 대한 보고서를 작성하여 올렸다. 그가 직접 가본 곳은 대완, 월지, 대하, 강거康居였지만 주변 지역에 대해서도 그가 들어서 알고 있는 내용을 소상히 적었다. 그 보고서에는 아주 귀중한 정보가 많이 있었는데, 그 가운데 특히 말에 관한 내용이 황제의 마음을 움직였다.

대완은 흉노의 남쪽, 한나라의 정서正西 쪽에 있는데, 한나라에서 약 1만 리쯤 떨어져 있습니다. 그들의 풍습은 한곳에 머물러 살면서 밭을 갈아 벼와 보리를 심는 것입니다. 포도주가 있고, 좋은 말이 많은데 말은 피와 같은 땀을 흘리고 그 말의 조상은 천마天馬의 새끼라고 합니다.…

피 같은 땀을 흘린다고 해서 한혈마汗血馬라고 부르는 이 말은 최고의 명마로 꼽힌다.

그의 보고서에는 서역의 여러 나라에 관한 정보가 많이 들어 있는데, 그 가운데에는 예컨대 저 멀리 안식安息(이란 지방에 있는 국가로서 파르티아)에 관한 내용도 있다.

안식은 대월지의 서쪽 몇 천 리 되는 곳에 위치하고 있습니다. 그들의 풍속은 한곳에 정착하여 밭갈이하여 벼와 보리를 심고 살며, 포도주도 있습니다. 성읍은 대완과 같습니다. 사람들은 장사를 하기 위해 수레와 배를 이용하여 이웃 나라나 때로는 몇 천 리 되는 곳까지 다닙니다. 은으로 돈을 만드는데, 돈의 모양은 그 나라 왕의 얼굴과 같고, 왕이 죽으면 곧 돈을 바꾸어 새 임금의 얼굴로 본을 뜹니다. 가죽에다 횡서橫書로 적어 문자를 기록합니다.

이제 중국으로서는 서역에 있는 여러 나라의 사정을 제법 자세히 알게 됐다. 어떤 국가들은 정착해서 살고 산업도 꽤 발달해 있으며 중국 물품들을 얻기 원하지만 군사력은 약한 상태이고, 어떤 국가들은 군사력은 강한데 중국의 물품들을 보내주면 외교 관계를 맺을 수도 있으리라는 식의 판단이 섰다. 문제는 어떻게 그런 국가들과 연결할 수 있느냐 하는 점이다. 이에 대해서도 장건은 아주 흥미로운 정보를 제공했다. 그가 대하에 있을 때 공邛 지방의 대나무 지팡이와 촉蜀 지방의 옷감을 보고는 그 지방 사람들에게 이 물건을 어떻게 얻었느냐고 물었다. 그러자 그 사람들이 대답하기를 상인들이 건독身毒(인도의 옛 이름)에 가서 사 가지고 온 것이라고 말하지 않는가. 건독은 대하의 남동쪽 몇 천 리 떨어져 있는 것으로 보이며 따라서 촉 지방에서 멀지 않을 것이라고 추론했다. 그러니 대하로 사신을 보내고자 한다면 촉에서 가는 게 나을 것이라는 게 장건의 판단이었다. 이 말이 일리가 있다고 생각한 황제는 장건을 촉 지방으로 파견했다. 그는 이곳에서 네 방향으로 나누어 밀사를 파견했지만 이들은 모두 가는 도중에 번번이 살해당했다. 특히 곤명昆明 지방 사람들이 가장 큰 문제였다. 끝내 이 방향으로는 대하와 소통하지 못했다. 이것이 장건의 두 번째 서역 여행이었다.

그러는 중에 한나라는 흉노를 공격하는 전쟁을 벌였다. 장건은 대장군을 따라 출전했다가 사막 한가운데 수초水草가 있는 곳을 알고 있어서 군대에 큰 도움을 주었고 그래서 박망후博望候라는 직책까지 받았다. 그렇지만 다른 전투에서는 실수를 범하여 참형을 당할 뻔했지만 겨우 돈을 내고 속죄한 다음 평민으로 강등됐다.

그 후에도 그는 서역에 대한 전문가로서 계속 황제의 자문에 응하여 정보를 제공하고 계책을 올렸다. 그가 올린 계책은 흉노의 서쪽에서 그들에 복속해 있는 오손烏孫이라는 나라를 한나라 편에 끌어들이자는 것이었다. 장건은 이번에도 직접 오손을 찾아갔으니 이것이 그의 세 번째 서역 여행이다. 그는 중국의 물품을 대량으로 제공할 뿐 아니라 한나라의 옹주翁主를 보내 오손 왕의 부인으로 삼게 하겠다고 약속했다. 그렇지만 오손 사람들은 흉노에 적대적으로 대했다가 큰 봉변을 당하지 않을까 걱정이 들었을 뿐 아니라, 그 와중에 후계 문제로 내분이 일어나서 그들이 여러 파로 나뉘어 서로 대립하는 통에 장건에게 아무런 약속을 해줄 수 없었다.

끝내 장건은 오손과 외교 관계를 맺지는 못했지만, 그 대신 주변 여러 국가에 사신을 나누어 보내고, 그 자신은 오손의 사신 수십 명을 데리고 귀국했다. 이 사신들이 한나라에 직접 와보면 한나라가 얼마나 광대하고 흥성한 곳인지 확인하고는 감명을 받을 것이며, 그러면 결국 외교 관계를 맺지 않겠는가 하는 복안이었다. 과연 오손의 사신들은 한나라에 직접 와보고는 인구가 많고 물자가 풍부하다는 사실에 감명받고 돌아가서 그렇게 보고를 올렸다. 그로부터 1년 후 장건은 사망했으니, 그가 평생에 걸쳐 노력한 결과가 맺어지는 것을 직접 보지는 못하고 말았다. 그의 예측대로 오손은 흉노의 침략을 두려워하여 한과 손을 잡았다. 그리고 난 후 장건이 파견했던 사신들이 대부분 귀국했고 그 후 본격적으로 북서쪽 국가들과 통교가 이루어졌다. 한

나라가 이처럼 서방의 국가들과 통교한 데에는 장건의 공적이 결정적이었다고 할 것이다.

유라시아 대륙의 역사를 거시적으로 보면 한나라나 로마와 같은 거대 제국과 유목 민족들 혹은 반半정주 민족들 사이에 복잡다기한 드라마가 펼쳐지고 있었다. 그 사이에 문명의 교류가 일어나는 통로를 개척한다는 것은 보통 어려운 일이 아니다. 거대 세력들 간의 치열한 군사·외교상 각축의 결과가 비단길의 개통으로 귀결됐지만, 그 과정은 결코 비단처럼 부드럽지는 않았다.

소그드인

비단길의 중심에 서다

유라시아 대륙의 광대한 땅덩어리는 먼 고대부터 소통 가능한 곳이었다. 교통이 지극히 어려운 여건이었지만 사람이 이동하고 물자가 교환되며 지식과 사상이 전달됐다. 중국에서 유럽까지 연결된 비단길이 대표적인 사례다. 다만 이 이름은 오해를 불러일으킬 수 있다. 마치 하나의 큰 고속도로가 뚫려 있는 느낌을 주기 때문이다. 실은 그런 식의 단순한 길이 아니라 복잡다기한 네트워크의 연쇄라고 해야 할 것이다. 이 길 전체를 하나의 집단이 관장하고 있다든지, 이 길의 한쪽 끝에서 다른 쪽 끝까지 단번에 관통할 수 있는 것처럼 생각해서는 안 된다. 중간에 부분적인 연결망들이 연쇄적으로 작동하여 전체적인 소통이 이루어지고 있는 것이다. 이 네트워크를 움직이는 동력도 통상 생각하듯 수익성을 노리는 상품 이동보다는 정치·군사적 요인이 더 중요했다. 그러니 비단길의 역사는 중국이나 유럽이라는 양쪽 극단에 위치한 세력보다는 그 중간에 있는 여러 집단의 활동과 부침에 더 크게 좌우됐다.

일찍이 이 비단길의 초기 전성기를 구가했던 사람들은 소그드인이다. 지금은 더 이상 독자적인 민족 단위로서는 생존해 있지 않고 사라진 이 상업 민족은 한때 비단길 중심부에서 핵심적인 연결고리 역할을 담당하며 중국의 비단을 서아시아와 유럽에까지 전달하는 일을 했다. 최근 역사학은 지금은 사라진 이런 과거 여러 종족의 활동을 상당히 충실하게 되살려 놓았다. 소그드인 같은 비단길상의 상인 집단의 찬란한 성취 이면에는 고통스럽고 힘겨운 역사를 확인할 수 있다. 유라시아 대륙을 관통하는 움직임은 비단처럼 부드럽고 아름다운 게 아니라 거칠고 난폭한 투쟁의 역사였다.

비단길이라는 말은 1877년 독일의 지리학자 페르디난트 폰 리히토펜(1833~1905)이 만든 말이다. 과거 중국인이나 베네치아인, 사마르칸트인은 결코 이런 말이나 개념을 사용한 적이 없다. 물론 비단이 이 교역로상의 중요한 상품이었던 것은 분명한 데다가, 비단 실처럼 아주 길게 이어져 중국과 유럽까지 먼 거리를 연결한다는 인상적인 이미지를 제공하는 멋있는 작명인 것은 사실이다.

비단길이 세인의 주목을 받게 된 것은 20세기 초에 영국, 프랑스, 독일, 일본, 러시아 등의 탐험대가 중앙아시아에서 탐사 여행을 하여 엄청난 발견을 한 이후다. 그동안 잊혀져 있던 도시들이 재발견되고 전혀 모르던 언어들이 알려지기도 했다. 제2차 세계대전 이후에는 소련과 중국이 이데올로기적인 이유로 고고학 발굴을 수행한 결과 또다시 엄청난 유물들을 발견했다. 도시 전체가 새로 모습을 드러내고 수많은 문서가 나왔다. 이런 것들을 비교하고 재해석하는 과정에서 비단길에 대해 많은 새로운 사실이 알려졌다. 이제는 720년경의 사마르칸트나 900년경의 둔황敦煌이 같은 시대 파리나 런던보다 더 자세히 알려져 있을 정도다. 그리고 이제는 비단길 양쪽 극단에 있는 중국과 유럽만 주로 이야기하는 대신 그 중간 지역을 내부적으로 살펴보고 그들의 활발한 활동을 자세히 고찰하게 됐다.

비단길의 활성화에서 먼저 거론할 점은 중국의 외교적 노력이다.

비단길의 도시 둔황에 있는 고대 망루.

한나라가 자신들에게 큰 위협이 됐던 흉노족에 대항하기 위해 중앙아시아의 여러 부족과 외교 관계를 맺으려고 많은 특사를 보냈다는 것은 「장건의 서역 출사」 편에서 본 바와 같다. 이들은 외교 관계를 유리하게 맺기 위해 중국 상품들을 많이 가지고 갔는데 대표적인 것이 비단이었다. 우선 여기에서 알 수 있는 것은 비단길의 활성화는 상업 활동 이전에 군사 · 외교 활동의 결과라는 점이다. 그런데 결과적으로 중국의 외교는 큰 결실을 맺지 못했지만, 박트리아(힌두쿠시산맥과 아무다리야강 사이에 위치한 고대 그리스인이 세운 나라로서 중국에서는 대하人夏라고 불렸다)나 인도 북서 지역 상인들이 중국 비단 거래를 통해 큰 이윤을 얻을 수 있다는 점을 깨닫는 계기가 됐다.

그들은 중국에서 들어온 비단을 재수출해서 큰 재미를 보자, 아예 비단 생산지인 중국으로 직접 찾아가기로 한 것이다. 그 결과 히말라야 북쪽을 돌아가는 도로상에 박트리아와 북서 인도 상인들의 상업 식민지들이 많이 생겨났고, 당나라의 수도인 장안長安(오늘날의 시안西安)에서는 궁정인과 귀족들이 이곳까지 들어온 외국 상인들에게 청금석(울트라마린의 원재료) 같은 이국적인 상품들을 입수했다. 서기 1~3세기 동안 북인도 지역과 중앙아시아 남부 지역이 쿠샨제국하에 통합되자 상업 활동이 더욱 활발해졌다. 이 지역이 당시 정치·종교·문화의 중심지로 부상했다. 이때 활동했던 상인들의 언어는 중앙아시아 전역에서 들을 수 있었으며, 주변 지역에 언어상으로도 큰 영향을 미쳤다. 이 무역로를 통해 불교가 중국으로 들어오게 된 것 또한 매우 중요한 현상이었다.

∶ 농민에서 상인으로

이때까지 소그드인들은 역사의 전면에 나오지 않고 잠잠한 상태였다. 원래 소그드인들은 중앙아시아의 아무다리야와 시르다리야 사이 지역에서 오아시스를 이용한 관개농업을 하고 있었다. 사막과 초원 지역 한가운데에서 농사를 짓고 사는 이 지역들은 유목 민족들에게 지상 천국과 같은 이미지로 비쳤을 법하다. 다만 오아시스 수자원의 한계 때문에 이런 주거지들은 규모가 작을 수밖에 없었다. 이처럼 소그드인의 소규모 주거지들이 점점이 박힌 이 땅을 소그디아나 혹은 소그디아라고 칭한다. 부하라, 사마르칸트, 타슈켄트 같은 도시가 과거 소그디아나의 주거지였다.

다만 이 도시들은 오늘날 더 이상 소그드인의 도시가 아니다. 10세

기 이전에 소그드 문화는 사라
졌고, 그 대신 페르시아어를 사
용하는 이슬람 세계 속으로 통
합됐기 때문이다. 하여튼 이 지
역 주민들은 대체로 서기 4세
기경까지는 농업 활동에 주력
하고 농산물을 주변 유목 민족
집단들과 교환하는 정도의 소
규모 지방 교역을 하는 정도였
다. 중국과 북인도 사이를 오가
는 원거리 상업 활동은 이웃 지
역의 대상인들의 몫이었다. 그
런데 4세기부터 돌연 이들이 사

「소그드 고대 서찰」.

마르칸트를 중심으로 중앙아시아 최고의 대상인으로 성장했다. 아마
도 쿠샨제국 대상인들의 활동에 자극을 받아 상업에 눈을 뜬 것 같다.

　4~8세기 중 소그드인들은 남쪽의 아무다리야강으로부터 북쪽의
텐산산맥天山山脈까지 팽창해갔다. 이들이 비단길의 중요한 상인이라
는 점은 중국, 비잔티움제국, 이란 등지의 사료를 통해 알 수 있다. 이
들의 상업로는 우크라이나로부터 이란까지, 또 몽골로부터 중국까지
광대하게 펼쳐져서, 4세기 초에는 이미 장안에까지 진입해 들어갔다.

　이 당시 활동을 말해주는 문서로는 1907년에 타클라마칸사막에서
발견된「소그드 고대 서찰Sogdian Ancient Letters」을 들 수 있다. 이는 313
년 하서회랑河西回廊(Gansu corridor)에 정착해 있던 소그드 상인들이
서쪽 지역으로 보낸 편지들이다. 여기에는 상인들의 상품 주문, 찾아

중국에서 소그드 상인들을 묘사
한 상들.

야 하는 상품들과 갚아야 할 부채 등 상업 활동 관련 사항들이 언급되
어 있을 뿐 아니라, 사적인 사연들도 세세히 적혀 있다. 소식도 없고
돈도 부쳐주지 않은 채 둔황에 3년 동안 가 있는 남편에 대한 한 여인
의 비난, 약탈당한 낙타 몰이꾼의 하소연, 동료가 중국 관리와 싸운
이야기 등이 그런 사례다. 이처럼 많은 편지가 오간 것을 볼 때 우편
체제가 상당히 발달해 있었음을 알 수 있다.

　이 가운데 특히 흥미로운 것은 리넨으로 된 겉봉투까지 보관되어
있는 편지다. 이것은 수신처가 밝혀져 있는 유일한 것이기도 하다. 그
수신처는 사마르칸트로 되어 있다. 편지 내용은 중국 내지와 하서회
랑에서 이 편지 발송인을 위해 일하는 소그드 상인들의 활동에 대한

보고다. 이 편지 내용을 통해 우리는 소그드 상인들이 단지 보부상 수준이 아니라 사마르칸트로부터 장안에 이르기까지 탄탄한 상업 네트워크를 조직해 가지고 있는 대상인임을 알 수 있다.

4세기 중엽, 유라시아 대륙의 역사 흐름 전반을 뒤흔들어 놓은 동시에 소그드인의 상업 활동에 결정적 전환을 가져온 사건이 일어났다. 유럽의 역사를 보면 로마 시대 말기에 동방으로부터 여러 종족이 밀려와서 로마제국 영내까지 치고 들어와 일대 혼란을 야기했다. 바로 그 움직임의 근원이 동쪽에서 일어나고 있었다. 당시 몽골과 시베리아로부터 훈족이 중앙아시아로 들어오고 또 이들에게 떠밀린 다른 종족들이 유럽 방향으로 움직여간 것이다. 훈족이 흉노족의 일파라는 설이 있으나 과연 그런지는 불분명하다. 훈족은 소그디아나는 쉽게 정복했지만 박트리아에서 아주 강력한 저항을 받았다. 훈족의 침입과 그에 따른 전쟁은 이 지역 경제에 결정적인 변화를 일으켰다. 약 2세기 동안 지속된 전쟁으로 박트리아와 북인도는 폐허가 됐다. 그런데 역설적이게도 쉽게 굴복해 버린 소그드인들은 오히려 이를 계기로 일대 팽창의 전기를 맞았다. 때로 숙일 줄 아는 것도 장사에 큰 도움이 되는 모양이다. 5세기 이후 소그드인들은 중앙아시아 상업의 핵심 세력으로 부상했고 점차 비단길의 주인공으로 변모했다.

: 소그드 상인들의 흥기

4~5세기만 해도 소그드 상인들의 활동 무대는 그들의 선참인 박트리아 상인들을 대신하는 정도였다. 이때 가장 중요한 교역로는 인

소그드인의 옷.

도와 중국을 연결하는 길이었다. 소그드인은 이 도로를 오가며 상업
활동을 했을 것이다. 이 사실을 보여주는 증거가 있다. 중국 신장웨이
우얼新疆維吾爾자치구와 파키스탄의 이슬라마바드를 연결하는 카라코
룸 하이웨이(1959년에 공사를 시작하여 1979년에 완공된 세계에서 가장 높
은 곳에 위치한 국제 포장도로)를 건설할 때 과거 그곳을 지나는 낙타 대
상隊商들이 남긴 낙서들이 발견됐다. 인도와 중앙아시아를 연결하는
물류 흐름상 가장 중요한 통과 지점인 이 고개에서 주류를 차지한 집
단이 이제 박트리아 상인이라기보다는 소그드 상인이었음을 짐작할
수 있다.

6세기에 들어가서 사정이 다시 변했다. 몽골 지방에서 튀르크계의
강력한 유목 민족이 흥기하여 이 지역의 판도가 바뀐 것이다. 이제 인
도로 향하는 교역로가 쇠퇴하고 다른 교역로가 중요해졌다. 6~8세
기 중 소그드 상인의 교역망은 크게 둘로 구성된다. 하나는 중국의 사
치품 교역로이고, 다른 하나는 튀르크족이 지배하는 스텝 지역과의

교역로다. 550년 알렉산드리아의 기록을 보면 페르시아에 들어오는 중국 비단은 해로가 아니라 거의 대부분 육로를 통해 들어온다고 되어 있는데, 이것이 바로 중앙아시아의 중개무역을 장악한 소그드인 덕분이었다.

이때의 사정을 말해주는 사료로는 투르판(오늘날 신장웨이우얼자치구의 도시)의 대상隊商들을 상대로 한 세관 기록을 들 수 있다. 중국의 고고학자가 이 도시의 공동묘지에서 발굴한 이 문건들에서는 2만 7천 건의 기록을 찾을 수 있다. 이 문서가 공동묘지에서 발견된 이유는 용도 폐기된 종이들로 사체에 입히고 신기는 수의와 신발 같은 것을 만들었기 때문이다. 이 지방의 날씨가 메말라서 이런 것들이 썩지 않고 잘 보존됐다가 후대에 발견된 것이다. 여기에는 낙타 대상이 투르판에 수입한 상품들에 대해 정부가 세금을 물린 기록이 있어서, 이를 통해 610~620년에 이루어진 35건의 상업 활동을 추적할 수 있다. 이 도시에 들어온 사치품으로는 치료약, 놋쇠 제품들, 견사, 향수, 염화암모니아(약재로 쓰인다), 금, 은 등이 있다. 그런데 이 35건 중 소그드인과 관련된 것이 29건이나 차지하고 있다. 사막과 산맥을 넘어 멀리서 찾아온 소그드인들이 이 지역 상업을 거의 지배한 것이다. 그 당시 소그드인들에 대한 주변 국가들의 기록들이 이를 확인해준다. 많은 기록에서 이들은 활기 넘치는 상인들로 묘사된다.

그들은 상행위에 능하고 이익에 밝다. 그들은 나이가 20세가 되면 이웃 국가로 떠난다. 그들은 돈을 벌 수 있는 곳이면 어디든지 간다.

_『신당서』*

소그드인들은 부유하고 사업 능력이 뛰어난 상인들이다.

_ 아르메니아 지리학자 아나니아 드 쉬라크.

소그드인들이 최고의 상인으로 올라설 수 있었던 이유는 튀르크족과의 관계에서 찾을 수 있다. 튀르크족은 군사적 정복을 하고 소그드인들은 경제적 이익을 챙기는 식으로 양자가 협업을 했기 때문이다. 소그드인들은 튀르크족에게 외교관을 제공하고 언어를 가르쳤으며 불교도 전해주었다. 반대로 튀르크족은 소그드 알파벳을 몽골과 만주에 알려주었다. 이런 식의 공생 관계 속에서 소그드인들의 상업 활동이 만개했다. 예컨대 위진남북조魏晉南北朝 시대에 중국은 강력한 튀르크계 유목 민족들로부터 중립을 확보하기 위해 매년 수십만 필의 원견을 송출했다. 소그드인들은 이 가운데 막대한 잉여를 얻어서 이란이나 비잔티움 지역에 판매했다.

튀르크족 제국들의 보호를 받으며 소그드 상인들은 유라시아의 스텝 지역 전역으로 상업 활동을 확대했다. 7세기에는 비잔티움제국 북쪽의 크리미아 지방에서 항구를 지배하고 이름을 소르다이아Sordaia라 했는데 이것이 오늘날의 수다크Sudak(Sudaq)가 됐다. 이곳을 통해 동방 산물들이 대량으로 비잔티움제국으로 들어갔다. 우랄산맥에서는 중앙아시아와 이란에서 생산된 은기류를 발트해 지역의 고급 모피

* "아이가 태어나면 석밀石蜜을 먹게 하고 손에는 아교를 쥐어주는데, 그가 커서 달콤한 말을 하고 보화寶貨를 손에 잡으면 마치 풀처럼 달라붙으라는 것이다. 글 쓰는 법을 익히고 장사에 능하며 이익을 좋아하여, 사내가 스무 살이 되면 이웃 나라로 가고 이익이 있는 곳이라면 아니 가는 곳이 없다." 『신당서新唐書』 권卷 221 하下 「서역전西域傳」 하下 강康 pp.6243~6244. 이하 중국 쪽의 소그드인 연구에 대해서는 서울대 동양사학과 이기천 박사의 도움을 받았다.

소그드 상인들이 사용했던 화폐들.

와 호박琥珀과 교환했다. 이 은기류들은 상트페테르부르크의 에르미타주박물관의 보물인데, 소그드어로 무게가 적혀 있다. 이런 상품들은 더 멀리 바이킹 지역에까지 보내졌다(「바이킹」편에서 헬괴의 불상 관련 사항을 보라). 서유럽에서는 소그드 상인들을 통해 동양에서 들어온 최고급 직물로 성인 유물을 싸서 보관했다. 벨기에 위Huy 시의 노트르담성당에 보관된 직물에는 그 직물을 판매한 부하라 상인이 한쪽에 조그맣게 써놓은 기록이 남아 있다.

중국에서 소그드 상인들은 완전히 별개의 집단으로 독립된 지위를 누렸다. 이들은 엘리트들에게 이국적인 상품 공급자 역할을 했다. 중국이 튀르크족을 몰아내고 중앙아시아를 통제한 640~755년 중에는 멀리 서쪽 지방에 파견된 군인들과 관리들에게 보급을 해주는 중개인으로서도 필수 불가결했다. 중국 정부 당국은 이곳에 파견된 사람들에게 비단으로 봉급을 주었는데, 소그드인들은 이 중 많은 양을 싼값에 사들인 다음 재수출했다. 이 시기가 '비단길'의 정점이었다.

당나라에서 소그드인을 그린 그림에는 긴 수염, 커다란 코에 움푹 들어간 눈深目高鼻을 특징으로 하여 이국적인 모습을 강조하고 있다.

우즈베키스탄 사마르칸트 지역의 아프라시압에 있는 불교 사원에 그려진 7세기 그림으로 소그드인 스스로 자신들의 모습을 묘사한 것이다. 다른 나라 사람들이 소그드인을 그린 것과 다른 이미지다.

이들이 실제로 이렇게 생겼을까? 소련 학자들의 발굴품 중에는 소그드인들이 자신을 그린 그림이 있는데, 여기에서는 아주 다른 모습으로 그려져 있다. 한마디로 훨씬 세련되게 그려져 있다. 사실 그들은 여러 외국어를 구사하는 국제 상인이었으며, 자신들이 방문한 나라에서 고귀한 인물로 받아들여지기를 원했다. 인도에서는 코끼리를 타고 사냥하는 모습으로, 중앙아시아 번국蕃國들에서는 오두막집에서 상담을 하는 모습으로, 중국에서는 지방의 축제를 주재하는 모습으로 자신들을 묘사하곤 했다. 그러나 문제는 실제 이들의 일상을 알 수 있는 자료가 부족하다는 점이다. 오히려 다른 나라에서는 이들에 대해서 말해주는 자료들이 있고, 그래서 그들의 상업 활동에 대해서는 알 수 있지만, 정작 자신의 고향에서는 그들의 구체적인 면모를 말해주는 자료들이 많이 남아 있지 않다. 그곳의 토질이 기름지고 산성이 있는 토양이어서 문서들이 오래 버티지 못하는 조건이기 때문이다. 그들의 모습에 대해서는 외국 자료들에 많이 의존할 수밖에 없다.

: 쇠락의 길을 가다

소그드인이 누리던 상업상의 우월한 지위는 8세기를 지나면서 쇠락해갔다. 여기에는 크게 두 가지 요인이 작용했다. 첫째는 안녹산의 난이다. 안녹산은 소그드-튀르크 출신으로서 당나라 군대에서 고위 지위에 오른 인물이다.* 그러던 그가 755년에 반란을 일으켜 중국 전체를 혼란에 빠뜨렸다. 이 난의 영향은 실로 엄청나서 중앙아시아에 나가 있던 당나라 주둔군들이 모두 철수했고, 결국 군-상업의 공생이라는 소그드 상인들의 상업 기반 자체가 무너졌다. 당 왕조의 정치는 이런 혼란으로부터 회복됐지만 경제는 그렇지 못했다. 9세기에 가서야 중국 경제가 다시 회복됐으나, 그것은 아주 다른 기반 위에 있었다. 이제는 중앙아시아를 통과하는 원거리 교역은 더 이상 찾아볼 수 없었다.

---

* 안녹산은 소그드인 아버지와 돌궐인 어머니 사이에 태어났다. 그는 6개의 번어番語를 구사할 수 있어서 여러 민족과의 교역과 조정에 관여하는 호시아랑互市牙郎이라는 낮은 직함을 얻었다. 이후 승진을 거듭하여 영주營州에 거점을 둔 평로병마사平盧兵馬使와 영주도독營州都督을 역임했고, 당唐의 변경 방위를 맡은 유력 군벌로 부상하여 결국 755년 말 대군을 이끌고 반란을 일으켰다. 이것이 안녹산의 난의 시작이었다. 안녹산安祿山 이름에서 녹산은 소그드인들이 신봉하던 조로아스터교의 '광명지신光明之神'을 뜻하는 소그드어 roxšan을 음역한 것이다.

중국이 중앙아시아에 다시 돌아오기까지는 1천 년을 기다려야 했다.

　두 번째 요인은 이슬람의 팽창이다. 소그디아나도 이슬람 세력의 공격으로 황폐화됐고 소그드 문명이 거의 사라져 버렸다. 9~10세기에는 두 개의 다른 무역망이 이전 소그드 교역망을 대신했다. 우선 무슬림 무역망이 중앙아시아를 통해 이란과 러시아 혹은 그 너머 바이킹 상인들까지 연결했다. 부하라나 사마르칸트에서 주조된 은화 수십만 개가 러시아, 발트 연안 지역 혹은 아이슬란드에서 발견되는 것이 이 때문이다. 이 교역에서는 노예, 모피, 꿀, 호박 등이 거래됐다. 두 번째는 위구르족 상인으로서 이들은 중앙아시아의 동쪽 혹은 중국 북동부 지역 상품을 받아서 판매했다. 둔황에서 엄청난 양의 중국, 튀르크, 티베트 문서들이 발견되는 것이 이 때문이다. 이 교역망을 통해서는 낙타, 사향, 비단 등이 거래됐다.

　10세기가 되면 이마저 끊기고 대신 해로가 활성화됐다. 예컨대 중국 도자기는 바다를 통해 이슬람권 항구에 널리 퍼졌지만 사마르칸트 같은 곳에서는 발견되지 않는다. 이런 무거운 상품을 육로로 운반하는 것은 애초에 불가능했을 것이다. 또 부하라에서 주조된 은화는 중국에 전혀 들어오지 않은 것 같다. 이제 육상의 소통이 거의 끊어졌음을 알 수 있다. 대륙을 관통하는 교류가 다시 활성화되는 것은 13세기에 몽골이 광활한 스텝 지역을 재통일했을 때다. 그런데 이때가 되면 비단은 더 이상 중국의 독점이 아니라 유라시아의 많은 지역에서 생산됐기 때문에 옛날과는 사정이 많이 변했다. 비단길의 위대한 시대는 이미 지나가 버렸다.

팔미라, 비단길의 서쪽 종점

비단은 로마시대 최고의 사치품이었다. 원산지인 중국에서도 고가품이었지만 그 먼 길을 지나 로마에 들어왔을 때는 가격이 100배나 올라 있었다. 비단은 금 가격과 같다는 의미에서 문자 그대로 '금값'이었으며, 몇 온스만 해도 보통 사람의 1년 소득에 해당했다. 로마 황제 가운데 방탕과 사치로 악명을 떨친 엘라가발루스 황제(재위 218~222)는 100퍼센트 순견 토가를 만들어 입어 질시와 부러움을 동시에 받았다.

중국에서 로마까지 비단이 들어오는 길은 크게 두 갈래였다. 하나는 후일 비단길이라는 이름이 붙여진 육로로서 사마르칸트, 헤라트, 이스파한

영국 역사화가인 로렌스 알마타데마가 그린 「엘라가발루스의 장미」(1888)는 로마제국 황제 엘라가발루스의 사치가 얼마나 심했는지 보여준다.

같은 중앙아시아 중개지들을 통과해 지중해 동부 연안까지 이르는 장거리 운송로였다. 다른 하나는 말라카해협을 지나 인도양을 통과한 후 홍해를 거슬러 올라와 알렉산드리아까지 오는 해로였다. 두 루트가 너무 달라서 한때 로마인들은 육로로 오는 비단의 생산국은 세레스, 해로로 오는 비단의 생산국은 시나에라는 서로 다른 국가라고 착각했다.

비단길의 서쪽 끝 지점에서 원거리 교역 네트워크는 로마제국과 어떻게 연결됐을까? 로마제국의 변경에 위치한 교역 도시 팔미라의 사례를 살펴보자. 오늘날 팔미라는 시리아의 사막에 폐허로 방치되어 있지만, 한때는 '사막의 여왕'이라 불리는 풍요로운 오아시스 도시였다. 주변 지역에서는 무화과나무가 자라고 양, 염소, 말, 낙타를 치는 유목 민족이 살았다. 농사에 의존해 살기는 힘들었으므로 이 도시는 점차 주변 여러 민족 간에 생필품을 교환하는 교역 도시로 성장해갔다. 기원전 1세기경부터 지방 상업 활동이 시작됐다가 서기 1세기 이후 점차 원거리 교역으로 발전한 듯하다. 그런 발전이 이루어진 데에는 이 무렵부터 수송 수단으로 낙타가 사용된 것이 중요한 요인이었다. 팔미라는 낙타 대상을 조직해 동쪽의 메소포타미아 지역과 서쪽의 지중해 연안 지역을 중개했다.

당시 로마제국은 서아시아의 파르티아제국과 대립하고 있었는데, 팔미

라는 두 제국의 중간에 있었다. 이 도시는 때로 로마의 직접 지배하에 들어가기도 했지만, 대체로 중립을 표방하며 독립을 유지했다. 사실 지중해 연안과 내륙 지역을 연결하는 중개지로 팔미라가 꼭 유리하지만은 않았다. 도적 떼가 들끓는 위험한 사막을 통과해야 했기 때문이다. 그런데 로마제국의 황제 아우구스투스(재위 기원전 27~ 서기 14)가 '팍스 로마나'를 구축하면서 상황이 변해갔다. 로마 세력이 팽창하면서 이 지역의 안전이 확보됐다. 공격적인 유목 민족의 위협을 줄이는 가장 좋은 방법은 그들을 사업 내로 끌어들여 도시의 번화함을 맛보게 하는 것이다.

중국과 아시아 각지의 사치품이 팔미라까지 직접 들어오지는 않았다. 중앙아시아 상인들이 이곳에 와서 상품을 팔면 가지고 돌아갈 상품이 없었기 때문에 인도나 메소포타미아로 발길을 돌렸다. 따라서 팔미라 쪽에서 메소포타미아 지역으로 찾아가 그곳에 들어온 상품을 가지고 와서 지중해 방향으로 전해주는 일을 한 것이다. 팔미라는 유프라테스강과 그리 멀리 떨어져 있지 않았다. 팔미라의 대상들은 유프라테스강 중간의 두라에우로 포스 같은 교역 중심지를 찾아가 아시아 상품들을 사가지고 돌아왔다.

원정은 상당한 준비 작업을 요했다. 모든 일은 대상의 총책임자인 시노디아르크의 주도하에 이루어졌다. 그는 원정 사업에 자금을 출자하는 후

원자를 만나 일을 시작한다. 후원자는 아마도 팔미라의 고위직에 있는 사람으로 원정에 직접 참여하지는 않고 전주錢主 역할만 했던 것 같다. 시노디아르크는 그 자본으로 수백 마리의 낙타와 말을 준비하고, 동물들을 잘 다루는 사람들을 찾아야 한다. 팔미라 주변 촌락의 유목민들이 이 일을 맡아서 했을 것으로 보인다.

이런 기본 준비를 하고 난 후 시노디아르크는 구체적인 여정을 짜고, 물과 식량이 있는 곳을 알아보아야 한다. 또 로마와 파르티아 간의 국제 관계가 늘 긴장 상태에 있기 때문에 외교 교섭도 해야 하며, 대개는 대상의 안전을 지켜줄 호위대도 구성해야 한다. 유프라테스강까지 가는 길에는 도적 떼가 자주 출몰하므로 각별한 무장이 필요했다. 여기에는 팔미라 시민으로 구성된 민병대가 자주 고용됐다. 이들은 출중한 궁수들이었다.

현재 남은 유적지의 조각상에서 볼 수 있는 원정대는 단도와 검으로 중무장하고 있어 상인이라기보다는 대초원의 기마병에 가까운 모습을 하고 있다. 당시 상업의 실상은 이처럼 무력과 교역이 혼합되어 있었다. 이런 사람들이 중국 비단을 로마까지 가지고 온 것이다.

상품을 잔뜩 싣고 팔미라로 귀환하는 대상들은 가격표에 따라 세금을 물었다. 이 가격표가 새겨진 돌은 지금도 남아 있다. 이에 의하면 '국내 산업 보호'를 위해 수입품 세율이 수출품 세율보다 높았다. 이 도시에서 소비되는 게 아니라 지중해 지역으로 계속 가기 위해 팔미라를 통과하는 상품은 면세 혜택을 누렸지만, 다만 낙타 한 마리당 은화 1데나리우스를 물었다. 이런 관세와 통과세가 이 도시의 번영을 가져다준 것이 분명하다.

그러나 이 번영이 오래가지는 않았다. 3세기에 로마제국이 분열되고 사산조朝 페르시아가 일어나 교역로를 봉쇄하면서 팔미라의 무역 활동은 종말을 맞았다. 비단 교역은 또 다른 중개지를 찾아갔다.

바이킹

러시아와 비잔티움제국 너머로 나아가다

바이킹 현상은 생각보다 훨씬 복잡다기하다. 스칸디나비아에서 배를 타고 떠나 프랑스나 영국의 부유한 지역을 약탈한 다음 도주하는 히트 앤드 런hit-and-run은 단지 일부 현상에 불과하다. 이들은 서쪽으로는 아메리카 대륙에 상륙하여 살다가 인디언들과 전투를 벌이기도 했다. 반대 방면으로는 발트해를 넘어 러시아를 지나 흑해 연안 지역 및 비잔티움제국과 교류했을 뿐 아니라 그 너머 광대한 아시아 세계로까지 들어갔을 가능성도 제기된다.

이들의 활동 양상도 매우 복합적이다. 이들에게 상업과 약탈, 교역과 폭력, 경제 활동과 지배 등은 별개가 아니라 혼재해 있는 일들이었다. 초기 러시아 국가 성립 과정에도 이들이 관여한 것으로 보이고, 비잔티움제국에도 무력을 제공했음에 틀림없다. 이처럼 넓은 영역에서 활동하다 보니 생각하기 힘들 정도로 먼 지역 간 물자들이 이들의 활동을 통해 교류됐다. 인도의 불상이 스칸디나비아에서 보이고 비잔티움제국의 화폐들이 잉글랜드로 들어가며 발트 지역의 호박琥珀 상품이 아랍 지역으로 수출됐다.

세상은 생각보다 훨씬 더 긴밀하게 소통하고 있었다.

바이킹이라 하면 스칸디나비아 지역에서 긴 배를 타고 바다로 나가 영국이나 프랑스 해안 지역을 약탈하는 건장한 야만인을 떠올린다. 이것이 아주 틀린 건 아니지만 다소 일방적이고 편협한 이미지라 할 수 있다. 바이킹의 활동 상황을 총체적으로 파악하면 스케일이 훨씬 장대하고, 팽창의 방향도 다채로우며, 또 단순히 약탈 행위만 한 것이 아니라 매우 복합적인 활동을 했음을 알 수 있다.

　대체로 8세기 중반부터 11세기 중반까지 약 300년 정도의 기간을 '바이킹의 시대'라고 부르는데, 이 기간 중 바이킹의 팽창은 크게 세 방향으로 이루어졌다. 남쪽 방향으로는 영국, 프랑스 해안을 침략하다가 시간이 갈수록 그 범위가 확대되어 지중해까지 이르렀다. 서쪽 방향으로는 그린란드, 아이슬란드를 거쳐 아메리카 대륙에 상륙하여 한때 그곳에 식민지를 건설한 적도 있다.

　이 글에서 주로 보려는 것은 세 번째인 남동쪽 방향의 팽창이다. 이들은 러시아를 넘어 비잔티움제국까지 여행했고, 어쩌면 아라비아, 심지어 인도와 중국에까지 도달했을 가능성을 거론하는 사람도 있다. 바이킹 현상은 우리가 통상적으로 생각하는 것보다 훨씬 더 방대한 움직임이었다.

∷ 헬괴의 부처님

스칸디나비아 지역은 아주 일
찍부터 다른 지역들과 문화적 ·
경제적 접촉을 했다. 이 지역에서
발견되는 청동 재료와 청동기 제
품을 분석해보면 현지 산물이 아
니라 중부 유럽과 영국에서 들어

스칸디나비아 지역에서는 외지에서 들어온
수많은 화폐들이 출토되고 있다.

온 것임을 알 수 있다. 이런 물품들을 들여오는 대가로 가죽, 모피 같
은 이 지역 특산물들을 제공했을 것이다. 유럽의 북쪽 끝 변방에 위치
한 이 지역은 거의 고립 상태에서 지냈을 것 같지만 실제로는 선사시
대 혹은 역사시대 초기부터 광범위한 지역들과 교역을 하고 있었다.
실제로 모든 사회는 늘 주변 지역들과 소통하고 있지 완전한 고립이
라는 것은 불가능하다.

바이킹 시대 전의 2~3세기(서기 5~6세기) 동안 유럽 본토에서는
로마제국이 붕괴하고 프랑크족이나 서고트족 같은 게르만족이 이동
하여 대혼란이 일어났으나 정작 게르만족의 고향이라고 불리는 스칸
디나비아 지역은 오히려 안정기에 들어갔다. 이 시기에 농업과 가축
사육이 발달했고, 동시에 다른 지역과의 교류도 활발해졌다. 그 증거
로 중부 스웨덴의 멜라렌Mälaren 호수에 위치한 헬괴Helgö의 발굴 결
과를 들 수 있다. 이곳에서는 비잔티움제국의 금화solidi 혹은 아랍 동
전이 대량으로 출토됐다. 헬괴는 '성스러운 섬'이라는 뜻으로서 아마
도 기독교 이전 이교異敎의 중심지이자 동시에 모피 거래의 중심지였
을 것으로 보인다. 많은 금화가 출토되는 것도 그 때문이다. 특이하게

헬괴의 불상. 6~7세기경 인도에서 제
작된 불상이 헬괴에서 출토됐다.

도 인도에서 만들어진 작은 불상이 출토됐는데, 아마도 북부 인도에
서 6~7세기경에 만들어진 이 불상은 여행자의 수호신 기능을 한 것
으로 보인다. 이 불상은 유라시아 대륙 내에 상당히 먼 거리까지 교류
가 활발했음을 증언한다.

: 바이킹 시대

이런 평화적인 정착 및 교류의 시기 이후 스칸디나비아인들이 본
격적으로 무력 팽창을 해 나가는 바이킹의 시대가 시작된다. 많은 사
람이 해외로 나가 때로 살인 · 방화 · 약탈을 하고, 때로는 현지에 정
착하여 식민지를 건설하기도 했다. 얼마나 많은 사람이 해외로 나갔

는지 정확한 통계를 구하는 것은 당연히 불가능하다. 다만 개략적인 추산을 시도한 연구의 사례를 보면 870~930년 동안 2만 5천 명이 아이슬란드에 정착했는데 이것은 노르웨이 인구의 8퍼센트에 해당한다고 한다. 절대 수로는 소수인 것 같지만, 상대적으로 볼 때 전체 인구의 8퍼센트라는 것은 매우 높은 비율이다. 왜 그토록 많은 사람이 바다로 나갔는가? 정확하게 알 수는 없지만 역사가들은 인구 과잉, 농토 부족, 혹은 호전적 엘리트 집단 간의 갈등 같은 것들을 원인으로 꼽는다.

바이킹의 해외 팽창에서 중요한 요소는 물론 그들의 선박이다. 이들이 타고 다닌 배가 어떤 것이었는지 가장 확실하게 아는 방법은 실물을 살펴보는 것이다. 항해 중에 바다에 침몰한 배, 혹은 부족장처럼 권력이 강했던 인물이 죽었을 때 장례용으로 침몰시킨 배를 건져 올려 연구하면 당시의 선박과 항해, 더 나아가서 그 시대의 사회와 경제·문화 일반에 대해 많은 것을 알아낼 수 있다. 바이킹의 배는 크게 두 종류로 나누어볼 수 있다. 하나는 바다를 항해한 선박이다. 노르웨이의 곡스타트Gökstad에서 건져 올린 배가 유명한 사례인데, 이 배는 초기에 서쪽 바다로 항해한 배로 보인다. 이 배는 돛과 노를 모두 사용하고, 스피드보다는 안정성 위주로 디자인을 했다. 이 배를 복제해서 노르웨이로부터 북아메리카 대륙까지 항해한 실험이 성공을 거두어, 바이킹의 배가 아메리카 대륙까지 충분히 오갈 수 있다는 점이 실증적으로 확인됐다.

이에 비해 러시아의 강을 타고 비잔티움제국까지 가는 배는 작고 가벼운 보트로서 바다보다는 강이나 호수 위를 오가는 데 사용했다. 특히 강을 타고 내려가다가 강이 끊어지거나 폭포를 만나 더 이

곡스타트 선박.

상 항해가 불가능할 때에는 배를 들고 옮기거나 끌어 옮겨야 했으므로portage 당연히 이런 배는 클 수가 없었다. 이런 배들은 대체로 6.5미터 정도 길이의 소형 보트에 가깝다. 1980년대 후반 고틀란드섬의 팅스태데Tingstäde에서 발견된 배를 복제해서 실험 항해를 한 적이 있는데, 러시아의 강을 따라 비잔티움제국까지 내려가는 데 약 3개월 걸려 무사히 도착함으로써 바이킹의 남동쪽 모험 역시 실증적으로 확인됐다.

이런 배를 타고 해외 먼 지역으로 나간 바이킹들은 구체적으로 어떤 활동을 한 걸까?

우리는 바이킹을 전사, 해적, 모험가 등의 이미지로만 생각하는 경향이 있다. 그보다 낭만적인 측면은 떨어지지만 사실 이들은 상인으로서 더 큰 의미를 띤다. 아니, 그보다는 상업 행위와 약탈 행위를 동시에 했다고 표현하는 것이 더 맞을지 모르겠다. 우리 생각에는 교역과 약탈이 전혀 어울리지 않는 별개의 행위지만, 과거에는 그 두 종류의 행위가 언제든지 병립 가능한 일이었다. 낯선 지역에 들어간다는 것은 언제 공격당해서 생명을 잃거나 상품을 빼앗길지 알 수 없는 일이었다. 그러므로 무엇보다도 만일의 사태에 대비해 무장을 튼튼히 해야 했다. 그런데 이것은 정반대로 말할 수도 있다. 낯선 곳에서 내가 약탈을 당할지도 모르지만 반대로 상대의 무력이 아주 약할 경우 언제든지 약탈을 할 수도 있다는 것을 뜻하기 때문이다. 양쪽 모두 무력행사가 실익이 없을 경우에는 물론 적절한 교환 행위를 통해 서로 만족스러운 이익을 얻으면 된다. 이처럼 교역과 약탈은 사정에 따라 그때그때 다르게 대처하는 두 가지 양식일 뿐이다.

： 도시와 국가의 성장을 도운 바이킹

바이킹들이 해외로 진출해간 도상에는 점차 중간 거점 도시들이 생겨났다. 그런 곳들은 교통 여건상 사람들이 저절로 모이는 곳일 수도 있고, 왕이나 귀족이 상행위를 장려하기 위해 만들기도 하고, 혹은 종교적 성소聖所가 상업 중계 기능을 함께 맡게 되는 경우도 있었다. 그런 거점 도시의 모습은 어땠을까? 도시라고 하지만 실제 규모는 '마을' 수준이었다. 목조 건물들이 집중해 있고 사람이 많이 모여들어 상공업 활동이 이루어진다는 점에서 도시 기능을 맡고 있을 따름이다. 구체적인 사례로 헤더비 Hedeby를 살펴보도록 하자.

하이타부(헤더비)의 바이킹 시대 집을 재현한 모습.

헤더비는 독일에서 하이타부Haithabu라는 이름으로 기록되어 있는 곳이다. 이곳에 관해서는 많은 기록이 있지만 오랫동안 이곳이 실제 어디에 위치해 있었는지 불분명했는데, 이제 슐레스비히 바로 남쪽에 있었던 것으로 판명 났다. 이곳은 아마 8세기에 시골 마을로 시작됐다가 9세기에 도시로 발전한 듯하다. 808년의 기록을 보면 "덴마크 왕 고트프레드가 일단의 상인들을 정주시켰다"고 되어 있다. 발굴 결과 성채 내부 면적은 최대 24헥타르를 포괄하고 인구는 약 1,500명 정도로 추산된다. 그러고 보면 대략 오늘날의 소형 아파트 5동 정도에 불과해 너무나도 작은 지역이라 하겠지만, 당시 기준으로 보면 제법 큰 상업 도시에 속한다. 950년경 아랍 상인인 알 타르투시는 이곳에 대해 이런 기록을 남겼다.

이곳은 세계 대양의 맨 끝에 위치해 있는 큰 도시다. 시내에는 맑은 물이 나오는 우물이 있다. 이곳 주민들은 시리우스Sirius星을 숭배하지만 아주 일부 사람들은 기독교도이고 교회도 가지고 있다.… 이곳에는 재산이나 보물이 많지 않다. 주민들의 주요 식량인 생선은 아주 풍부하게 잡는다. 이곳 사람들은 갓난아이를 키우기보다 흔히 바다에 던져버린다.

이것은 정말로 흥미로운 기록이다. 대부분의 주민은 기독교 이전의 이교 신앙을 가지고 있지만 기독교 전도가 막 시작되고 있었다는 점, 원시적인 인구 조절법인 기아棄兒 풍속을 가지고 있다는 점 등이 보인다. 하여튼 아랍 상인이 이곳을 알고 있다는 것을 보면 이곳이 사방에서 많은 상인이 모여드는 동서 간 교역 중심지였음이 분명하다. 비단과 같은 동양 산물을 받아 발트해 너머 서유럽으로 건네고, 서쪽의 포도주와 맷돌(초기 교역의 아주 중요한 물품이었다) 등을 수입했다. 부가 모이는 지역이 흔히 그렇듯이 이곳은 늘 침탈의 대상이 됐으며, 1066년 슬라브 세력에 의해 완전히 파괴된 듯하다.

바이킹은 이처럼 스칸디나비아에서 발트해를 넘어 동유럽 지역으로 들어갔고, 더 나아가서 남동쪽으로 아주 멀리까지 뻗어갔다. 그 중간 지점들에는 헤더비와 같은 거래 중심지들이 생겨났다. 오데르강 입구에 있는 볼린섬 역시 또 다른 사례로서, 이곳은 거래의 중심지이자 이교 신앙의 중심지였을 것이다.

바이킹의 팽창 과정에서 일어난 중요한 현상 중 하나가 러시아의 형성이다. 과연 바이킹이 러시아의 국가 형성을 주도한 것인지 혹은 조력자였는지 하는 것은 오랫동안 논란거리였다. 동쪽으로 가는 스웨덴계 바이킹들은 루스Rus 혹은 로스Rhos 등으로 불렸으며, 그래서 이들이 러시아 건국의 주역이라는 가설이 제기됐다. 현재 정설은 스웨덴계 바이킹만이 주도한 게 아니라 여러 종족(스칸디나비아인, 슬라브족, 발트족, 핀족)의 상호 활동 결과 러시아 초기 국가가 건설됐다는 것이다. 다만 바이킹이 이 지역에 나타나 상업 활동을 벌인 것이 그런 발전을 향한 자극을 준 것으로 보인다.

슬라브족 거류지에는 바이킹들이 합류하여 섞이는 곳이 여럿 생겨났다. 대표적인 곳이 노브고로드나 키예프 같은 곳들이다. 노브고로드는 원래 슬라브족의 이교 신앙 중심지였는데, 후일 기독교 중심지가 된다. 이처럼 과거의 종교 중심지가 새로운 종교의 중심지로 탈바꿈하는 것은 역사상 자주 볼 수 있는 현상이다. 이런 곳에서는 스칸디나비아인들과 슬라브족이 처음에는 분리되어 있었으나 갈수록 인종적으로 섞이고 문화 요소들이 합쳐지면서 슬라브화되어갔다. 10~11세기에 왕 이름이 블라디미르, 야로슬라브처럼 슬라브화된 것도 하나의 방증이다. 이때쯤이면 루스Rus라는 말은 그곳의 국가를 가리키는 일반명사가 됐다. 고고학적 발굴 결과를 보아도 대개 슬라브 계통 물건들이 다수를 차지하되 스칸디나비아의 귀중품이 혼재되어 있다.

: 멀리 더 멀리…

바이킹은 러시아 땅을 지나 남쪽으로 내려가서 비잔티움제국에까지 들어갔다. 비잔티움제국의 기록에는 강이 풀리고 6월이 되면 스칸디나비아인들이 몰려온다고 되어 있다. 원래 비잔티움제국 자체가 여러 문명의 산물들이 모여드는 곳이며 교역 중심지였다. 이곳에는 비단, 자수품, 이국 과일, 포도주, 향신료, 보석류 같은 귀한 물품들이

들어왔는데, 바이킹들은 모피와 노예를 공급해주는 대가로 이런 물품을 얻어 스칸디나비아로 가져갔고, 그중 일부는 다시 재수출했다. 예컨대 영국에서 발견되는 비잔티움 직물은 이런 경로를 통해 들어간 것들이다. 바이킹은 또한 이곳에서 전사로서 실력을 인정받아 군인이나 경호원으로도 일을 했다. 10세기에는 황제 경호대를 맡기도 했다. 그리고 11~12세기에는 러시아 지배자들의 보디가드로도 많이 고용됐다. 이들은 음주, 살벌한 전투용 도끼 등으로 유명했다.

바이킹의 여행은 비잔티움제국에서 멈추지 않았다. 일부 모험심 강한 사람들은 더 멀리까지 간 것이 분명하다. 일부 바이킹들은 불가르, 카자르, 아라비아로 직행했다. 이곳에 가려면 라고다에서 볼가강을 타는 경로를 이용해야 했다. 이 지류상의 여러 지역 즉 벨로제르스크, 야로슬라블, 블라디비르, 무롬 등에서 모두 스칸디나비아 물품들이 출토됐다. 묘지 발굴 결과 여자 시체들도 많이 나오는 것으로 봐서 어쩌면 가족 단위로 여행했을 가능성도 있다.

볼가강은 불가르(오늘날의 카잔)에서 크게 남쪽으로 선회하여 카스피해로 들어간다. 불가르는 비단길의 서쪽 종점 중 하나다. 이곳에 큰 시장이 서는데 이것을 불가르족이 통제했다. 바이킹 상인들은 이곳까지 와서 대상隊商 상인과 거래한 듯하다. 그 결과 중국 비단을 비롯한 동양 상품이 이곳에서 스칸디나비아 방향으로 흘러들어갔다. 또 불가르는 아랍 은을 수입하는 시장이기도 했다. 아프가니스탄, 우즈베키스탄, 키르키즈, 타직스탄 등의 은이 이곳에 들어왔다. 아바스 칼리파조朝(750~1258)는 이 은으로 은화를 주조해서 인도, 스리랑카, 중국, 페르시아 등지로 수출했다. 그런데 바로 이 동전들이 스칸디나비아로도 많이 유입됐다. 현재 스칸디나비아의 1천 곳 이상에서 6만 개

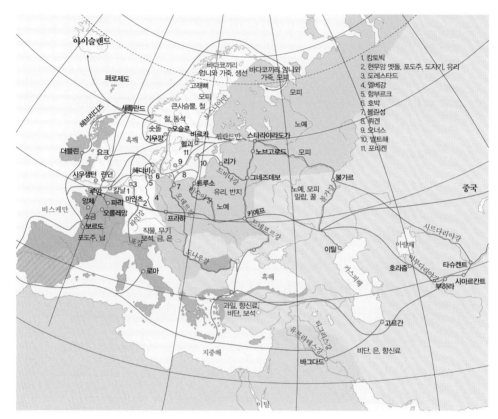

바이킹의 팽창 경로를 나타낸 지도.

이상의 은화가 발견됐다. 아마 수입된 것 중 많은 부분은 녹여서 다른 용도로 쓰였을 것이고 남은 것이 6만 개이니 실제 수입된 양은 훨씬 많았음에 틀림없다.

불가르를 지나면 카자르 유목민의 땅이 나오는데 수도는 카스피해 연안의 이틸이다. 이틸을 지나고 카스피해를 넘으면 대상 루트가 펼쳐지며 여기에서 낙타를 이용하여 바그다드까지 갈 수 있다. 이 길을 통해서 도자기를 비롯한 아랍 물품이 스웨덴까지 전해진 것이다. 어쩌면 바이킹 자신이 이 길을 따라 아라비아로, 혹은 그 너머 인도와 중국으로 갔을 가능성도 없지 않다.

이 건장한 인간들은 정말로 엄청난 거리를 지나 한없이 먼 곳까지 여행했다. 우리는 통상 바다를 통해 남쪽이나 서쪽으로 멀리 항해해 간 바이킹의 활동에 대해서는 어느 정도 감을 잡고 있으나 남동쪽으로 강을 타고 이렇게 멀리까지 갔으리라고는 생각하지 못하는 경향이 있다. 이들은 일반적으로 해외 팽창을 하는 다른 많은 민족과 마찬가지로 폭력적인 약탈과 교역 활동을 동시에 하면서 먼 이역 땅에 들어가 상업 거점들을 만들어갔다.

바이킹의 활동은 대개 10~11세기를 지나면서 크게 약화됐다. 이 무렵에 영국에서 마지막 공세를 취하다가 오히려 격퇴당하기 시작하고, 러시아 쪽에서도 비슷한 양상을 보였다. 그리고 침략 민족이 흔히 겪는 바대로 결국은 해당 지역의 문화 속에 흡수되어버렸다. 침략자들은 문을 열고 들어가지만 나갈 문을 찾지 못하고 주저앉곤 한다. 그러기 전에 바이킹은 바다로나 육로로나 실로 먼 여행을 감행한 사람들이다.

카르피니

몽골제국으로 들어간 최초의 선교사 · 스파이

중세에 아시아는 유럽이나 아메리카, 혹은 아프리카를 어떻게 파악했을까?
또 유럽은 아시아를 어느 만큼 잘 알고 있었을까? 당대의 교통과 통신 상황
에서 먼 이역의 상황을 제대로 이해하기는 힘든 일이다. 먼 곳에서 전해오는
정보는 흔히 기기묘묘한 요소들로 가득했고, 자신들의 꿈과 환상을 투사하여
상대 문명권을 기이한 세상으로 채색하는 일이 흔했다. 유럽인들에게 아시아
는 한편으로 종교적 근원인 에덴동산이 위치한 곳, 후추와 보석처럼 값비싼
상품이 가득한 부유한 곳이면서 동시에 저열하고도 위험한 세상이었다.

그렇지만 언제까지나 이런 순진한 생각으로 세상을 볼 수는 없는 일이다.
몽골의 대군이 불현듯 유럽 동쪽까지 쳐들어와 기독교권을 극한의 위기로 몰
아넣더니 갑자기 그들 스스로 후퇴해버리는 사태가 벌어졌다. 도대체 왜 이
런 일이 일어났을까? 유럽으로서는 과거 그들이 가지고 있던 꿈같은 아시아
상과 실제 직면했던 '악마의 군단' 사이에 어떤 관계가 있는지, 도대체 저 너
머에는 어떤 세상이 펼쳐져 있는지 정확한 실상을 알 수 없었다. 일종의 외
교사절이자 전도사이자 스파이로서 카르피니가 몽골로 파견된 게 이런 상황
에서 일어난 일이다. 그에 뒤이어 몇 명의 외교사절과 마르코 폴로 같은 여
행자들이 아시아를 오갔다. 이런 식의 원거리 여행 자체가 '몽골의 평화pax
mongolica'가 이루어 놓은 기반 덕분에 가능한 일이었다.

이런 노력 덕분에 유럽인들이 일보 진전된 지식과 정보를 얻은 것은 분명
하다. 그러나 순진무구한 몽환적 사고도 여전히 강고하게 남았다. 상대 문명
을 제대로 안다는 것은 결코 쉽지 않은 일이다.

중세 유럽인들은 아시아에 대해 어느 정도 알고 있었을까?

아시아에 관해 그들이 가지고 있던 정보는 유언비어 수준이라 해도 과언이 아니었다. 교통·통신 수단이 발달해 있지 않았던 그 시절, 머나먼 아시아는 종교적으로 채색되어 있거나 기상천외한 이야기가 넘쳐나는 환상적인 세계였다.

유럽인들은 아시아의 동쪽 끝에 아담과 이브가 살았던 에덴동산이 실제 존재한다고 굳게 믿었다. 성경을 문자 그대로 받아들이던 그 시대에 『창세기』에 명백하게 기록되어 있는 사실을 부정할 수는 없었던 것이다. 인도는 도마Thomas 성인이 전도하러 갔다가 순교한 땅이다. 이 성인의 시체는 깊은 동굴 속에서 쉬고 있다가 1년에 한번씩 정해진 날에 동굴 밖으로 나와 그를 친견하러 모인 신도들에게 축복을 내린다. 타프로반(실론)에는 금으로 된 산이 있는데 개만큼 크고 사나운 개미들이 지키고 있어서 누구도 접근하지 못한다. 어느 지역에 가면 개 대가리를 가진 사람들이 살고, 또 다른 곳에는 머리는 없고 배에 눈이 달린 사람들이 살고 있다. 이런 신화적인 이야기 가운데 유럽인들에게 가장 매력적인 것은 사제 요한Prester John 왕국 이야기였을 것이다. 이슬람권 너머에 자리 잡고 있는 이 부유하고 강력한 기독교 왕국을 찾아갈 수만 있다면 이슬람권을 양쪽에서 협공하여 멸망시킬 수 있지 않겠는가.

: 꿈속의 아시아, 실제의 아시아

사제 요한 그림. 아시아의 먼 지역에 강력한 기독교 국가인 사제 요한의 왕국이 존재하므로 그 나라를 찾아가 결탁하자는 생각이 중세 내내 유럽 세계에 퍼져 있었다. 잉글랜드의 메리 여왕을 위해 포르투갈인들이 제작한 지도(1558)에서.

그렇지만 실제 아시아의 내륙 지방에서는 이런 꿈같은 이야기와는 전혀 다른 역사가 전개되고 있었다. 13세기 초에 칭기즈칸에 의해 북방 초원 지대에 강력한 몽골 제국이 성립되어 고려로부터 서아시아에 이르는 광대한 영토를 지배하는 대제국으로 발전해갔다. 이 소식은 머나먼 유럽에까지 전해졌다. 유럽인들은 아득히 먼 동쪽 어딘가에 슈퍼파워가 등장했고 이 세력이 이슬람권을 공격하고 있다는 소문을 들었다. 그렇다면 혹시 이 나라가 전승 속 사제 요한 왕국은 아닐까?

그러나 조만간 유럽인들은 몽골이 꿈에 그리던 이상적인 기독교 왕국과는 거리가 한참 먼 가공할 세력이라는 사실을 알게 된다. 몽골군이 대학살과 파괴를 자행하며 동쪽에서부터 물밀듯이 밀려왔다. 1238년 러시아의 블라디미르와 수즈달이 함락되고 1240년에는 키예프도 잿더미로 변했다. 키예프 공을 비롯한 귀족들은 항복했지만 몽골인들은 이들을 판자 아래 깔고 앉아 질식사시켰고, 자신들은 그 위에서 잔치를 벌이며 놀았다. 우리는 승자, 너희는 패자, 그러니 우리는 위에서 밤새 술 마시며 놀고, 너희는 그 아래 깔려 숨 막혀 죽는 게 당연한 일…. 이런 이야기들은 유럽인들을 공포 속에 몰아넣었다.

동유럽도 곧 몽골의 강력한 군대 앞에서 추풍낙엽처럼 쓰러질 것이 분명했다. 1241년 바투(1207~1255. 몽골제국 킵차크한국의 칸, 칭기즈칸의 손자)가 이끄는 군대가 카르파티아산맥을 넘어 오늘날의 폴란드령인 레그니차평원의 왈슈타트에서 2만 명의 폴란드-독일 연합군과 전투를 벌였다. 결과는 유럽 쪽의 참담한 패배였다. 몽골군은 전사한 적의 귀를 잘라 모았는데 아홉 개의 큰 부대에 가득 찼다고 한다. 이제 유럽 전체는 풍전등화의 위기에 처했다. 몽골군은 계속해서 크로아티아로 들어갔고, 일부는 도주한 헝가리 국왕을 추격하여 아드리아 해안에까지 도착했다. 이 엄청난 군대를 막을 가능성은 없어 보였다. 부질없는 가정이지만, 만일 이때 몽골군이 그대로 서유럽까지 진격해 들어갔다면 이후 역사는 어떻게 됐을까?

그런데 1242년 봄, 이 가공할 기마군단은 거짓말처럼 스스로 물러났다. 유럽인은 일단 절체절명의 위기에서 벗어났지만, 왜 사태가 이렇게 돌변했는지 통 알 수 없었다. 몽골 군대가 철군한 이유는 전해 겨울에 몽골에서 대칸 우구데이(1186~1241. 몽골제국의 제2대 대칸)가 사망하여 후계자 지명을 놓고 치열한 대립이 벌어져 유럽 전선에 나와 있던 바투 역시 귀환하지 않을 수 없었던 것이다. 당시 유럽인들이 이런 사정을 알 리 없었다.

유럽인들은 막연하게 유토피아로 상상했던 사제 요한 왕국의 땅과 악마처럼 무서운 침략군이 나온 나라가 각각 어떤 곳이며, 그들 사이의 관계가 어떤지 파악해볼 필요가 있었다. 당시 교황과 황제 사이의 대립과 갈등에 대한 해결책을 논의하기 위해 1245년 리옹에서 공의회가 개최됐을 때, 교황청은 차제에 동방세계에 대한 자세한 정보를 수집하기 위해 특사를 파견하기로 결정했다. 위험하기 짝이 없는 이역 땅에 들어가서 적정을 살피고 가능하다면 기독교 복음까지 전한다는 막중한 임무를 수행할 수 있는 유능한 인물을 찾아야 했다. 그 임무는 프란체스코파 수도사인 지오바니 데 피아노 카르피니(1185?~1252)에게 돌아갔다.

: 최초로 아시아에 파견된 교황사절

카르피니는 프란체스코 성인의 고향인 아시시에서 그리 멀지 않은 페루지아에서 태어났다. 그는 스페인, 독일, 보헤미아, 헝가리 등지에 수도회를 창설하고 그 후 작센 지방 교구장으로 일했다. 유럽 군대가 몽골군에게 몰살당한 레그니차평원의 전투가 벌어지던 때에 그는 독일 지방에서 마지막 사목 활동을 하고 있었다. 그는 프란체스코 수도회 안에서 명망이 높았고 북유럽에서 행한 전도 활동에 대해 좋은 평가를 받은 데다가 교황이 신임하는 이탈리아인이었기 때문에 몽골로 파견하는 사상 최초의 교황사절 임무를 맡게 됐던 것 같다.

그의 나이가 이미 예순이 넘었고, 말을 타기 힘들어서 나귀를 대신 타고 다닐 정도로 몸집이 컸으니, 저 멀리 몽골 땅까지 가는 험난한 여행에 적합한 인물로는 보이지 않았다. 그럼에도 불구하고 그는 결국 대칸 귀위크(1206~1248. 몽골제국의 제3대 대칸, 칭기즈칸의 손자이자 우구데이 대칸의 장남)의 천막 도시까지 찾아가는 임무를 성공적으로 마쳤다(1245~1247). 그럴 수 있었던 데에는 당시 몽골이 구축해 놓은 역참 제도가 결정적 도움을 주었다. 역참마다 많은 말이 항시 준비되어 있어서 카르피니 일행은 이 말들을 갈아타면서 먼 거리를 빠른 속도로 여행할 수 있었던 것이다.

카르피니가 온갖 위험을 무릅쓰고 몽골의 대칸을 찾아간 이유는 우선 교황의 메시지를 전하려는 것이었다. 교황은 몽골인들이 무고한 사람들을 수없이 많이 살해한 데 대해 강한 어조로 비난하며, 신 앞에 회개하고 기독교를 받아들이라고 요구했다. 어느 먼 곳에서 난데없이 찾아온 허름한 행색의 뚱뚱보 수도사가 천하의 몽골 대칸에게 회개하고 복종하라고 큰소리치니, 이를 어떻게 받아들였을까? 대칸이 교황에게 보낸 답장을 보면 그들의 태도를 알 수 있다. 예상대로 답신은 자신의 침략 행위는 신의 뜻에 따른 것이며, 오히려 유럽이 몽골에 복종해야 한다는 위협적인 내용이었다. 카르피니의 임무는 우선 교황과 대칸 사이의 친서 교환이었지만 동시에 적의 내부 사정을 잘 살피는 목적도 있었다. 대칸을 만나고 무사히 귀환한 카르피니는 자신이 보고 온 몽골의 내부 사정을 소상히 기록한 『몽골인의 역사Historia Mongalorum』를 저술했다.

：카르피니가 전하는 아시아의 실상

카르피니는 이 책의 서론에서 자신의 여행과 이 책의 집필 동기를 분명하게 밝힌다. 가까운 장래에 기독교도들이 "타타르인에 의해 살해당하거나 평생 감옥에 갇히거나 기근, 갈증, 추위, 더위, 상해, 혹은 지독한 고난에 처하지는 않을까" 심히 우려되는 상황이니, 이런 위험을 피하기 위해 몽골에 대해 확실하게 알고 대비해야 한다는 것이다. 이런 목적으로 집필했기 때문에 이 책은 몽골의 내부 사정을 상세히 소개하고 있으며, 자연히 정치·군사적 고려가 매우 큰 비중을 차지한다.

그런데 그가 기록한 내용 중에는 직접 눈으로 보고 확인한 사실들도 있지만, 단지 그가 현지에서 들은 내용들, 따라서 극히 과장됐거나 혹은 잘못 알려진 내용들도 없지 않다. 예컨대 소똥이나 말똥을 연료로 사용한다는 것, 문지방을 밟지 말라는 금기를 철저히 지킨다는 것 등은 그가 직접 보고 겪은 사실일 테지만, 일부다처나 형사취수兄死娶嫂(형이 죽으면 동생이 형을 대신해 형수와 부부 생활을 계속하는 제도) 같은 제도에 대해 이야기하면서 어떤 사람은 100명, 또 어떤 사람은 50명의 여자와 산다든지, 형이 죽으면 형수와 결혼할 뿐 아니라 심지어 아버지가 돌아가시면 새어머니와 결혼한다는 식으로 기술한 것은 분명 잘못 전해들은 내용일 것이다.

그의 설명에 따르면 몽골인들은 배고픔, 갈증, 더위, 추위 등을 아주 잘 견디며, 사치에 대한 동경이 전혀 없다. 그야말로 강건한 초원지대 전사의 특성을 지니고 있는 것이다. 그렇지만 이들은 지극히 오만하며 화를 참지 못한다. 게다가 교활하고 거짓말을 잘해서 전혀 미덥지 않다는 점도 강조된다. 물론 이것은 비기독교도 이방인에 대한 상투적인 왜곡이 많이 작용한 결과라 할 수도 있다.

몽골인의 음식에 대한 설명도 대단히 흥미롭다. 그들은 모든 것을 음식으로 먹을 수 있지만, 다만 빵과 채소가 없기 때문에 주로 고기를 먹는데, 고기 종류로는 개, 늑대, 여우, 말 등 어떤 짐승도 가리지 않는다. 심지어 이蝨도 거리낌 없이 먹는다. "내 아들의 살을 먹고 피를

환상으로 채색된 아시아 세계. 아시아에는 개 대가리를 한 사람들(왼쪽)도 있고, 큰 다리 하나만 가지고 있어서 이를 양산으로 사용하는 사람들(오른쪽)도 살고 있다. 이와 같은 '괴물성'은 한편으로 비기독교 세계의 저열함을 강조하는 역할도 하고, 다른 한편 하느님이 창조한 세계의 다양성을 강조하여 하느님을 찬미하는 역할도 한다. 『뉘른베르크 연대기』(1493)에서.

마신 이를 못 먹을 이유가 무엇인가?" 하며 그들은 반문한다. 더구나 인육도 마다하지 않는다고 하면서 카르피니는 과거의 고사를 하나 소개한다. 칭기즈칸이 중국의 한 성을 장기간 포위 공격하다 보니 식량이 떨어지고 말았다. 이때 그들이 취한 방법은 아군 10명 중 한 명을 '식량'으로 삼아 잡아먹었다는 것이다. 물론 이런 식인食人 이야기는 근거가 없으며, 적을 괴물로 왜곡시켜 파악하는 방식일 뿐이다.

몽골인들만이 아니라 주변의 여러 민족에 대한 그의 서술은 당시 유럽인들이 아시아에 대해 가지고 있던 편견을 그대로 드러낸다. 예컨대 러시아인들로부터 전해들은 이야기라면서, 아시아 내부의 한 지역 남성들은 개의 얼굴을 하고 있다고 서술한다. 사람이 개 대가리를 하고 있다는 것은 중세 여행기에 흔히 나오는 것으로서, 어떤 지역 사람들을 폄훼하는 가장 흔한 방식이다. 그런데 카르피니의 서술에

개가 사람처럼 변하여 병사로 복무한다. 『키예프 성서』(1397)에서.

는 아예 개가 사람이 됐다는 식으로 한걸음 더 나간 측면도 있다. 어느 날 이곳의 개들이 전부 모이더니 아주 추운 겨울 날씨에 강으로 뛰어들었다가 물이 묻은 채 나와서 땅에서 굴렀다. 그러자 먼지 섞인 물이 꽁꽁 얼어붙었다. 개들은 다시 물속에 뛰어들었다가 도로 나와서 땅에 구르는 일을 반복했다. 이를 여러 번 거듭하니 결국 몸에 두꺼운 얼음을 두르게 됐다. 개들은 그런 상태로 타타르인들과 대적했는데, 이 얼음이 갑옷 역할을 하여 적의 활이나 다른 무기가 뚫지 못하고 튕겨져 나왔다는 것이다. 이런 상태에서 개들은 적에게 달려들어서 물어 죽였다.

이처럼 사람은 개가 되고 개가 사람이 되는 식으로 아시아는 반짐승 상태로 전락됐다. 이런 식의 경멸적 서술은 주변 여러 민족에게 적용된다. 사모예드인은 발이 소 발굽처럼 생겼고 그중 어떤 사람은 개 대가리를 가지고 있다. 심지어 이 지역의 말도 사람 말과 개 짖는 소리가 섞인 소리를 낸다. 아르메니아인들은 한 팔과 한 발만 가지고 있다. 그래서 활을 쏠 때에는 두 사람이 힘을 합쳐 쏜다. 그들은 한 발로 깡충거리며 뛰는데도 말보다 빠른 속도로 달릴 수 있다.

카르피니는 아시아를 기이하고도 두려운 '괴물성'으로 파악하고 있다. 사람만이 아니라 천문·지리 자체가 그런 성격을 띤다. 예컨대, 아시아의 어떤 지역에서는 일 년 중 특정 시기가 되면 해가 뜰 때 엄청난 소리가 나는데, 이 소리를 잘못 들으면 사람이 죽기도 한다. 그래서 이곳 사람들은 한쪽 귀를 땅에 대고 다른 쪽 귀를 완전히 막아서 해 뜨는 소리를 안 들으려 한다. 그렇지 않으면 아예 이 지역을 떠나거나 지하에 살든지, 혹은 북이나 다른 악기 소리를 내서 해 뜨는 소리를 못 듣도록 하는 조치를 취한다.

이런 점들을 보면 카르피니의 책은 『맨드빌 여행기』와 같은 중세의 여행기 성격을 띠고 있음을 알 수 있다. 즉, 그 자신이 직접 보고 들은 내용만이 아니라 당시 유럽인들이 가지고 있는 왜곡된 견해를 그대로 반복하는 것이다. 따라서 도저히 있을 수 없는 황당한 이야기를 단지 현지에 가서 '들었다'는 식으로 처리하여 오히려 확실한 것처럼 말하는 것이다. 지금까지 유럽인들이 품고 있는 잘못된 인식을 정당화시킨 셈이다.

: 몽골 공격에 대비한 준비

카르피니의 책에는 황당무계한 이야기도 많이 있지만 그가 직접 보고 경험한 사실이 더 많은 부분을 차지하며, 그 점에서 당시 유럽인들에게 몽골의 실상을 비교적 소상히 알려주는 역할을 했다. 그 가운데 그가 가장 중요하다고 판단한 것은 몽골 군대와 관련된 내용이다. 그가 그 먼 곳까지 여행한 주요 목적도 바로 몽골의 군사 침략에 대한 대비였기 때문이다.

이 내용은 6장에 자세히 소개되어 있다. 이 장의 구성은 1. 전투 대열, 2. 무기, 3. 공격 시의 교활함, 4. 포로에 대한 잔인성, 5. 요새와 도시에 대한 공격, 6. 항복한 사람에 대한 배신 등의 순으로 되어 있다. 카르피니는 이를 통해 몽골군의 실상을 특징적으로 소개한다. 몽골군에서는 전쟁 중 도망병이 있으면 그 부대원 전체를 사형시킨다. 그만큼 용맹무쌍하고 또 잔인할 수밖에 없다. 전투가 벌어지면 적을 다 사로잡든지 다 죽인다. 그러고는 모든 방향으로 병사들을 보내서 사람이든 동물이든 샅샅이 찾아내어 살해한다. 그들은 승리를 거두기 위해 매복, 포위, 땅굴 등 모든 수단을 활용한다. 사실 이런 것들이 전쟁의 진짜 면모다. 뒤나 옆에서 공격하지 마라, 매복 같은 것은 천박한 일이다 운운하는 당시 유럽의 기사도는 배부른 소리에 불과하다. 따라서 아시아에서 벌어지는 전쟁의 실제 면모가 이렇다는 것을 유럽인들에게 사실대로 전하는 것부터 중요한 일이라 할 수 있다. 카르피니는 몽골의 지배를 받으면 결국 "못 먹고 못 입고 맞고 죽고 노예가 된다"는 결론을 내린다.

더 나아가서 카르피니는 이 책의 제8장에서 몽골의 목표가 세계 지배라고 단언한다. 카르피니가 제시하는 설명은 이런 식이다.

몽골인들이 무서워하는 지역은 기독교권밖에 없으며, 그래서 우리에 대한 전쟁 준비를 하고 있다. 그들은 전에 유럽을 공격해서 폴란드

몽골의 기병과 궁수들은 당대 세계 최강의 수준이었다.

와 헝가리까지 왔는데, 신이 도우서서 간신히 위험을 피했다. 그들은 30년 정도 더 싸우려 했지만 그들의 황제가 뜻하지 않게 독살당해서 현재까지 전투를 쉬고 있다. 그런데 이제 새 황제를 선출했으므로 새로 전쟁 준비를 하고 있다. 황제 자신이 리보니아와 프로이센 지방에 군대를 보내고 싶다고 말하기도 했다. 그들의 목표는 세계 정복이며, 그렇게 되면 우리는 노예가 될 수밖에 없다. 그러니 우리는 그들과 전쟁으로 맞서야 한다.

이런 설명을 보면 카르피니는 당시 유라시아 대륙의 돌아가는 정황에 대해 비록 디테일은 틀린다 하더라도 큰 흐름에서는 비교적 잘 파악하고 있음을 알 수 있다.

그렇다면 몽골군의 공격에 어떻게 대비할 것인가?

그들과 싸우려면 좋은 무기를 보유해야 한다. 그들이 제일 두려워

하는 무기인 활을 많이 준비해야 하며, 특히 화살촉은 그들이 하는 식으로 뜨겁게 달군 다음 소금물로 담금질해야 그들의 갑옷을 뚫을 수 있다. 그리고 손잡이가 긴 전투용 도끼, 고리 달린 칼이나 창(이런 무기가 있어야 그들을 말에서 끌어내릴 수 있다), 나이프, 두꺼운 갑옷, 투구 같은 것을 준비하기 위해 돈을 아끼지 말아야 한다. 그리고 또 그들처럼 천 명, 백 명, 열 명 단위로 대장을 임명하는 방식으로 군대를 조직해야 한다(이는 몽골의 천호제, 백호제, 십호제를 가리키는 것이 분명하다). 그리고 전군이 한번에 혹은 계획적으로 전진하는 게 가능하도록 훈련하고, 이탈자는 엄벌에 처해야 한다. 한마디로 유럽 군대를 몽골군과 가급적 똑같은 방식으로 만들자는 안이라 할 수 있다. 카르피니는 또 그들과 전투를 벌일 때 조심할 점도 언급한다. 그들을 너무 오랫동안 추격해서는 안 된다. 그들은 아주 훌륭한 말을 많이 보유하고 있으며, 한번 탄 말은 3~4일 쉬게 하기 때문에 아주 기운이 좋다. 따라서 기동력이 좋은 그들은 패주하는 척하고는 적을 유인하여 공격하는 데에 능하므로 이런 전술에 속아서는 안 된다.

: 순진함과 냉철함 사이를 오가다

카르피니의 행적과 그가 저술한 책은 여러 측면에서 과도기적인 현상을 나타낸다. 아시아에 대한 묘사는 여전히 과거의 신화적인 내용을 답습하기도 하지만 다른 한편 아시아의 현실 세계를 있는 그대로 보여주는 내용도 많다. 몽골에 대한 그의 판단 역시 이중적이다. 몽골은 가공할 파괴력을 가진 군사 집단으로서 유럽을 호시탐탐 노리는 강력한 이교도 제국이며 "처음에는 바른 말을 하지만 곧 전갈처럼 쏘는" 믿지 못할 상대다. 그러니 철저히 군사적 대비를 해야 한다고 주장한다. 그러면서도 몽골의 대칸이 기독교로 개종할 가능성을 언급한다. 대칸 주변의 기독교도들이 하는 말에 의하면 대칸 귀위크는 예배실로 쓸 목적으로 늘 텐트를 주변에 가까이 두고, 공개적으로 찬송가도 부른다는 것이다! 물론 이는 전혀 사실이 아니며, 단지 순진한 염원에 불과할 뿐이다.

카르피니는 유럽인들 중 최초로 몽골의 내부 깊숙이 들어가서 대칸을 직접 만났고, 몽골의 실상을 확인했으며, 유라시아의 정세를 어느 정도 파악하고 있었다. 이 시대에는 예전의 신화적인 아시아 인식 방식에서 점차 탈피하고 있었던 것이 분명하다. 그렇지만 아시아와 유럽 사이의 소통은 여전히 미흡했고, 현실 파악도 부적절한 면이 많았다. 점차 커져만 가는 몽골의 위협 앞에 유럽이 준비한 방책은 몽골에 선교사를 보내 그들을 기독교로 개종시킨다는 것이었다. 순진한 건지 어리석은 건지 혹은 그 둘 다인지, 하여튼 카르피니 다음에 파견된 특사 윌리엄 루브룩(1220?~1293?)이 바로 그런 임무를 띠고 몽골을 찾아갔다. 아직도 유럽인들은 냉철한 현실 파악과 순진한 꿈 사이를 오가고 있었다.

윌리엄 댐피어

과학자가 된 해적

바다의 무법자 해적은 유사 이래 언제나 존재했다. 육상의 치안 질서가 제대로 적용될 수 없는 망망대해에서 다른 배를 공격해서 이익을 취하는 것은 상어가 대구 잡아먹는 것만큼이나 자연스러운 일이었다. 물론 이는 국제법이니 영해니 하는 현대적인 개념과 제도가 나오기 전의 일이다.

대항해시대가 개막되고 선박들이 세계의 바다를 빈번하게 오가게 되자 해적도 진화했다. 초기의 해적은 국가를 대신해 전투를 수행하는 일종의 공식적인 청부 폭력배로서 자신은 이익을, 조국에는 영광을 가져다주는 역할을 했다. 그러나 조만간 해적은 조국의 배든 적국의 배든 가리지 않고 제 살길을 찾아 약탈하는 완전한 무법자로 변신한다. 동시에 카리브해에서만 주로 활동하던 해적들이 대서양, 태평양, 인도양 등 세계의 바다를 헤집고 다니는 '통큰 해적'으로 올라선다.

윌리엄 댐피어는 이런 전환기의 인물이다. 그는 아직 국가의 부름에 응해 활동하는 편이지만 내면으로는 국가보다 차라리 '인터내셔널'한 바다에 속한 성격이 강해 보인다. 또 한 가지 그의 특징은 폭력과 과학이 기묘하게 결합하고 있다는 점이다. 그는 해적이며 동시에 과학자였다. 도대체 이게 무슨 의미일까? 세계의 바다를 항해하며 지구 전체를 체계적으로 '이해'하는 것과 무력으로 '지배'하는 것이 서로 연결되어가는 징표가 아닐까? '과학적인 국제 깡패' 댐피어는 그런 시대의 산물이었다.

⋮ 해적의 초상

영국 런던의 트라팔가광장에 위치한 국립초상화갤러리의 4호실에는 화가 토머스 머레이(1663~1734)가 1702년경에 그린 윌리엄 댐피어의 초상화가 있다. 아마도 해적 중에 초상화를 남긴 사람은 그가 유일할 것이다. 원래 이 그림의 설명은 '댐피어 선장(1651~1715) : 해적이자 수로학자水路學者'로 되어 있었는데 언제부턴가 '해적'이라는 말이 '세계 일주 항해인circumnavigator'으로 바뀌었다. 사실 아무리 좋은 말을 갖다 붙인들 해적은 해적이다. 그렇지만 그는 분명 영국 역사에서 특기할 만한 인물임에 틀림없다. 그는 세 차례나 세계 주항을 했으며, 세 권의 탁월한 여행기를 써서 필명을 날렸다. 그의 책에는 세계 각지의 지리, 동식물, 풍습 등에 대한 탁월한 관찰 기록이 실려 있다. 이 잔인한 해적은 동시에 훌륭한 과학자였던 것이다. 그의 시대는 해적질이 국익과 연결되고, 노략질과 과학적 관찰이 결합하던 때였다.

윌리엄 댐피어는 1651년 영국의 이스트코커에서 태어났다. 9월 5일에 세례받은 기록이 있으니 아마도 그전 달인 8월에 태어났을 것이다. 어렸을 때 부모를 잃고 고아가 되어 친척 손에서 자란 그는 약간의 교육을 받은 후 한 선장에게 보내져 견습 선원이 됐다. 이 이후 그는 온 세계를 정처 없이 떠도는 삶을 살았다. 뉴펀들랜드와 자바까지 여행하고 돌아온 다음에는 1673년 해군에 들어가 네덜란드와의 전쟁에 참전했고, 그 후에는 다시 아메리카 각지를 떠돌아다니며 온갖 종류의 모험을 경험했다. 자메이카의 사탕수수 플랜테이션에서 보조 관리인으로 일하다가 이 일에 싫증을 느끼자 멕시코로 가서 로그우드logwood(재목과 매염제로 쓰이는 나무) 벌목

토머스 머레이가 그린 윌리엄 댐피어의 초상화.

사업을 운영해보았지만 갑자기 불어온 허리케인 때문에 전 재산을 잃었다. 그 후에는 해적 집단과 어울리면서 열 달을 지내다가 영국으로 돌아왔다. 그는 기존에는 전혀 볼 수 없었던, 전 세계의 바다를 떠도는 새로운 유형의 무법자로 변모해갔다.

한때 영국에서 주디스라는 귀족 집 하녀와 결혼했지만, 그 후 아무런 기록이 없어서 이 결혼 생활이 어떻게 됐는지는 전혀 알려져 있지 않다. 1679년에 다시 아메리카로 찾아가서 해적 집단과 어울리며 모험 생활을 한 것을 보면 안정된 결혼 생활은 일찍이 접은 게 아닌가 하는 느낌을 받는다. 이 무법자 해적들은 대서양의 스페인 식민지들을 공격했다가, 다리엔지협을 통과하여 태평양 쪽으로 나아갔고 이곳에서 중남아메리카 해안 지역을 떠돌아다니며 모험과 약탈을 했다. 그는 한때 버지니아에 머물기도 했으나 땅에 붙박이로 살아가는 생활이 싫었는지 대부분의 시간은 해적 선장들 밑에 들어가서 남아메리카 해안을 약탈하는 생활을 계속했다. 이 당시 카리브해를 무대로 하여

인도네시아의 아체 근처에서
폭풍우를 만난 댐피어.

스페인 식민지들을 노략질하는 다양한 국적의 해적들을 총칭하여 버
캐니어buccaneer라 하는데, 이들의 잔혹성은 그야말로 전설적이다. 이
들은 생사람의 배를 갈라 내장을 꺼낸다든지, 손가락 발가락 사이마
다 심지를 넣고 불을 붙이는 따위의 일을 거침없이 하는 악마 같은 인
간들이었다.

　댐피어는 1686년에 멕시코에서 찰스 스완Charles Swan('백조'라니, 해
적 선장치고는 예쁜 이름이다!)이라는 해적 선장의 제안을 받아들여 아
시아로 모험을 떠났다. 이들은 필리핀에 도착해서 그 지방 추장들과
어울려 즐거운 생활을 했는데, 스완 선장이 이런 생활에 너무 탐닉하

여 통 움직이려 하지 않자 댐피어를 비롯한 동료들이 배를 훔쳐서 아시아의 바다를 누비고 다녔다.

그들은 아시아 선박이든 영국 선박이든 마구잡이로 공격했다. 그에게 정말로 특이한 점이 있다면 이런 파란만장한 삶을 살면서도 틈틈이 여러 사회의 풍습과 동식물을 관찰하고 노트를 남겼다는 점이다. 1688년에 그가 탄 배가 뉴홀랜드(오스트레일리아) 해안에 좌초했을 때에도 그는 열심히 기록을 해두었다. 그 후 그는 이들 무리와 헤어져 때로는 선원으로, 때로는 포수砲手로 복무하며 아시아 이곳저곳을 떠돌다가 1691년 40세의 나이에 20년 만에 고국인 영국으로 귀국했다.

여기까지가 그의 첫 번째 세계 일주다. 돌아왔을 때 그는 무일푼이었지만, 그래도 두 가지 먹고살 거리를 가지고 있었다. 하나는 노예로 구입하여 데리고 온 프린스 졸리Prince Jeoly로서 온몸에 문신투성이인 그를 런던에서 '전시'하여 수입을 올렸다. 그리고 다른 하나는 세계 각지를 돌아다니며 관찰한 내용을 적어둔 노트다.

∶ 해적의 저서

그는 5년 동안 이 자료들을 정리하여 『세계 일주 여행기A New Voyage Round the World』라는 저서를 출판했다. 이 책은 엄청난 성공을 거두어서 2년 안에 4판이나 거듭 출판되는 기록을 남겼다. 그도 그럴 것이 영국에서는 서 프랜시스 드레이크(1540~1596)와 토머스 캐번디시(1560~1592) 이후 세계 일주 기록을 남긴 인물이 없었고, 그것도 일인칭으로 개인적인 기록을 남긴 적이 없었기 때문이다. 이 책은 당대 작가들에게 영감을 주었는데, 특히 대니얼 디포의 『로빈슨 크루소』(1719)와 조너선 스위프트의 『걸리버 여행기』(1726)는 이 책의 영향을 크게 받은 것으로 알려져 있다. 세계의 바다를 돌아다니며 직접 경험한 해적 활동에다가 세계 각지의 풍경, 동식물, 기귀한 관습 등이 자세하게 묘사되어 있는 그의 책에는 독자들의 흥미를 끌 요소들이 많았다.

이 책은 왕립협회의 주목을 받았다. 자연과학의 발전에 기여함을 목적으로 한 이 고상한 기관이 해적에게 큰 관심을 둔다는 것은 우리의 감각으로는 이상하기 짝이 없다. 전직 회장인 유명 작가 새뮤얼 펩스가 그와 식사를 하고, 교역 및 식민지위원회는 그에게 자문을 부탁했다. 해적질을 하며 반평생을 보낸 인물이 불현듯 영국의 명사로 대접을 받기에 이른 것이다. 그뿐 아니다. 영국 해군성은 당시 아직 정확한 지리 사정이 알려지지 않았던 오스트레일리아를 탐험하기 위한 항해의 책임자로 그를 임명했다. 그는 국가적 프로젝트의 책임자로서 로벅호Roebuck의 선장이 됐다. 그리고 이 항해를 하는 동안 그의 두 번째 저서인 『여행과 묘사Voyage and Description』(1699)도 출판됐다.

그러나 이 항해는 성공적이지 못했다. 역시나 해적 출신답게 그의 행동은 거칠기 짝이 없었다. 그의 부관인 조지 피셔는 댐피어와 갈등을 빚고는 "이 늙은 악당! 늙은 개×끼! 늙은 사기꾼" 하고 소리를 질렀다(분명 그 세 가지 다 맞는 말이다). 부관은 그 결과 지팡이로 두드려 맞고 철창에 갇혔다가 브라질의 산살바도르에 배가 도착했을 때 그곳 감옥에 갇혔다. 댐피어는 오스트레일리아에 도착한 후 그곳 산물을 조사하고 지도를 작성하라는 명령을 그럭저럭 수행했다. 그 후 티

하워드 파일의 해적 설명서에 나오
는 그림 「카리브해의 해적」.

모르섬과 뉴기니 근처를 방황하던 그의 배는 어센션(남태평양상의 고
도) 근처에서 침몰했고, 그 자신은 가까스로 구조되어 고국으로 돌아
왔다.

　그러는 동안 브라질 감옥에서 석방된 옛날의 부관 피셔가 영국에
돌아와서 그를 고발했다. 댐피어는 부관을 학대한 죄로 군사법정에
서 재판을 받고 모든 급료를 박탈당했으며 "여왕 폐하의 선박을 지휘
하는 지휘관으로는 전혀 적당하지 못한 인간"이라는 평가를 받았는
데, 과히 틀린 평가는 아닌 것 같다. 그런데 놀랍게도 이런 실패한 항
해 경험 끝에 그의 세 번째 책이 출판됐다. 『뉴홀랜드 여행기』*A Voyage*

약탈허가증.

to New Holland』(1703~1709)는 그의 꼼꼼한 관찰과 과학적인 태도가 잘 드러난다. 이 책에는 이 지역 항해에 아주 요긴한 정보를 많이 담고 있었다.

： 해적의 사업

그의 명성은 다시 높아졌다. 앤 여왕을 친견하여 손에 키스도 하고 또 약탈허가증Letter of Marque도 발부받았다. 브리스톨과 런던의 사업 가들이 다시 그를 믿고 투자를 했다. 이번에는 어정쩡한 모험이나 과 학 탐구가 아니라 처음부터 분명하게 약탈을 목적으로 한 해적 사업 이었다. 마침 막 형기를 마치고 교도소 문을 나선 옛 친구 에드워드 모건을 끌어들여 그와 함께 세인트조지호St George와 페임호Fame라는 두 척의 선박을 지휘했다. 이번 여행은 잘 이루어졌을까?

전혀 그렇지 않았다. 이번에도 사업은 엉망진창이었다.

페임호 선장이 초반부터 그와 싸움을 벌인 후 먼저 떠났다가 사고로 불이 나서 셍크포르Cinque Ports라는 다른 배로 대체됐다. 댐피어는 여전히 그의 부관이나 부하들과 사이가 좋지 않았다. 카보베르데섬에 도착했을 때 부관을 하선시켰고, 그 후임 역시 브라질에 도착했을 때 다른 여덟 명의 선원과 함께 배에서 내리게 했다. 동행한 배의 선장이 죽는 사고가 일어나자 그의 부관이었던 스트래들링이 후임 선장이 됐다. 우선 그 두 사람이 서로 사이가 좋지 않았을 뿐 아니라, 선원들이 모두 그 두 선장을 증오했다.

급기야 칠레 근처의 후안페르난데스섬에 도착했을 때 일부 선원들이 스스로 배에서 내리는 스트라이크를 했다. 이때 댐피어는 희한한 해결책을 제시했다. 이제 두 배는 각자 따로 항해를 하기로 하고, 양쪽 배의 선원들은 자신이 판단하기에 그나마 참을 만한 선장을 고르도록 했다. 이때 알렉산더 셀커크라는 인물은 댐피어가 너무 싫어서 스트래들링의 배에 탔지만 막상 타고 보니 그 역시 도저히 참을 수 없는 인간이라고 판단해서 아예 배를 내려서 후안페르난데스섬에서 홀로 생활을 했다. 그가 로빈슨 크루소의 실제 주인공이라는 사실은 잘 알려져 있다. 스트래들링은 운이 안 좋아서, 그의 배가 침몰한 후 스페인인들에게 사로잡혀 400킬로미터를 걸어 리마에 간 다음 그곳 감옥에서 5년을 지내야 했다. 댐피어 쪽도 사정이 나쁘기는 매한가지였다. 그의 선원들 25명이 40톤짜리 배를 훔쳐 도망가면서 보급품 절반과 무기, 게다가 앤 여왕이 발급한 약탈허가증까지 가지고 가버린 것

자기 배보다 훨씬 더 큰 스페인 갤리온선을 공격하는 해적선.

이다. 댐피어는 남은 선원들에게 스페인의 보물선을 약탈하면 되니까 걱정하지 말라고 안심시켰다. 과연 그럴까?

1704년 12월 6일, 그는 진짜 엄청난 크기의 스페인 갤리온(16~18세기에 사용된 범선)을 만났다. 그런데 이 스페인 선박은 댐피어의 배가 해적선이라는 것을 전혀 눈치 채지 못하고 함포를 쏠 준비도 하지 않은 채 접근해왔다. 이 배를 스페인 배로 착각한 모양이었다. 그야말로 천재일우의 기회이니, 당연히 선제 기습 공격을 해서 상대를 제압하는 것이 해적된 도리라 할 것이다. 그런데 댐피어는 천하에 멍청한 짓을 하고 말았다. 갑자기 영국 깃발을 올리고 위협사격을 한 것이다. 당연히 스페인 선박 쪽에서 함포를 쏴댔고 댐피어의 배는 꼬리를 내리고 도주하는 수밖에 없었다. 실망한 선원들 절반이 배를 버리고 도망갔는데, 그중에는 댐피어의 오랜 친구 모건도 포함되어 있었다(그는 친구의 귀중품까지 털어서 도망갔다). 그 후 이 배는 파나마 근처에서 침몰했고, 그와 남은 선원들은 소형 스페인 선박 한 척을 탈취해서 태평양을 건너 영국으로 돌아왔다. 4년 만에 그는 완전히 빈털터리가 되어 돌아왔고, 무능한 인간으로 낙인찍혔다. 이것이 그의 두 번째 세계 일주 항해였다.

알 수 없는 일은 이런 상황에서 다시 그에게 일을 맡기는 사람이 있다는 것이다. 브리스톨에서 다시 약탈 사업을 계획했는데, 지휘관은 댐피어야말로 남해(태평양)를 가장 잘 안내할 수 있는 적임자라고 주장하며 그를 항해 안내인으로 임명했다. 다만 이번 항해는 제대로 된 간부와 선원들이 선단을 맡았기 때문에 이전처럼 완전히 무질서한 항해 끝에 배가 침몰하는 따위의 일은 일어나지 않았다. 댐피어로서는 모든 선원이 아침저녁으로 기도드리는 일을 생전 처음 접하고는 적지 않게 놀랐다. 이 선단은 항해 중에 이전에 댐피어를 피해 도망가서 4년 넘게 홀로 무인도 생활을 하고 있던 셀커크가 있는 섬에 우연히 도착했다. 그런데 바로 그 배에 댐피어가 타고 있다는 소식을 들은 셀커크는 차라리 계속 섬에 남겠다고 우기는 바람에 겨우 그를 달래서 배에 태웠다고 한다.

그런데 이번에야말로 댐피어가 제대로 실력 발휘를 했다. 그는 스페인의 거대한 상선들이 잘 다니는 지역으로 안내했는데 정말로 큰 배(누에스트라 세뇨라 데 라 엔카르나시온 이 데젠가뇨호 Nuestra Señora de la Encarnación y Desengaño)를 만나게 됐다. 이 배를 약탈한 결과는 상상을 초월하는 엄청난 수준이었다. 58세의 나이에 댐피어의 해적 인생 최대의 성과를 올린 것이다. 그뿐 아니다. 그는 이제 태평양을 가로질러 귀국하는 항로를 아주 정확하게 안내했다. 예컨대 태평양을 가로질러 1만 킬로미터를 항해하여 조그마한 섬인 괌에 정확하게 도착하도록 안내하는 일은 결코 쉽지 않은 일이다. 1711년 댐피어는 생애 세 번째 세계 일주를 무사히 마치고 런던에 입항했다. 이제 그의 나이 60세, 그는 은퇴하여 마지막 사업에서 얻은 수익의 배분을 기다리며 안락한 노후 생활을 했다. 그러나 애타게 기다리던 수익 배분이 이루어지기 전인 1715년에 사망했다.

: 해적의 전성기

댐피어의 시대는 해적의 초기 전성기였다. 유럽의 해외 팽창이 절정에 이르면서 해적 역시 함께 성장한 것이다. 그런데 여기에서 주의할 점이 한 가지 있다. 우리말로 해적이라고 하면 완벽한 무법자로서 상대가 누구인지 가리지 않고 약탈하는 '날강도'를 연상할 것이다. 그런데 유럽 해적의 변천 경과를 보면 초기의 해적은 국가를 대리하여 적을 공격하는 무장 세력이었다. 다시 말해서 국가가 대적해야 하는 상대를 민간업자가 공격해서 그 자신은 이익을 얻고 국가로서는 적의 세력을 약화시키는 효과를 얻는 것이다. 댐피어가 바로 그런 성격의 해적이었다. 그러나 다음 시기가 되면 해적은 자신의 생존을 위해 자국이든 적국이든 가리지 않고 모든 배를 공격하는 완전한 무법자로 변한다. 댐피어는 그런 전환기에 활동하던 인물이었다.

또 한 가지 주목할 점은 댐피어의 활동 무대가 대서양과 태평양, 인도양까지 다 포함한다는 점이다. 16~17세기에는 카리브해를 중심으로 한 대서양이 해적의 주 무대였다. 이 시기에 유럽의 해상 팽창의 주류가 대서양상에서 일어났던 반면, 인도양에서는 강력한 아시아 해군과 현지 해적 때문에 완전한 지배를 하지 못했으며, 태평양은 아직 접근하기 어려운 머나먼 바다였다. 그러다가 18세기에 이르면 인도양과 특히 태평양으로 유럽 세력이 뻗어나가기 시작한다. 바로 그런 시기에 댐피어가 해적 활동을 했던 까닭에 이전보다 훨씬 광대한 영역을 휘젓고 다녔던 것이다.

18세기는 또한 과학의 시대였다. 태평양이나 인도양 남쪽 바다는 아직 완전하게 알려지지 않은 미지의 세계였으므로 이곳을 과학적으로 파악한다는 것이 중요한 과제였다. 각국에서는 과학이 국력과 직결되는 것으로 생각하던 때였다. 따라서 새로운 바다로 항해해가서 그곳을 소상히 관찰하는 것은 차후에 그 지역을 지배 · 정복하는 전 단계였다. 정치 · 군사적 지배와 과학적 '지배'는 병행하여 이루어졌다.

댐피어는 분명 예외적인 인물이지만, 이른바 '예외적 전형성'을 보이는 인물이었다. 크게 보면 자기 시대의 흐름 속에 있지만 동시에 늘 주변 사람들과 갈등을 일으키며 소동을 벌이는 존재, 이런 인물들이 내놓는 시끄러운 마찰음이 그 시대를 이해하는 데에 도움을 주곤 한다. 해적이면서 동시에 과학자라는 이 이상한 현상이 그 시대의 흐름을 전형적으로 잘 드러내준다.

댐피어의 책 중에서

    스페인인들이 이 섬들을 처음 발견했을 때, 그들은 수많은 이구아나와 육지 거북을 발견했다. 그래서 갈라파고스제도라고 명명했다(Galapagos는 원래 안장이라는 뜻이었으나 나중에 거북의 뜻이 됐다). 세계에서 이곳만큼 거북이 많은 곳은 다시없을 것이다. 이곳의 이구아나는 다른 어느 곳에서 본 것보다 살쪄 있고 크다. 그것들은 아주 순해서 한 사람이 한 시간 안에 스무 마리를 때려잡을 수 있다. 이곳의 육지 거북은 어찌나 많은지 500~600명의 사람이 다른 보급품 없이 순전히 거북만 잡아먹으면서 몇 달 동안 생존할 수 있을 것이다. 그것들은 아주 크고 살쪄 있다. 또 아주 맛이 좋아서 영계보다 훨씬 더 먹기 좋다. 그 가운데 가장 큰 것은 150 또는 200근weight 정도 될 테고, 또 어떤 것들은 뱃살calipee이 2피트(61센티미터) 혹은 2피트 6인치(76센티미터)나 된다. 무게가 30파운드(13.6 킬로그램) 이상 나가는 것은 이곳 이외에는 보지 못했다. 로렌스섬(마다가스카르)이나 그 근처의 섬인 잉글리시 포리스트(동 마스카렌이라고도 불리며 현재 프랑스인들이 지배하고 있다)에 아주 큰 거북들이 있다는 이야기를 들었지만 그것들이 이곳 거북만큼 크고 살쪄 있고 또 맛있는지는 모른다. 서인도제도에도 서너 종류의 거북이 산다. 그중 하나는 스페인인들이 헤카티hecatee라 부르는데 이것들은 대개 담수 호수에 살며 아주 가끔씩 뭍으로 올라온다. 그것들의 무게는 10~15파운드(4.5~6.8킬로그램)이며, 짧은 다리, 평평한 발 그리고 짧은 목을 가지고 있다. 다른 종류는 테라핀terrapin이라 불리는데, 헤카티보다 훨씬 작다. 등껍질에는 섬세하게 새겨진 구름무늬가 있다. 이것들의 등껍질은 앞에서 말한 거북 종류에 비해 더 둥글며 그 외에는 비슷한 모양이다. 이것들은 습한 늪지 혹은 그 근처 땅에서 즐겨 산다. 두 종류 모두 고기가 아주 좋다. 쿠바 옆의 소나무 섬에 이 거북들이 아주 많이 산다. 스페인인 사냥꾼들이 숲에서 이런 거북을 보면 집으로 가지고 가서 등에 표시를 한 다음 풀어준다. 이 거북들은 결코 그곳에서 멀리 다니지 않기 때문이다. 이 사냥꾼들이 한 달 혹은 6주 정도 머문 다음 쿠바에 돌아갈 때면 이런 거북을 300~400마리 정도 가지고 가서 판다. 고기가 아주 맛있기 때문에 거북이 잘 팔리는데, 사냥꾼들은 모두 등에 파 놓은 표시 때문에 자기 소유를 잘 안다. 갈라파고스의 거북은 헤카티와 비슷하지만, 다만 훨씬 크고 목이 길며 머리가 작은 점이 다르다.

_『세계 일주 여행기』 중에서(윌리엄 댐피어, 제럴드 노리스 편집, 『해적 탐험기Buccaneer Explorer』, 보예6, 2005, pp.50~52).

해적이 썼다고 하기에는 놀라울 정도로 정확하고 깔끔한 글이라 하지 않을 수 없다. 그는 뛰어난 관찰력과 꼼꼼하게 기록하는 습관을 가지고 있었다.

피에르 푸아브르

생물자원 해적의 선구자

해적에도 종류가 있다. 문자 그대로 바다에서 약탈과 살인을 일삼는 '인간 말종'의 무법자들이 아직도 세계의 바다 어딘가에서 활개치고 있을 테지만, 요즘 더 문제가 되는 것은 지식이나 생물자원을 몰래 훔쳐가는 지적知的인 해적이다. 세계의 자원을 파악하고 이용하는 것이 급선무였던 근대 초에 가장 절실하게 필요한 국가 인재는 다름 아니라 먼 이역만리로 나가 다른 문명, 다른 생태계의 자원을 훔쳐오는 지식인 도둑이었다.

후추나 정향 같은 향신료라는 게 지금은 별것 아니지만 과거에는 가장 비싼 교역품이었다. 서양인들이 그 먼 길을 항해해서 아시아로 오도록 만든 것도 이런 향신료들이었다. 그동안 동남아시아와 아랍 상인들의 중개를 통해 수입된 이 상품들은 천정부지의 고가로 팔렸다. 이 상품들의 원산지로 직접 찾아가자는 것이 초기 항해의 목적이었다. 그러나 그런 물품을 확보하는 것은 여전히 쉬운 일이 아니었다. 아랍 상인들과 중국 상인 그리고 무엇보다 유럽 상인들 간에 경쟁이 격심해졌다. 특히 네덜란드인들이 선점하여 굳게 지키는 정향이나 육두구 같은 고급 향신료는 다른 나라 상인들로서는 여전히 접근이 쉽지 않았다. 이때 생각해낸 것이 이런 귀한 향신료의 종자를 구해 직접 재배하는 농장을 만들자는 것이었다.

그 사업을 시도한 프랑스의 애국자 해적인 피에르 푸아브르의 이야기를 보자.

서양 경제사 책에는 후추와 향신료 이야기들이 차고 넘친다. 후추 이야기를 하도 많이 하다 보니 독일의 경제사학자 베르너 좀바르트(1863~1941)는 "경제사 책을 보면 중세 사람들은 후추만 먹고 산 것 같다"고 비꼬아 말하기도 했다. 당시 후추를 비롯한 향신료들은 모든 사람이 동경하는 최고급 사치품이었다. 유럽인들이 무슨 수를 써서라도 아시아로 가고자 했던 중요한 이유 중 하나도 향신료 산지를 직접 찾아가려던 것이었다. 세계사의 중요한 사건을 초래한 동력 중 하나가 다름 아닌 인간의 혀끝 문제, 즉 '맛을 찾아서'라는 것은 참으로 희한한 일로 보일 수도 있다. 요즘에는 후추나 정향, 계피 같은 향신료들 가격이 비싸봐야 한계가 있으니 중세부터 근대 초에 유럽인들이 이 상품을 찾아 목숨 걸고 아시아로 항해해갔다는 것이 언뜻 이해가 되지 않는다.

: 천국의 열매

유럽인들은 향신료를 어느 만큼 좋아했기에 지구 반 바퀴를 도는 먼 길을 통해서라도 원산지를 찾아가려 했을까? 오늘날 유럽의 음식은 우리에게는 다소 느끼한 느낌이 들 정도로 기름기가 있는 음식이지만 중세 유럽의 음식은 현재 인도 음식과 유사한 정도로 매웠다고 한다. 매우면 매울수록 고급 음식으로 쳤으므로 대귀족들의 향연에서는 입안이 얼얼할 정도로 후추를 많이 뿌렸을 뿐 아니라, 식후에 디저트로 매운 향신료를 따로 먹었을 정도였다.

피에르 푸아브르.

후추와 같은 이국의 향신료들은 단순히 매운맛을 내는 양념류 정도에 그친 것이 아니라 만병통치 의약품의 효능은 물론 그 이상의 신비로운 성질을 가진 것으로 알려졌다. 중세 프랑스의 유명한 연대기 작가인 장 드 주앵빌(1225~1317)의 기록을 보면 당시 향신료들을 두고 심지어 지상천국에서 생산된 것으로 묘사했으니, 말하자면 종교적 상징성까지 띠고 있었다.

나일강이 이집트에 들어오는 지점에서 사람들은 저녁에 강에다가 그물을 던져놓는다. 그러면 아침에 그 그물에 생강, 대황rhubarbe, 알로에, 계피 등의 귀한 물품들이 걸려 있다. 사람들이 말하기를 이 향신료들은 낙원의 나무들에서 떨어져서 흘러온 것이라고 한다.
_ 장 들뤼모, 『천국의 역사Histoire du Paradis』, 파야르출판사, 1992, p.71.

근대 초에 유럽에서 아시아로 가는 항로가 열리고 본격적인 교역과 교류가 시작됐을 때 유럽 상인들이 제일 먼저 착수한 사업 역시 향신료 교역이었다. 일찍이 포르투갈과 네덜란드가 먼저 아시아에 들어와 향신료 사업을 차지했다. 양국은 향신료의 주요 생산지를 지배하고 생산과 판매의 독점을 지키기 위해 현지 주민들을 가혹하게 탄압하고 외부 상인들의 접근을 가로막았다. 그 때문에 뒤늦게 뛰어든 영국과 프랑스는 수익성 좋은 구입선購入線을 구축하는 데에 애를 먹었다. 이런 상황에서 생각해낸 것이 차라리 향신료 씨앗을 가져다가 자신들의 식민지에서 재배해보자는 것이었다. 요즘말로는 생물자원 해적질이라 부를 일이다. 이런 일을 시도한 인물 중에 흥미 있는 사례가 프랑스의 피에르 푸아브르(1719~1786)다.

： 선교사에서 식물학자로

피에르 푸아브르는 1719년 리옹에서 잡화상의 아들로 태어났다. 흥미롭게도 그의 이름 푸아브르Poivre는 불어로 '후추'라는 뜻인데, 이 특이한 이름은 향신료 판매업자였던 먼 조상에게서 유래한 것이다. 그는 14세에 성 조셉 신학교에 들어갔다가 20세에 파리외방전교회Missions Etrangères de Paris에서 수도사가 됐다. 해외 선교 사업을 목적으로 1658년 설립된 파리외방전교회는 특히 아시아 선교 사업에 열심이었으며, 우리나라에도 19세기 초에 바르텔르미 브뤼기에르(1792~1835. 한국 성 소蘇), 피에르 필리베르 모방(1803~1839. 한국 이름 나백다록羅伯多綠), 로랑조제프마리위스 앵베르(1797~1839. 한국 이름 범세형范世亨), 자크 오노레 샤스탕(1803~1839. 한국 이름 정아각백鄭牙各伯) 신부 들을 보냈고, 김대건, 최양업 신부를 길러낸 기관이다.

해외 선교에서 가장 큰 난관 중 하나가 해당 지역의 언어라는 것은 쉽게 짐작할 수 있는 일이다. 그래서 이 전교회에서는 선교사를 가급적 어린 나이에 아시아로 파견해야 그곳 언어를 익힐 수 있다고 판단해서 약관의 나이인 푸아브르를 중국에 파견했다(1740). 도착하자마자 그는 체포되어 중국 감옥에 갇혔다. 과연 예상했던 대로 중국말은 잘 배웠지만(역시 외국어는 한 살이라도 어릴 때 시작하는 게 좋다) 감옥에서 풀려난 뒤 그의 전도 사업에는 전혀 진척이 없었다. 그는 처음부터 아시아인에 대한 복음 전파 따위에 큰 열의를 가지지 못했던 것으로 보인다. 그의 생각은 온통 다른 데에 가 있었다. 그의 주 관심사는 말하자면 식물학이었다. 이국땅에서 보는 벼, 배추 같은 작물들, 무엇보다도 고향에서 비싼 값에 거래되는 향신료들이 그의 머릿속을 가득 채웠다.

파리외방전교회는 선교 사업에 성실하지 않은 이 젊은이를 제명조치하고 프랑스로 되돌려보내려 했다. 푸아브르는 후일 자신이 성직을 떠난 이유는 팔이 잘렸기 때문이라고 강변했지만 사실은 그런 사건이 일어나기 훨씬 전에 이미 쫓겨난 것이 맞다.

그의 팔이 잘린 사건의 전말은 이렇다. 그의 나이 25세이던 1745년, 그는 프랑스로 향하는 배에 탔다. 그런데 당시는 오스트리아왕위계승전쟁(1740~1748) 시기라 영국과 프랑스가 전쟁 중이었으며, 그래서 프랑스 배가 항해할 때 영국 해군이 공격할지 모른다는 소문이 아시아에까지 전해졌다. 그래서 선박에 중무장을 하고 떠나자는 의견이 있었지만 화물 관리인은 이를 무시하고 화물을 더 많이 싣느라 무장을 소홀히 했다. 세 척의 배가 이런 상태로 떠났는데, 아니나 다를까, 이 배들은 곧 영국 군함의 공격을 받아 전투가 벌어졌다. 이 와중

원주민들이 향신료를 수확하고 있다.

에 그는 총알을 맞았다. 정신을 잃었다가 눈을 떠보니 그의 오른손이 잘려 있었고, 상처가 더 커질지 몰라서 결국 팔 전체를 자르게 됐다.

영국인들은 그를 비롯한 프랑스인 포로들을 바타비아(오늘날의 자카르타)에 하선시켰다. 그는 이곳에서 얼마간 살다가 보트를 얻어 타고 인도의 퐁디셰리로 갔다. 날카로운 관찰력을 가진 그는 이런 여행 중에 유럽 각국의 식민지 행정을 파악했고, 현지의 농업과 상업, 각종 농작물과 향신료 생산을 열심히 관찰했다. 자바에서는 벼ㆍ인디고ㆍ커피ㆍ사탕수수, 인도에서는 목화 재배로부터 방적과 방직에서 염색에 이르는 과정을 유심히 살폈다. 특히 아시아 각지에 그 비싼 육두구와 정향이 널려 있는 것을 보았다. 대부분의 향신료는 유럽에 점차 많은 양이 수입되면서 가격이 계속 하락하고 있었지만 네덜란드가 독점하고 있던 육두구와 정향만은 계속 고가를 유지했다. 이것들은 몰루카제도에서만 생산되는데 네덜란드 식민 당국이 워낙 철저하게 지키며 거래량을 조절하고 있었던 것이다.

넉 달 후 그는 다시 유럽으로 돌아가는 배를 타게 됐는데, 이 배가 풍랑을 만나 파손되는 바람에 프랑스섬Ile de France (오늘날에는 프랑스 식민화 이전 이름인 모리셔스로 불린다. 이하 모리셔스로 부르기로 한다)에 가서 수리를 하게 됐다. 이처럼 우연한 기회를 통해 그는 이 섬과 인연을 맺었다. 이 섬의 총독과 대화하는 도중에 그는 프랑스 식민지 경영에 관한 자신의 견해를 언급했다. 그 내용은 크게 두 가지로서, 첫째는 인도차이나와 거래를 트자는 것이고, 둘째는 육두구나 정향을 이 섬에 이식해서 재배해보자는 것이었다. 총독은 그의 말에 적극 동의하여, 파리에 가면 프랑스동인도회사의 이사로 일하는 자기 아버지를 만나 계획을 제안하라고 하면서 추천서를 써주었다.

그러나 프랑스로 귀국하는 도중 푸아브르는 몇 차례 더 고난을 겪어야 했다. 이 시대 아시아와 유럽의 바다는 정말로 위험이 가득한 곳이었다. 그가 탄 배는 다시 영국 배의 공격을 받아 프랑스령 마르티니크섬으로 도주했다. 이곳에서 보트를 타고 네덜란드령 외스타슈섬으로 가서 유럽으로 가는 네덜란드 배에 탑승할 수 있었다. 그러나 이 배가 영불해협에 도착했을 때 이번에는 생말로 출신의 해적에게 나포됐고, 다음에 다시 영국 배에 나포되어 영국의 건지Guernsey섬에 포로로 잡혔다. 끊임없는 나포의 연쇄 끝에 드디어 프랑스로 돌아왔을 때에는 그의 나이 29세가 되어 있었다.

: 다시 아시아로

그는 바라던 대로 자신의 두 가지 계획을 시도해보라는 공식 허가를 받고 코친차이나 대사로 임명되어 다시 아시아로 가게 됐다. 1749년 남아프리카, 모리셔스와 퐁디셰리를 거쳐 코친차이나에 간 그는 그곳 황제와 만나 프랑스와 무역 관계를 맺는 데에 합의를 보았다. 상관商館 건설 작업은 다른 사람에게 맡기고, 자신은 두 번째 계획 수행에 착수했다.

사실 그는 향신료 이식 재배 실험을 이미 시작한 상태였다. 아시아로 오는 도중 네덜란드령인 희망봉 지역에 있는 식물원에서 몇 가지 작물들을 얻어 모리셔스로 가서 그곳 정원에 실험 재배를 부탁해 놓았던 것이다. 코친차이나에서 외교 업무를 성공적으로 마친 후에는 육계나무, 후추 같은 작물들을 가지고 모리셔스로 갔다. 그러나 그가 정말 원하는 작물은 가장 귀하고 비싼 향신료인 정향과 육두구였다. 몰루카제도로 잠입해서 이 수종을 얻어오면 좋겠지만 뒤플렉스(프랑스령 인도 식민지의 총독)는 그의 계획을 위해 배를 빌려주는 것을 거절했다. 혹시 필리핀에서 그것을 구할 수 있을지 모른다고 생각한 그는 마닐라를 방문했지만 원하는 것을 얻지 못했다.

이런 각별한 노력을 기울이는 와중에 1753년에 아마도 밀수를 통해 흘러나온 다섯 개의 육두구 모종과 싹을 틔울 수 있는 육두구 열매 그리고 정향나무 몇 그루를 얻어 모리셔스에 돌아왔다. 그는 이 귀한 실험 작물들을 이 섬의 원예가인 퓌제오블레Fusée-Aublet에게 맡기고 그 자신은 다시 몰루카제도를 직접 찾아가보고자 했다. 목적지에는 이르지 못했지만 대신 찾아간 티모르섬에서 육두구 나무를 얻고 3천 개의

파리식물원의 명상에 잠긴 베르나
르댕 드 생 피에르 동상.

육두구 열매를 비롯한 수많은 열대작물의 종자를 얻는 성과를 올렸다.
그런데 모리셔스에 돌아와보니 이게 웬일인가? 지난번에 맡겼던 종자
이식 사업이 완전히 실패로 돌아가 있었다. 퓌제오블레가 산(酸)을 푼
뜨거운 물을 부어서 그 어렵게 구한 작물들을 일부러 죽인 것이다. 질
투 때문인지 혹은 증오의 결과인지, 왜 이런 일을 저질렀는지는 명백
히 밝혀지지 않았지만 푸아브르는 격노하여 프랑스로 돌아갔다.

　리옹에서 그는 여러 아카데미에 초빙받으며 존경받는 학자로서 지냈
다. 그리고 국왕 루이 15세로부터 작위도 받고 상여금 2만 리브르를 받
아 10년 동안 유복한 삶을 살았다. 더구나 이 시기에 프랑수아즈 로뱅
이라는 아름다운 여인을 부인으로 맞았다. 그러나 평온했던 그의 삶에
다시 변화가 찾아왔다. 당시 프랑스동인도회사가 파산하여 식민자치령
들이 국가로 귀속됐는데, 외무부 장관인 에티엔 프랑수아 드 슈아죌이

그에게 밀사를 보내 모리셔스섬과 부르봉섬의 총독 직을 맡아달라고 부탁한 것이다.

1767년 푸아브르 부부는 모리셔스로 향했다. 이곳에는 유명한 작가 베르나르댕 드 생 피에르(1737~1814)도 와 있었다. 문제는 이 작가가 푸아브르의 젊은 부인에 홀딱 반해 열정적인 편지를 보낸다는 것이었다. 푸아브르는 할 수 없이 작가 선생님을 프랑스 본국으로 정중히 보내드렸다. 후일 이 작가는 『폴과 비르지니』라는 흥미로운 작품을 출판했다. 절해고도로 그려지는 모리셔스섬에서 고아로 자란 두 소년소녀가 순결한 사랑을 하다가 프랑스 상층계급의 인위적이고 잘못된 감정으로 인해 타락한다는 내용의 이 소설은 계몽주의 시대의 이상적인 자연 개념을 표현한 중요 작품으로 거론되는데, 분명 그 자신의 연애 경험이 이 소설의 착상에 작용했을 것이다.

푸아브르는 본격적으로 자신의 계획에 착수했다. 무엇보다 급한 일은 육두구와 정향나무를 구하는 것이므로, 두 척의 배를 몰루카제도에 보냈다. 네덜란드인들의 지나친 압제에 고통받던 현지 주민들은 적극적으로 프랑스인들에게 협조했다. 파타니섬 영주가 육두구 나무와 정향나무를 보낸 것을 시작으로, 몰루카제도 주민들의 협력을 얻어 나무와 종자를 계속 구해가지고 왔다. 이제 이식 실험 재료는 충분했다. 물 대신 산을 들이붓는 못된 원예인은 이미 옛날에 해고했다. 푸아브르는 신중을 기하기 위해 부르봉, 세이셸, 모리셔스, 심지어 남아메리카의 프랑스령 기아나섬에까지 분산해서 이식 실험을 했다. 드디어 1778년 모리셔스섬에서 육두구를 처음 수확했다. 프랑스 식민지에서 최초로 자체 생산해낸 이 육두구는 루이 16세에게 헌상했다.

그는 모리셔스섬에 거주하는 동안 몽플레지르Mon Plaisir('내 기쁨')

라는 관저에 팡플무스Pamplemousse(왕귤나무)라는 이름의 식물원을 만들었다. 그리고 각 대륙에서 들여온 희귀한 식물들을 심고 정성으로 키웠다. 후일 이 정원은 프랑스 국왕에게 매도했는데, 아직까지도 이곳은 세계에서 가장 아름다운 정원 중 하나로 정평이 나 있다. 이 아름다운 이국풍 정원은 기실 식물 자원의 씨도둑질의 상징이라 할 수 있다. 푸아브르는 이곳에서 5년 동안 지내다가 리옹으로 되돌아가서 1786년 70세로 사망했다.

: 남은 사람들 이야기

남은 사람들의 이야기는 이렇게 이어진다. 푸아브르의 젊고 아름다운 부인은 남편의 업적을 널리 알리기 위해 노력을 아끼지 않았다. 그러던 중 피에르 사뮈엘 뒤퐁이 푸아브르의 전기를 쓰기 위해 부인과 접촉했다. 뒤퐁은 유명한 프랑스 중농주의자인 프랑수아 케네(1694~1774)의 제자로서 앙시앵레짐 말기 프랑스의 경제개혁에 참여하기도 했는데, 작위를 받아 성이 뒤퐁 드 느무르가 됐다. 푸아브르의 부인은 죽은 남편의 일을 열심히 홍보해주는 이 유명한 경제학자와 함께 일하다가 결국 사랑에 빠져 결혼했다! 얼마 후 프랑스혁명이 일어나자 두 사람은 미국으로 피신했다. 그들 사이에 태어난 이레네 뒤퐁 드 느무르는 유명한 화학자 앙투안 로랑 드 라부아지에(1743~1794)의 제자였다가 후일 미국에 화약 제조회사를 차려서 큰 성공을 거두었다. 이 회사는 오늘날 세계 2위의 화학공업 회사로 성장한 듀폰DuPont 기업이 됐다.

한편 18세기 내내 지속된 이식 재배 실험 결과 많은 향신료가 원산지를 벗어나 다른 지역으로 많이 확산됐다. 정향나무의 경우 네덜란드가 독점하던 몰루카제도에서 벗어나 프랑스령 식민지 섬들로 퍼져갔고, 이곳으로부터 또다시 다른 지역들로 퍼져갔다. 19세기에는 영국도 가담해서 정향이 말레이반도로 이식됐고, 아프리카 동해안의 섬 잔지바르에도 심어졌다.

귀하디귀한 향신료들은 푸아브르 같은 '고상한 씨도둑'들이 들인 각고의 노력 끝에 세계 각지로 퍼져갔고 그 결과 생산도 크게 늘어서, 역설적으로 지금은 과히 비싸지 않은 물품으로 변모했다. 요즘 누가 후추나 정향 같은 양념을 두고 천국의 열매, 신비하고 성스러운 물품이라 생각하겠는가. 이렇게 해서 최고급 사치품들은 대중소비품이 됐다.

육두구와 정향

육두구와 정향은 우리에게는 낯선 향신료다. 중세에 이 향신료들은 몰루카제도에서 생산되어 말라카로 보내지고, 그곳에서 인도를 거쳐 페르시아나 아랍 지역으로 그리고 다시 낙타 대상을 통해 지중해 동부 지역으로 갔다가 그곳에서 지중해를 넘어 프랑스나 독일 등지로 팔려갔다. 그러니 값이 쌀 수가 없었다. 운송비와 지나는 지역마다 관세가 붙었기 때문이다. 중세에 육두구 1파운드는 양 세 마리 값이었다. 이 상품들은 주로 몰루카제도에서 나고 다른 지역에서는 거의 자라지 않았다. 17세기 이후 네덜란드는 이 지역을 정복한 다음 무자비한 독점 정책을 폈다. 너무 많은 양이 생산되면 가격이 하락하므로 잉여분은 아예 불태워버렸다. 이때 가난한 사람들이 열매 몇 개를 주웠다가 그 자리에서 교수형에 처해진 다음에는 누구도 감히 그런 시도를 하지 못했다.

육두구는 키가 큰 나무에서 살구 비슷한 열매가 난다. 다 익으면 둘로 갈라져서 씨가 보인다. 씨를 둘러싼 새빨간 껍질을 분리해서 잘 말리면 황갈색으로 변하면서 짙은 향기를 낸다. 이것을 메이스mace라 한다. 그리고 씨 역시 햇볕에 말렸다가 망치로 깨면 아몬드 같은 게 나오는데 이것이 육두구다. 이 두 가지 모두 짙은 향을 낸다. 이런 이국적인 향신료가 유럽에 처음 들어왔을 때에는 만병통치약으로 알려졌다.

루이 르메리 박사의 『음식 개론』(1702)에는 그 약효를 이렇게 설명하고 있다.

육두구와 메이스.

> 육두구는 소화를 돕고, 심장과 두뇌와 위를 튼튼하게 하며, 장내에 가스가
> 차지 않도록 한다. 여성의 월경을 원활하게 해주고 호흡을 부드럽게 한다.

이런 약효는 나중에 다 부정되고, 단지 식도락 용도만 남게 됐다. 18세기에 유럽에서는 육두구가 인기 절정이었다. 이때에는 모든 고급 음식에 육두구가 들어갔다. 육두구는 미리 갈아놓으면 향이 날아가 버리므로 식사하는 자리에서 바로 강판에 갈아서 사용할 것을 권했다. 그래서 식탁에는 미리 강판을 준비해 놓았다.

몰루카제도에서 생산되는 또 다른 향신료인 정향은 꽃대 부분을 사용한다. 식물 중에 식재료로 쓰이는 부분은 대개 나무껍질, 잎, 꽃, 열매, 씨같은 것들이다. 아마도 꽃대가 쓰이기로는 정향이 거의 유일한 사례일 것이다. 이 꽃대가 한자 고무래 정丁 자 비슷하다고 해서 정향이라고 부른다. 유럽인들은 정향이 못과 비슷하다고 생각하여 이름을 그런 식으로 지었다. 영어의 clove는 불어 clou(못)에서 유래했다.

정향은 요리 외에도 특별한 용도로 쓰인다. 원산지인 인도네시아에서는 정향을 담배에 섞어서 피운다. 중국에서는 황제를 알현하는 관리들이 입에 정향을 물고 이야기를 해서 입안의 구취를 없애는 것으로 알려져 있다. 여기에는 실상 과학적인 근거가 있다. 정향 냄새를 맡으면 불현듯 치과 생각이 난다는 사람들이 있는데, 정향에는 치과에서 사용하는 구강 소독제와 같은 성분이 들어 있다. 유럽에는 4세기경에 아랍 상인의 무역을 통해 정향이 처음 전해진 것으로 보인다. 정향은 육두구보다도 몇 배 더 비싼 물품이었다.

우리나라에서는 이런 물품들이 일상적으로 많이 사용되지 않으므로 사람들이 잘 알지 못하고 실물을 본 사람도 드물다. 수업 시간 중에 혹시 정향을 본 사람이 있는지 물어보니 한 학생만 손을 들었다. 그 학생은 서양 요리를 만드는 것이 취미라고 한다. 정향은 맛과 향이 얼얼하게 강한 편인데, 다른 강한 향신료와 잘 어울리는 성격 때문에 동서양 요리 모두에서 혼합 향신료를 구성하는 데에 애용된다. 정향은 인도의 마살라, 중국의 혼합 향신료 등에 꼭 들어가는 요소다. 예컨대 오향장육을 만드는 데 사용되는 오향五香에는 일반적으로 팔각八角(Star Anise, 아니스), 화조(후추 종류), 계피, 진피(귤 종류 식물의 과피 말린 것)와 함께 반드시 정향이 쓰인다. 그렇지만 요릿집마다 종류가 조금 다를 수 있고, 구성 비율은 요리사 개인의 비밀이므로, 오향장육이나 오향족발 전문 집마다 맛이 모두 다른 게 그 때문이다.

제3부

장벽을 넘다

페스트

온 세상에 드리운 죽음의 그림자

모든 교회마다 물이 나오는 수준까지 아주 깊이 구덩이를 팠다. 그리고 간밤에 죽은 가난한 사람들을 재빠르게 천으로 싸서 구덩이에 던져 넣고 삽으로 흙을 약간 퍼서 끼어었다. 그 위에 다른 시체들을 마찬가지 방식으로 놓아 여러 층을 만드는데 마치 여러 겹의 파스타와 치즈로 라자냐를 만드는 것 같다.

페스트가 맹위를 떨친 1348년 여름 피렌체에 살았던 연대기 작가 마르코 디 코코 스테파니의 기록이다.

인류 역사는 인간의 삶만으로 이루어지는 게 아니라 지구상의 생물들 역시 동참한다. 때로는 병균이 중요한 역할을 했다. 윌리엄 맥닐이라는 역사가는 특히 이 현상에 주목하여 인류사는 매크로—기생(인간이 인간을 착취하는 현상)과 마이크로—기생(병균이 인간에게 일으키는 병리 현상)이라는 두 차원에서 보아야 한다고 주장했다.

대체로 한 문명권은 그 자체의 병과 치료책을 가진 하나의 독자적인 질병권을 이루고 있었다. 그런데 인간세계 사이의 소통이 활발해지면서 병균들도 따라서 전 세계로 퍼져갔다. 때로 한 병이 전 지구적으로 확산되는 일도 일어난다. 14세기에 전 세계를 충격으로 몰아넣은 페스트가 대표적인 사례다. '흑사병黑死病'은 이름 그대로 전 세계에 어두운 죽음의 그림자를 짙게 드리웠다.

역사상 인류에 가장 큰 피해를 입힌 질병은 무엇일까? 여러 가능한 답들이 있겠지만 14세기에 유라시아 대륙을 강타한 페스트도 유력한 후보 중 하나다. 유럽에서는 1347년에 이 역병이 처음 발병한 후 무서운 속도로 퍼져 1352년이 되면 이베리아반도로부터 모스크바에 이르는 전 지역에 유행했고, 지역에 따라 인구의 3분의 1에서 절반까지 사라지는 참혹한 결과를 가져왔다. 그 후 이 병은 유럽에 아예 정착하여 1720년경까지 주기적으로 발병했다. 그러니까 이 병은 14세기 첫 유행 당시 단기적으로 엄청난 피해를 준 것만 아니라 장기적으로 지속적인 피해를 입힌 사실도 눈여겨보아야 한다.

인구 자료를 엄밀하게 추적한 실증 연구에 의하면 노르망디 지방에서는 1340년부터 1460년까지 인구가 70퍼센트나 감소했다! 인구 감소로 인한 폐촌廢村(lost village) 현상도 심각했다. 독일 지역에서는 페스트 이전에 17만 개의 마을이 존재했지만 1500년에는 13만 개만 남았다. 프랑스에서도 약 1만 개의 마을이 일시적으로 없어졌고, 2천 개는 영원히 사라졌다.

물론 사람들이 속수무책의 상태로 있지만은 않았다. 인구 집단은 대개 자체 복원 경향을 보인다. 부르고뉴 지방의 지브리라는 마을에 대한 연구를 보면, 1348년 여름과 가을 동안 마을 주민의 절반이 사망했는데, 그다음 해 결혼이 평소보다 10배나 증가했다. 그러니까 페스트는 적어도 일시적으로 사회적인 관례나 관습, 심성도 변화시켰다.

ː 페스트의 정체

역사상 등장한 질병의 정체에 대해서는 당연히 정확한 판단이 힘들지만, 오늘날에는 페스트를 일으키는 박테리아Yersinia pestis(1894년에 알렉상드르 예르생이라는 세균학자가 홍콩에서 발견해냈다)의 정체가 밝혀졌다. 이 병은 14세기에 처음 나타난 것이 아니라 아주 오래전부터 존재했던 질병이라는 것이 정설이다. 아마도 인류는 2만 년 전부터 이 병을 앓았던 것 같다. 특히 서기 6~7세기에 유럽에서 크게 유행했던 적이 있는데, 비잔티움제국의 유스티니아누스 황제 당시 발병했고 또 황제 자신도 이 병에 걸렸다가 회복한 일이 있기 때문에 이 시기의 페스트는 특히 '유스티니아누스 페스트(유스티니아누스 역병)'라고도 부른다.*

그렇다면 14세기에 유럽을 강타한 페스트, 일명 흑사병Black Death은 어디에서 유래한 것일까?

당대 기록들은 대개 인도나 중국을 발생지로 지목하고 있다. 누구

---

* 페스트에 대한 의학적 혹은 의학사적 규명이 완전한 것은 물론 아니며, 여전히 논란의 대상이 되고 있다. 2002년에 새뮤얼 콘(1921~2010)이라는 학자가 '흑사병' 현상이 과연 지금까지 믿고 있는 대로 선腺페스트bubonic plague에 의한 것인지에 대해 강한 의문을 제기하는 책을 출판하여 다시금 논란을 촉발했다. 그런데 2010년 국제 전문가 팀이 5개국의 중세 매장지에서 페스트균Yersinia pestis을 확인했고, 이로 인해 기존 정설이 다시 확인된 것으로 받아들여졌다. 그렇다고 이 문제가 완전히 해결된 것은 아니며 새로운 증거와 함께 다시 논란이 제기될 가능성이 여전히 남아 있다.

투르네 지방에서 페스트로 죽은 시체를 묻는 모습.

도 정확한 사실을 알 수는 없지만 많은 전문가가 이 병이 중국에서 처음 발생하지 않았을까 짐작한다. 중국에서는 1331년에 페스트가 퍼져 말로 형언하기 힘든 피해를 입었다. 학자들은 1331년부터 1393년까지 중국 인구의 3분의 1 정도가 사망해서, 1억 2500만 명이었던 인구가 9000만 명으로 줄었을 것으로 추산한다.

중국에서 시작된 이 병은 곧 이웃 지역들로 퍼져갔다. 1338년 중앙아시아에서 발병한 것이 확인됐고, 곧 동서 교역로를 따라 지중해 지역으로 향해갔다. 그러고는 사람의 이동 경로를 그대로 따라서 사마르칸트 같은 대상 무역의 중간 지점들을 거쳐 1346년에는 흑해에 도착했다. 여기에서 전설적인 '생물학전生物學戰' 이야기가 전해온다. 흑해 연안의 카파(오늘날 우크라이나의 페오도시야)는 제노바 상인들의 동

프랑스 마르티그 지방의 1720~1721년 페스트 사망자 집단 매장지.

방 무역의 주요 거점이었는데, 이해에 몽골 군대에 포위당해 있었다. 그런데 몽골군 안에 페스트 환자가 발병하여 더 이상 군대의 주둔과 전투가 힘들어지자 이들은 투석기를 이용하여 페스트로 죽은 사람의 시체를 성안에 던져 넣었다고 한다. 당시의 연대기 기록에 나오는 이 내용이 과연 사실인지 논란이 되고 있지만, 분명한 것은 이 시점에서 카파를 비롯한 흑해 연안 지역에 페스트가 발병해 있었고, 교역을 하기 위해 이 지역을 왕래하던 유럽 선박을 통해 페스트가 지중해 방면으로 유입됐다는 점이다.

페스트균이 묻은 채 흑해 연안 지역에서 출발한 선박은 비잔티움 제국의 수도인 콘스탄티노플 주변의 항구에 들렀다가 그리스, 에게해의 여러 섬, 키프로스, 크레타 그리고 이집트의 알렉산드리아 등지에 균을 뿌렸다. 공포에 싸인 제노바는 카파에서 출발한 선박의 입항을 거부했다. 이 선박들은 할 수 없이 마르세유를 향해갔는데, 1347년 11월에 이 도시는 입항을 허락해주었다. 이런 부주의의 결과는 참혹

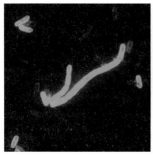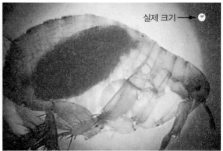

실제 크기 ➤

페스트균(왼쪽)과 페스트균을 옮기는 쥐벼룩(오른쪽).

했다. 병이 어찌나 맹렬하게 퍼졌는지, 이 도시의 어느 거리에서는 주민 전원이 몰살당했다. 곧 이웃한 랑그도크, 프로방스 지역으로 퍼진 병은 해를 넘기면서 몽펠리에, 카르카손 같은 남부 프랑스의 도시와 피렌체, 로마 등 이탈리아 도시로 퍼져갔고, 영국, 아일랜드, 네덜란드를 향해 북상했다. 1350년에는 스칸디나비아에 도착했고 1352년에는 모스크바에까지 들어간 다음 다시 이곳에서 키예프 등 남쪽 지방으로 퍼져갔다. 실로 가공할 전염의 연대기라 할 것이다.

이 병의 전파에는 쥐, 쥐벼룩, 병균 그리고 사람 사이의 관계가 복잡하게 얽혀 있다. 어떤 쥐와 어떤 벼룩이 병을 옮긴 것이냐를 놓고 학계에서 논란이 많았으나, 현재 정설은 이런 식이다. 14세기 유럽에는 사람 사는 곳 어디에서나 '검은쥐Rattus rattus'가 득시글거렸다. 이 쥐들이 먼저 페스트 병균에 감염되어 대량으로 죽었다. 숙주가 죽자 이 쥐들에 기생하던 벼룩들이 뛰쳐나와 사람에게 옮겨붙었다. 이 벼룩들은 페스트균에 감염된 쥐의 피를 빨아서 병균을 보유한 상태였으므로 곧 사람에게 그 균을 옮겼다.

페스트는 가래톳페스트, 폐페스트, 패혈증페스트 등 세 종류가 있다. 가장 일반적인 것은 가래톳페스트로서, 페스트균이 들어간 부위의 림프절이 부어오르는 가래톳이 생겨나는 것이 특징이다. 적당한 치료가 이루어지지 않으면 곧 치명적인 상태로 급속히 진행되어 죽음에 이를 수 있다. 일부는 일반적인 패혈증 증세를 보이는 페스트로도 나타나지만, 가장 위독한 것은 폐렴성 증상이 나타나는 폐페스트다. 이 병은 잠복기가 아주 짧아서 환자는 수 시간에서 사흘 안에 급작스럽게 증세가 나타나 심각한 상태에 빠진다. 폐페스트의 가장 큰 문제점은 공기로도 병이 옮아서 급속한 전염을 일으킨다는 것이다. 아마도 14세기에는 이 타입의 페스트가 함께 퍼져서 피해가 더 컸을 것으로 보인다.

ː 페스트에 대한 대응

당시 의학 수준에서는 이 병에 대한 정확한 이해가 불가능했다. 프랑스 국왕 필립 6세가 파리대학교에 이 병의 원인을 조사해보라고 의뢰했을 때 의대 교수들은 공기 오염 때문이라고 답했다. 의사들이 설명한 공기 오염의 원인은 이런 식이다.

이 역병의 원인은 천체의 배치에서 찾을 수 있다. 1345년 3월 20일 정오 지나서 한 시간이 지난 뒤 세 개의 별이 물병자리에 들어갔다. 이것이 우리 주변의 공기를 치명적으로 오염시켜서 죽음과 기근을 초래했다. 목성은 습하면서 뜨거우므로 땅의 사악한 수증기를 불러일으키고, 화성은 극히 뜨겁고 건조하므로 이 수증기를 불태워서 그 결과 번

페스트를 막으려는 수도사들의 행진.

개, 방전, 사악한 증기와 불이 공기 중에 가득하게 됐다.

병의 원인을 알 수 없으니 치료책 역시 제대로 마련할 수 없었다. 당시 의사의 처방은 이런 식이다.

일곱 살 이상의 모든 사람은 매일 공복 상태에서 토해야 하며, 일주일에 두 번씩, 혹은 필요하다면 그 이상으로 따뜻한 침대에 이불을 잘 덮고 따뜻한 진저에일을 마셔서 땀을 흠뻑 내야 한다.

이런 조치는 환자가 있는 방의 환기를 막아서 오히려 역효과를 냈을 것이다. 방역 대책도 풀이나 향기 좋은 나무를 태워서 공기를 정화하는 수준이었다.* 의사를 비롯한 식자층은 과거의 의학 이론에만 매달려서 공기와 관련된 설명에 의존했지만, 오히려 일반 대중들은 이

페스트 병에 대한 묘사로 이야기를 시작하는 보카치오의 소설 『데카메론』.

병이 전염성이라는 사실을 직감적으로 알았다. 그래서 병에 걸린 지역을 빠져나와 안전한 곳으로 피신하려고 했는데, 결과적으로는 이것이 병의 확산을 부채질했으리라는 것을 쉽게 짐작할 수 있다. 이탈리아 소설가 지오바니 보카치오의 『데카메론』은 1348년 피렌체에 이 병이 들이닥쳐서 수많은 사람이 죽어갔을 때의 상황을 배경으로 한 작품이다. 이 병을 피하기 위해 10명의 청춘남녀가 교외의 별장에 피신했다가 무료함을 달래기 위해 서로 돌아가며 이야기를 한다는 것이 이 소설의 구성이다. 당시 이 병의 사망률이 얼마나 높았는지 이 소설은 이렇게 증언하고 있다.

---

* 단, 최근 이와는 다른 의견을 제시하는 연구들도 진행되고 있다는 점을 아울러 언급할 필요가 있다. 흔히 중세에는 의학적으로 무지한 상태에 있어 당국의 조치가 완전히 무용했다고 주장하지만, 르네상스 시기 이탈리아의 병원들이 상당히 의미 있는 의료 서비스를 제공했다는 연구 결과도 나오고 있다.

이 병에는 어느 의사의 진단도, 어떤 약도 소용없었다. 병이 낫는 사람은 극히 드물었으며, 조금 늦고 빠른 차이는 있지만 대개 사흘 안에 죽었다.

병의 원인을 알 수 없는 가운데 막대한 피해가 지속되자 사람들은 이 병에 대해 도덕적·종교적 해석에 매달렸다. 교회는 추상적이고 모호하기 짝이 없는 처방을 내놓았다.

자신이 행한 죄들에 대한 통렬한 혐오감을 가능한 한 많이 모으고 또 같은 양의 회개도 모아서 그 둘을 눈물로 잘 버무려 고약을 만든다. 그 다음에는 꾸밈없이 정직한 고백을 토하게 하는데 그러면 죄의 치명적 독성으로부터 벗어나고 악덕의 종기가 완전히 녹아서 사라지게 된다.

이 병은 인간의 죄를 벌하려는 하느님의 뜻으로 해석됐다. 아라공에서는 놀음, 저주와 욕설(하느님을 들먹이며 욕을 하기 때문에 신의 진노를 샀다는 해석이다), 일요일의 노동, 화려한 의복 착용을 금지시켰다. 가톨릭교회에서는 전염병에 특히 '기도발'이 좋다고 알려진 로크 Roch(Rocco) 성인에 대한 숭배가 퍼졌다. 병을 낫게 하기 위해 성지순례도 늘었으나, 이것이 전염병 확산을 가져온다는 사실을 깨달은 교황청에서 만류해야 했다.

스페인 갈리시아 지방 캄바도스에 있는 성프란체스코성당의 로크 성인과 개. 로크 성인은 페스트를 낫게 하는 신성한 힘을 가졌다고 숭배됐다.

채찍질 고행자(왼쪽)와 죽음의 무도(오른쪽).

: 육체의 병, 사회의 병

종교적 대응은 그렇다 치더라도 점차 병적이고 비정상적인 행태가 증가했다. 회개를 통해 신의 분노를 풀어야 한다는 뜻에서 채찍질 고행자들flagellant의 행진이 다시 등장했다. 이 사람들은 남녀노소 할 것 없이 모두 흰옷을 입고 하늘을 향해 통곡하며 채찍으로 자기 몸을 후려치면서 한 마을에서 다른 마을로 행진해가는데, 그때마다 사람들의 수가 계속 불어났다. 원래 이런 채찍질 고행의 관행은 13세기에 유행했던 적이 있는데, 페스트 시기에 이탈리아를 중심으로 다시 등장하여 중부 유럽으로 확산됐다.

자신의 죄에 대한 회개는 그나마 나은 편이지만, 병의 원인을 다른 사람의 죄로 돌리면 문제가 더 심각해진다. 이 시기에는 유대인, 이방인, 유랑 걸인, 순례자, 이교도, 나병 환자 등에 대한 공격이 급증했다. 무엇보다 유대인들이 우물에 독을 풀어서 병이 퍼졌다는 유언비어가 퍼지면서 가혹한 유대인 학살 사건들이 일어났다. 1348년 스트라스부르에서는 900명 가까운 유대인들이 불에 타서 죽었다.

독일에서는 수천 명의 기독교
도가 무차별적으로 유대인들을
살해하거나 산 채로 불태웠다. 이
때 유대인 여인들은 자기 아이들
이 기독교 세례를 받도록 하느니
차라리 불속에 던져 넣었고 그다
음에는 자기 몸을 던져서 남편과
아이 뒤를 따랐다.

이런 참혹한 재앙을 겪으면서
유럽은 정신적으로 격변을 겪지
않을 수 없었다. 사람들은 대개 죽
음의 강박관념에 사로잡혔다. '죽

1347~1351년 유럽을 휩쓸었던 페스트는 전
유럽 인구의 25~45퍼센트의 목숨을 앗아
갔다. 일부 지역에서는 페스트 발병에 대한
책임을 물어 유대인을 대량 학살했다.

음의 무도'라는 주제의 회화와 문학, 혹은 벌레가 갉아먹어 살이 벗겨
지고 뼈가 드러나는 시체의 모습을 강조하는 트란지transi가 유행했다.
죽은 사람들을 위해 명복을 비는 미사를 많이 드리게 되면서 교회가
이전보다 더 큰 힘을 얻었다. 가족을 잃은 슬픔을 위안해주고 더 강력
한 유대를 보장해주는 의미에서 성모 숭배가 확산됐으며, 그 과정에
서 성가족과 요셉에 대한 찬미도 늘어났다. 세례명에서도 이런 변화
가 눈에 띈다. 이제는 예수의 사랑을 받은 성인들의 이름을 선호해서,
당시 프랑스와 이탈리아 사람들의 절반이 피에르Pierre(원래 베드로를
의미하는 이름으로 각 언어에 따라 Pietro, Pierro, Peter, Pyotre 등이 된다)
와 장Jean(곧 요한을 가리키며 Jan, Johan, John, Hans 등이 된다)이라 불
렸다. 사람마다 따로 수호천사가 있다는 믿음도 특히 이때부터 강화

됐다.

14세기에는 그야말로 온 세상이 병들어 고통받고 있었다. 왜 이때 갑자기 범세계적인 질병이 발생했을까?

이 문제에 대해 가장 권위 있는 가설을 세운 역사학자 윌리엄 맥닐의 주장에 의하면 이 현상은 몽골제국의 건설과 관련이 있다. 몽골 전사들이 유라시아 대륙의 광범위한 지역들을 정복하고 또 제국의 질서하에 세계적인 교역 체계가 활성화되면서 이 병이 세계적으로 확산됐다는 것이다. 사람들의 활발한 이동으로 말과 낙타, 배를 통해 쥐와 벼룩 그리고 병균도 그와 함께 세계 여행을 하게 됐기 때문이다. 전쟁, 교역, 전도 등 인간 활동의 세계화는 곧 질병의 세계화를 불러왔다. 페스트만이 아니다. 이후 인류의 역사에는 천연두, 콜레라, 발진티푸스로부터 오늘날의 에볼라에 이르기까지 많은 세계적 유행병 pandemic을 껴안게 됐다. 그리고 대개 육체의 병이 동시에 사회 전체를 병들게 했다는 데에서 더 큰 문제점을 찾을 수 있다.

콜레라

세계화 시대의 병리 현상

문자 그대로 지구적 차원으로 퍼진 최초의 전염병은 콜레라였다. 19세기에 인도에서 시작된 이 병은 기차와 기선을 타고 동으로 또 서로 급속히 퍼져 세계인을 위협했다. 이 병은 그야말로 현대 세계의 시작과 함께 등장한 질병이었다. 산업화로 인해 프롤레타리아가 몰려 살게 된 도시의 더러운 환경에서 이 병이 싹텄고, 현대적인 교통 기술의 발전으로 인해 빠른 속도로 광범위하게 확산되어갔으며, 결국 현대 과학의 성과를 이용한 국가 정책으로 이 병을 통제했다.

병은 단지 육체적 현상만이 아니다. 병은 사람들의 마음과 사회의 문화에 마저 침윤된다. 콜레라는 더럽고 비참한 병이었다. 하층민들이 주로 걸려 죽지만 고상한 상층 사람들까지 위험에 빠트리는 병, 인도와 같은 열대의 빈곤 국가에서 나와 서양의 선진 국가들로 침범하는 후진국 병이라는 이미지가 만들어졌다.

현대 세계의 서막과 함께 등장한 콜레라는 그 자체가 세계화의 병리 현상을 가장 잘 드러내는 실제 병이자 '은유로서의 병'이었다.

벌써 몇 년 전부터 인도의 콜레라가 점점 더 넓게 퍼지며 곳곳으로 옮겨 다니는 경향을 보이고 있었다. 전염병은 갠지스강 삼각주의 따뜻한 습지에서 생겨났다. 사람들이 피하고, 대나무 숲에 호랑이가 웅크리고 있는 황량한 섬의 울창하고 쓸모없는 원시림에서 전염병이 악마 같은 숨결과 함께 발생해, 북인도 전역에서 오랫동안 이례적으로 맹위를 떨쳤다. 그것이 동쪽으로는 중국까지 번져 나갔고, 서쪽으로는 아프가니스탄과 페르시아로 확산됐다. 그리고 대상隊商의 주요 교통로를 따라 끔찍한 공포의 대상이 아스트라칸까지, 그러니까 심지어 러시아까지 퍼져 나갔다. 하지만 그 망령이 거기서 육로로 들어올까봐 유럽이 공포에 떨고 있는 동안, 시리아의 상선에 딸려 바다를 건너와서 지중해의 여러 항구에 거의 동시다발적으로 나타났던 것이다.…

병에서 회복되는 경우는 드물어, 100명이 병에 걸리면 80명은 사망했는데, 그것도 끔찍하게 종말을 맞이했다. 병이 극단적일 정도로 난폭하게 들이닥쳐, '건조증'이라 불리는 지극히 위험한 형태를 보이는 경우가 빈번했다. 이 경우에 병에 걸린 육체는 혈관에서 다량으로 분비되는 수분을 전혀 배출할 수 없게 된다. 그러면 몇 시간 만에 바짝 말라버린 환자는 역청처럼 끈적끈적해진 피 때문에 경련을 일으키고 목이 잠겨 한탄하며 질식해 죽게 된다.

_토마스 만, 홍성광 옮김, 『베네치아에서의 죽음』, 열린책들, pp.300~301.

전염병이 문자 그대로 전 지구상에 퍼진 역사상 첫 번째 사례는 아마도 콜레라일 것이다. 이 병은 19세기 초 인도에서 처음 발병한 뒤 당시 발달하던 기선과 기차와 같은 혁신적인 교통수단을 이용해 빠른 속도로 퍼져갔다. 처음에는 동남아시아와 한국, 중국, 일본 등지로만 퍼져갔으나 그다음부터는 아프리카와 유럽, 아메리카 등 세계 각지로 무서운 속도로 전파됐다.

: 콜레라의 공포

이 병은 19세기 사람들에게는 가장 두려운 존재였다. 병세가 어찌나 심한지 아침에 병균에 감염되면 해질녘에 극심한 고통 속에 죽을 수도 있었다. 급작스러운 위경련, 극심한 설사, 구토, 고열이 주요 증상으로서, 병에 걸리면 얼굴이 핼쑥하게 변형되는 데다가 모세혈관 파열로 얼굴빛이 검푸르게 변했다. 멀쩡하던 사람이 반나절 만에 이런 처참한 모습으로 갑자기 죽음에 이르게 되니 사람들이 극심한 공포에 싸이는 것은 당연했다. 19세기 말이 되기까지는 이 병에 대한 아무런 대책을 마련할 수 없었기 때문에 사람들의 두려움은 극에 달했다. 당시 이 병의 사망률은 적게는 20퍼센트에서 많게는 50퍼센트에 이르렀다.

현대 의학에서는 이 병의 원인이 분명하게 밝혀져 있다. 콜레라의 원인균은 비브리오 콜레라Vibrio Cholerae라는 쉼표(,) 모양의 균으로서 진동하는vibrate 모습에서 그 이름vibrio을 얻었다. 이 균이 인체에 침입하면 6시간에서 5일간의 잠복 기간을 거쳐 소장에서 콜레라 독소를 증식시킨다. 초기에는 설사가 시작되며, 심할 경우 쌀뜨물 같은 설사와 구토, 발열, 복통이 동반된다. 대부분 과도한 설사로 인한 탈수로 신체의 수분량이 치명적인 수준으로 떨어져서 사망한다. 이처럼 구토와 설사를 통해 엄청난 양의 세균이 환자의 체외로 나오는데 이것이 다시 해당 지역의 수원지로 들어가서 다른 사람들에게 병을 옮기게 된다.

20세기 후반에도 동남아시아 국가들에서 콜레라가 큰 희생을 불러왔고 우리나라 역시 마찬가지여서 내가 어릴 적에는 여름이 올 때마다 공포의 콜레라 예방주사에 시달리곤 했다. 그렇다면 요즘도 콜레라에 걸리면 맥없이 죽는 걸까? 그렇지는 않다. 요즘 대도시와 같은 의료 환경에서는 이 병에 걸렸더라도 빨리 병원에 이송하여 링거 용액만 주입하면 탈수를 막을 수 있어 최소한 죽지는 않는다(다만 교통이 불편하고 의료 서비스 접근이 힘든 섬 주민들에게 콜레라가 유행했을 때에는 심각한 상황이 벌어질 수 있다). 그리고 분명 이 병균의 독성 자체가 20세기 이후 많이 약화되어서 19세기의 소설에 등장하는 그런 공포에 찬 장면을 연출하지는 않는다.

： 세계로 퍼져간 병

콜레라의 기원에 대해서는 약간의 논란이 있지만, 1817년 인도 갠지스강 유역의 캘커타(오늘날의 콜카타)에서 처음 발생했다는 것이 정설이다. 캘커타는 수많은 인구가 밀집하여 살아가는 더러운 환경의 대도시인 데다가, 상인, 행정가, 군대, 순례자 등이 끊임없이 왕래하는 곳이며, 새로운 도로와 철도, 항로의 기착점이다. 한마디로 전염병이 발발하여 세계 각지로 퍼져나가는 데에 이상적인 환경을 두루 갖춘 곳이었다. 콜레라가 처음 발병한 이후 19세기 말까지 통상 다섯 번 혹은 여섯 번 콜레라의 세계적 확산을 거론한다. 콜레라는 19세기에 정점을 맞은 기선과 운하, 해로의 발달에 발맞추어 세계로 확산된 진정 세계화된 전염병이었는데, 주요 발병 지역 대부분이 항구도시 혹은 교통 중심지인 대도시들이라는 점에서도 이 점을 잘 알 수 있다.

콜레라의 제1차 대유행은 1817~1824년에 일어났는데, 주로 동아시아로 확산됐다. 여기에서 육로가 아닌 해로가 이 병의 주요 전파 경로라는 점을 주목할 필요가 있다. 이 병은 캘커타에서 시작되어 말라카해협을 거쳐 중국 동부 연안에 도착했고, 그다음 베이징과 중국 동북부 지방을 거쳐 1821년(순조 21) 9월 9일(음력 8월 13일)부터 우리나라 평안도 지방에 크게 유행했다. 처음 열흘 동안 1천 여 명이 사망했다가, 열흘 뒤에는 이미 전국으로 퍼져서 사망자가 수십만 명에 이른다고 보고됐다. 아마 실제 사망자는 100만 명으로 추정되는데, 이게 사실이라면 조선의 전체 인구의 10퍼센트가 한꺼번에 이 병으로 사망한 셈이다. 실로 놀라운 일이라 하지 않을 수 없다.

신사년辛巳年 괴질로 널리 알려진 이 병에 대해 정약용은 이런 기록을 남겼다.

도광道光 원년元年 신사년 가을에 이 병이 유행했다. 10일 이내에 평양에서 죽은 자가 수만 명이요, 서울 성중의 오부에서 죽은 자가 13만 명이었다(상강 이후부터 점차 고개를 숙였다). 그 증상은 혹 교장사攪腸痧 같기도 하고 전근곽란轉筋癨亂 같기도 한데 그 치료법은 알 수 없었다. 그해

NOTICE.

PREVENTIVES OF

CHOLERA!

Published by order of the Sanatory Committee, under the sanction of the
Medical Counsel.

BE TEMPERATE IN EATING & DRINKING!
Avoid Raw Vegetables and Unripe Fruit !.
Abstain from COLD WATER, when heat-
ed, and above all from Ardent Spirits,
and if habit have rendered them indispens-
able, take much less than usual.

뉴욕시 보건부의 호외 안내서(1832). 조리하지 않은 야채, 익지 않은 과일을 피
하고 가급적 찬물을 적게 마시라는 내용을 보면 콜레라의 원인과 대응책에 대
해 아직도 전혀 모르고 있음을 알 수 있다.

겨울에 엽동경이 유리창 각본 처방문을 보내왔기로 이에 기록한다.

_ 정약용, 『목민심서』, 애민 6조 괴질(신동원, 『호열자, 조선을 습격하다』, 역
사비평사, 2004, p.117에서 재인용).

1821년 8월 13일에 평안도에서 올린 계장啓狀에는 그 참상이 이렇
게 기록됐다.

평양부 성 안팎에서 지난 그믐간에 문득 괴질이 돌아 사람들이 설
사 구토하고 근육이 비틀리면서 순식간에 죽어버렸습니다. 열흘 안에
1천여 명이 죽었으나 치료할 약과 방법이 없습니다.… 이 병에 걸린
자는 열 명 중 한둘을 빼고는 모두 죽었습니다. 평안도부터 시작해 여
러 읍에 전염되는 속도가 마치 불이 번지는 것과 같았습니다.

_ 신동원, 위와 같음, pp.21~22.

다음 해인 1822년에는 일본의 나가사키長崎에서도 발병했는데, 아마도 조선을 통해서 유입된 것으로 보인다. 조선에서 두 번째로 유행했던 1859~1860년에도 약 50만 명가량이 사망한 듯하다.

동아시아 각국에서는 처음 접하는 이 질병의 정체를 파악하지 못했음에 틀림없다. 우리나라에서는 괴질怪疾(이상한 병), 여질沴疾(사악한 병), 윤질輪疾(돌림병)로 부르든지, 혹은 중국의 영향을 받아 서습곽란暑濕癨亂이라고도 불렀다. 서습暑濕이란 습한 기운을 말하며, 곽란癨亂은 음식이 체하여 토하고 설사하는 급성 위장병을 가리키니, 이 병의 원인을 전혀 모르고 있었던 것이다. 콜레라를 가리키는 '호열자'라는 말은 1895년 「호열자병소독규칙」에 처음 공식적으로 나온다. 한자로 '虎列刺'라 표현한 것은 '호랑이가 물어뜯는 듯한 고통을 주는 병'이라는 의미라 할 수도 있겠으나, 아마도 일본에서 단순 음역한 호열랄虎列剌('코레라'라고 읽는다)의 마지막 글자 剌(발랄할 랄)를 刺(찌를 자)로 잘못 옮겼을 가능성이 크다. 실제 1903년(광무 6)에 펴낸 『호열랄병예방주의서』라는 책에서는 '호열랄'로 쓰고 있다.

콜레라가 유럽에 전해졌을 때에도 사정은 크게 다르지 않았다. 제1차 대유행 당시에는 이 병이 유럽에까지 전해지지는 않았다. 그때만 해도 열대의 질병이 온대 지역으로 들어오면 맥을 못 출 것이라고 막연히 생각하고 있었다. 그러나 1830년 제2차 대유행 때 이 병이 유럽으로 상륙해 들어왔다. 처음 모스크바에 콜레라가 발병하여 사망률이 50퍼센트에 이를 정도로 큰 피해를 입힌 다음 독일과 폴란드로 전해졌고, 1832년에 선박을 타고 영국에 입성했다. 이해 런던에서는 한 달 만에 2,600명이 사망했다. 그다음에 다시 발발했을 때에는 한 달에 1만 1천 명이나 죽었다. 당시 의사나 학자들은 이 병의 정체에 대해 전혀 파악하지 못하고 있었다. 대개 널리 받아들여지는 설명은 장기瘴氣(축축하고 더운 땅에서 생기는 독한 기운)로 인해 이 병이 생긴다는 것이었다.

： 콜레라에 어떻게 대처할 것인가

병에 대해 알지 못하니 정확한 대처는 당연히 불가능했고, 따라서 피해는 엄청나게 커졌다. 당시 런던의 환경은 끔찍했다. 돼지와 닭을 치는 집이 많아 동물의 배설물이 거리를 메웠다. 각 가정은 대개 거리나 도랑으로 바로 연결된 오물 구덩이에서 하수를 처리했다. 수세식 화장실 체제가 갖추어지기 전에는 런던 곳곳에 수없이 많은 인분 구덩이가 파여 있었고, 가난한 사람들은 이를 운반하여 거름으로 팔던 상황이니, 당연히 위생은 형편없는 수준이었다. 수세식 화장실이 보급되자 이번에는 오물을 그대로 템스강으로 흘려보냈으므로, 단기적으로는 오히려 런던시의 위생을 더 엉망으로 만들어 놓았다. 런던의 하수도는 사람과 동물의 분변, 도살장 폐기물, 병원과 가죽 공장의 악취 나는 오물, 심지어 시체 같은 것들이 쏟아져 들어왔다. 이 모든 것의 종착지인 템스강이 동시에 시민들의 상수원 구실을 하고 있었다. 급격한 산업화와 도시화의 결과 수많은 사람이 이처럼 끔찍한 환경에서 빽빽하게 모여 사는 이 도시는 수인성전염병 폭발의 완벽한 조건을 갖추고 있었던 것이다.

런던만이 아니라 유럽의 대다수 지역은 콜레라에 대해 아무런 방도를 취하지 못했다. 격리 제도를 취해 보았지만 별다른 효력을 발휘

빅토르 위고의 소설 『레 미제라블』의 배경이 되기도 한 파리의 하수도. 하수도 중 일부를 파리하수도박물관으로 만들어 일반에 공개하고 있다.

하지 못하고, 다만 도시 빈민들의 물질적 궁핍을 가중시켰을 뿐이다. 런던에서는 의사들이 해부용 사체를 구하기 위해서 일부러 병을 퍼뜨려 환자를 죽였다는 비난까지 받았다. 1831년 헝가리에서 10만 명 이상이 죽자 농민들이 성을 포위하고 '독을 퍼뜨린' 의사와 장교, 귀족들을 살해했다. 파리에서도 1832년에 콜레라로 2만 명이 사망하자 폭동이 일어나 반쯤 미친 상태의 폭도들이 의사들을 공격했다. 당시 파리는 세련과는 거리가 멀어도 한참 멀어 환경적으로 지극히 더러운 곳이었다. 나폴레옹(1769~1821)이 개선 노력을 기울였으나 큰 효과를 보지 못했다. 나폴레옹 3세(재위 1852~1870) 때 가서야 많은 개선이 이루어졌는데, 현재 파리의 아름다운 큰 도로들boulevards을 만들어 낸 오스만 남작(1809~1891)의 무지막지한 도시 재건축 사업의 목적

런던의 애비밀스 하수처리 펌프장.

중 하나는 도시 위생을 개선하는 것이었다.

　콜레라는 1832년 아일랜드에 도착한 후 몬트리올과 퀘벡으로 이주하는 이민자들을 따라 대서양을 건넜고, 그곳에서 남하하여 미국의 여러 지역에 퍼졌다. 이 병은 뉴욕주 북서부에 있는 이리운하를 따라 늘어선 도시들을 덮친 다음 뉴욕을 강타했고, 조만간 멕시코에까지 퍼졌다. 한편, 메카로 순례를 떠난 사람들은 1831년 그곳을 휩쓸었던 질병을 멀리 떨어진 고향으로 옮겨갔다. 이집트 카이로에서는 전체 주민 중 약 13퍼센트가 전염병에 걸려 사망했다. 그야말로 전 세계가 콜레라로 고통을 겪었다.

　막대한 피해를 입히는 이 병은 한 국가가 사회적 위기를 맞아 어떤 식으로 대처하는지 판가름하는 기준이 됐다. 콜레라는 근대국가의 위생 시설 기반 확충과 방역 체계의 발전에 중요한 계기가 됐다. 일본만 해도 1870년대 콜레라에 대응하면서 방역 체계를 갖추기 시작했다. 이 측면에서 앞서간 나라는 영국이었다. 19세기 중반에 콜레라로 인해 엄청난 피해를 입은 후 런던의 대도시사업위원회Metropolitan Board of Works가 중심이 되어 도시위생 시설과 상하수도 체계를 건설

로베르트 코흐.

해 나갔다. 이 사업의 책임자였던 조셉 바잘게트(1819~1891)의 지휘 아래 런던 지하에 정교한 하수도망이 지어졌다. 일부 하수관은 멀리 빼서 오수를 런던 중심부에서 한참 떨어진 하류로 보냈다. 새로운 하수 처리 시설의 효과는 금방 나타났다. 1866년 콜레라가 유행했을 때 런던에서 피해를 입은 사람은 새로운 하수도망에 아직 완전히 편입되지 않은 지역의 거주자들이었다.

이후 런던은 다시는 콜레라에 시달리지 않았다. 영국의 대처 방식의 확실한 효과를 확인한 뉴욕시도 이를 본받아 보건국을 설치했고, 미국 연방정부도 이를 따랐다. 그 결과 1890년대에 콜레라가 유행했을 때 영국과 미국은 이를 피할 수 있었다. 이때에는 세균 이론이 확립되어 과학적으로 정확한 대처 방안을 강구할 수 있었다.

병이 세균을 통해 발생한다는 것은 1860~1870년대 루이 파스퇴르(1822~1895)와 로베르트 코흐(1843~1910)의 공헌으로 알려지게 됐다. 1883년 로베르트 코흐가 콜레라균을 발견한 후 상수원의 염소

소독이 이루어졌고, 1893년에 이르면 콜레라 백신이 개발되어 곧 예방 접종이 일반화됐다. 코흐는 이러한 업적을 인정받아 1905년 노벨 생리 · 의학상을 수상했다. 콜레라 퇴치의 경험은 다른 주요 세균성 질병들에도 그대로 적용됐다. 20세기에 들어와서도 콜레라의 치사율은 여전히 엄청나게 높았고, 세계 여러 지역에서 가공할 피해를 입혔지만 분명 인류는 이런 전염병들을 서서히 정복해 나갔다.

: '현대성'의 질병

콜레라는 '현대성'의 다양한 현상을 보여주는 전염병이다. 무엇보다 이 병은 유례없이 빠른 속도로 광범위하게 전파됐다. 이 점은 중세의 페스트와 비교해보면 명확해진다. 페스트 역시 유라시아의 광대한 지역에서 가공할 피해를 입혔지만, 콜레라는 그것보다도 훨씬 더 넓은 지역으로 퍼져가며 그야말로 전 지구적인 차원에서 발병했다. 페스트가 낙타를 통해 전달된 전염병이라면 콜레라는 기선과 기차의 리듬으로 전파된 병이다.

이 병은 또 유럽중심주의와 그와 관련된 콤플렉스를 노출시킨 병이었다. 인도에서 처음 발발한 이 병은 서양인들에게 지극한 공포를 안겨주었다. 유럽이 아시아에 대해 한편으로 자신들의 우월성을 느끼면서 동시에 공포를 가지게 된 중요한 계기 역시 이 병과 관련이 있다. 수잔 손택은 『은유로서의 질병』에서 유럽을 특권화된 문화적 실체로 여기는 이유는 부분적으로 콜레라가 아시아에서 유럽으로 전해졌다는 의식과도 관련이 있다고 말한다. 앞에서 인용한 토마스 만의 소설『베네치아에서의 죽음』에서 고대 그리스적인 우미優美의 극치를 완전히 무화시키는 가공할 죽음의 공포는 아시아에서 들어온 병이다. 유럽이 전에 없이 부와 권력을 쟁취했던 시점에 처음 등장한 이 병은 그러한 유럽의 우위가 외부의 위험 앞에 얼마나 무력한지 깨닫게 했다.

콜레라가 그토록 큰 피해를 가져온 것은 19세기의 상황과 직접 관련이 있다. 급속한 산업화와 도시화는 많은 인구가 한곳에 몰려 살도록 만들었다. 프롤레타리아 계층은 추악하다고 할 정도로 열악한 환경에 내몰렸다. 한마디로 콜레라는 계급 갈등의 양상을 띠었다. 부자들은 병에 잘 안 걸리고 하층민들만 무수히 희생당했기 때문이다. 이는 도덕과는 전혀 무관한 문제다. 도덕적인 불결함이 문제가 아니라 실제 위생상의 더러움이 문제였고, 특히 물과 관련된 지저분한 일을 하는 사람들이 이 병에 걸려 죽었을 뿐이다. 이 병은 19세기 사회 병리 현상을 적나라하게 노출시켰다.

사회경제적 변화가 이 병을 키웠고, 유럽 문명의 자기중심적 사고가 이 병에 대한 극도의 공포를 심어주었으며, 결국 국가가 과학기술의 힘을 이용하여 이 병을 정복해 나갔다는 점에서 콜레라는 현대 세계의 개막을 역설적으로 가장 잘 보여준 병이었다.

백색 노예

지구촌과 창녀촌

흔히 매춘부가 세계 최초의 직업 중 하나라고 한다. 그만큼 매춘은 인간 세상에서 어쩔 수 없이 벌어지는 일이라는 점을 일단 인정하기로 하자. 그러나 문제는 이 현상이 흔히 극심한 억압 아래 자행된다는 것이다. 더구나 19세기 말 20세기 초에는 그런 폭압적인 사태가 대륙 간 차원으로 확대됐다. 아르헨티나나 미국 서부 지역 혹은 남아프리카 등 남자들만 과도하게 밀집된 개발 지역에서 매춘의 수요가 생겨나고, 이를 위해 유럽의 가난한 지역 여성들을 속이거나 강제로 끌고 가는 비정한 사태가 벌어졌다.

특기할 점은 이런 더러운 사업을 주도한 세력 중 하나가 유대인이라는 것이다. 이들이 역사 내내 그런 일을 한 것은 아니다. 다만 19세기 말에 극심한 탄압을 받아 유대인들이 이민을 많이 떠나게 되는 과정에서 여건들이 맞아떨어져 이들이 유럽 내외의 매춘업을 주도하게 됐다. 제2차 세계대전 당시 유대인 학살의 엄청난 비극을 경험한 이후 유대인에 대한 비난이 부담스러운 일이 되고 자칫 반유대주의 혹은 극우로 몰릴 위험이 커져서 그 이전에 벌어진 유대인 매춘업의 실상을 제대로 지적하지 못하게 된 면이 강하다. 그렇다고 역사적 진실을 호도할 수는 없는 일이다.

유대인의 '백색 노예' 사업은 20세기 여성의 비극을 알리는 서막에 불과했다. 일제에 의한 '위안부(성노예)' 문제로부터 오늘날 활개치는 온갖 섹스 산업의 발흥까지 세계화의 이면에는 인간에 대한 심대한 억압이 도사리고 있다. 바야흐로 지구촌이 전 지구적인 창녀촌으로 변하는 슬픈 현실을 목도하게 된다.

: 흑인 노예에서 백색 노예로

19세기부터 백색 노예white slavery 혹은 백색 노예무역white slave trade 이라는 말이 사용되기 시작했다. 이는 많은 여성이 '성노예'로 전락하여 먼 지역으로 팔려가는 현상을 가리킨다. 근대 세계 최대의 비극 중 하나인 흑인 노예무역이 종언을 고해갈 무렵 새로운 종류의 노예제와 노예무역이 시작된 것이다.*

여성의 납치나 인신매매 그리고 매춘 같은 현상은 인류의 역사만큼이나 오래된 일이다. 다만 19세기부터 크게 달라진 점이 있다면 이것이 국제적인 수준으로 확대됐다는 점이다. 세계 각지로 사람들이 이동할 수 있게 된 교통 혁명이 이처럼 사악한 결과로도 귀결된 것이다. 이 시대에 남유럽과 동유럽 출신의 가난한 독신 남성들이 미국, 캐나다, 아르헨티나, 남아프리카 등 '신-유럽neo-Europe'의 개척 지역으로

---

* 백색 노예라는 말은 원래 아프리카 흑인 노예와 대비하여 백인들이 노예 상태로 떨어진 것을 가리키는 좀 더 넓은 의미였다. 그러므로 꼭 여성만 가리키는 게 아니라 유럽인 남자가 노예로 팔려가는 경우에도 이 말이 적용됐다. 또 중국계 이민자들이 중국 여성들을 데려와 매춘부 일을 시키는 것을 특정하여 백색 노예라고 부르는 수도 있고, 오스만제국의 하렘에 들어가는 여성들 혹은 아랍의 노예 거래에 대해 이 용어를 쓰기도 한다. 이 글에서는 최근 많이 거론되는 바대로 유럽계 여성이 성노예로 팔려가는 현상을 가리키는 용어로 사용할 것이다.

많이 이민을 갔는데, 이런 지역에
서는 대개 남녀 성비의 불균형이
심했고, 따라서 매춘 수요가 커질
수밖에 없었다. 자연히 그와 같은
곳으로 유럽의 가난한 여성들이
팔려가는 일이 빈번히 일어났다.

가련한 여인들은 어떻게 해서
머나먼 이국땅까지 끌려오게 됐
을까? 미국 시애틀에서 매춘 혐
의로 체포된 한 프랑스 여성의 경
우를 보면 사정을 짐작할 수 있

미국의 여성 조각가 에버스테니아 세인트 레
저 에버를(1878~1942)의 「백색 노예」(1912~
1913).

다. 원래 그녀는 파리의 한 빵가게에서 일하고 있었는데, 어느 날 두 사
람이 접근하더니 아주 유리한 일자리를 주겠다는 사람이 있는데 한번
만나보지 않겠느냐고 제안했다. 그녀는 헛된 기대감을 품고 그 사람의
부인으로 위장하여 아메리카로 가는 배를 타게 됐다. 17살의 이 소녀
는 배에 타고서야 앞으로 어떤 일을 하게 될지 알게 됐다. 그녀는 몬트
리올의 창녀촌에서 7개월 동안 감시를 받으며 매춘 일을 하다가 다시
시애틀로 팔려가게 됐고, 이곳에서 경찰의 일제 조사 때 체포됐다.

이처럼 속임수와 강압이 섞인 방식으로 먼 이국땅에 끌려오고 나
면 도와줄 사람이 아무도 없는 고립 상태에서 감시하는 사람들에게
학대와 착취를 당한 끝에 빈털터리가 된다. 매춘업계 운영자들은 이
런 여성들이 빚에 몰리도록 만들어 도저히 빠져나올 수 없는 올가미
를 씌우는 것이다. 물론 이런 시스템이 유지되는 데에는 경찰의 묵인
과 방조 없이는 불가능하다. 100년 전 유럽과 아메리카의 기록인데

스토리가 전혀 낯설지 않다. 마치 1960~1970년대 우리 사회의 어두운 일면을 다룬 주간지 기사와 크게 다를 바 없어 보인다. 근대 자본주의의 발전과 프롤레타리아 계층의 형성이 진행되는 사회에서 하층민 여성이 겪는 신산辛酸한 사정은 세계 어디서나 크게 다르지 않다.

: 유대인이 주도한 매춘업

대체로 1870년대 무렵 백색 노예무역이 전 세계로 확대됐다. 그런데 여기에서 특기할 점은 유대인 조직이 전 세계적인 매춘업 확대를 주도했다는 점이다. 뉴욕이나 부에노스아이레스, 남아프리카의 케이프타운 등이 대표적이다. 뉴욕에서는 1890년대가 전성기로서 1896년에 유대인 매춘업자들이 협회를 조직하여 자신들의 사업을 보호했다. 이들은 룰을 따르지 않는 자들을 잔인하게 살해하는 것으로 악명을 떨쳤다. 1914년 뉴욕에는 유대인 기둥서방이 6천 명이고 거기에 딸려 일하는 유대인 여성이 3만 명으로 추산됐다. 이는 북아메리카 전체 매춘부의 5분의 1을 차지하는 엄청난 수치다.

유대인 매춘 사업은 아시아와 아프리카까지도 수출됐다. 특히 남아프리카의 요하네스버그는 새로운 중심지로 떠올랐다. 이곳 역시 매춘 사업이 성장하기 좋은 환경이 조성되어 있었다. 금광이 개발되고 철도 건설이 시작되자 많은 이주 노동자가 몰려왔고 당연히 성매매 사업이 번창하게 됐다. 독일, 오스트리아헝가리, 프랑스, 벨기에의 여성들이 이곳에 들어오는 한편, 뉴욕의 유대인 매춘부들도 그곳의 사업이 기울어가자 이곳으로 찾아왔다. 20세기 초 요하네스버그에는 약 1천 명 정도의 매춘부와 250명 정도의 기둥서방이 있었는데, 이들 중 40퍼센트 정도는 유대인이었으며, 특히 뉴욕 출신이 많았다.

백색 노예무역으로 가장 악명을 떨친 곳은 아르헨티나의 수도 부에노스아이레스였다. 이 도시에서는 1875년 1월에 시의회가 매춘 제도를 합법화했다. 당시 10여 년 동안 빠른 도시화와 인구 증가가 계속되어 미혼 남성의 수가 증가했고, 이것이 심각한 사회 문제와 공중보건 문제를 야기했다. 시의회는 차라리 창녀촌을 합법화하고 위생 문제를 규제하는 것이 현실적인 방안이라고 주장했지만, 막대한 허가비를 챙겨서 시 예산을 늘리려는 것도 분명 중요한 이유였을 것이다.

시는 매춘 여성들을 등록시킨 다음 성병 검사 병원에서 2주에 한 번씩 정기검진을 받도록 강제했다. 성매매 여성들은 각종 규제에 묶여 실제로는 죄수 혹은 노예와 유사한 상태였다. 이들은 해가 지고 나면 2시간 내에 자기 처소로 돌아가야 하며, 외출 시에는 반드시 신분증을 지참해야 했다. 이들은 감시하는 '마담'도 이 여성들을 24시간 이상 떼어놓고 있어서는 안 됐다. 그러나 이런 방식은 성병 확산 방지라는 원래 목적은 달성하지는 못하면서 많은 부작용을 낳았다. 이 여성들은 사실상 영구히 이 직업을 버리지 못한 채 경찰의 엄중한 감시를 받게 됐다.

매춘 여성의 충원은 지하조직에 의해 불법적으로 이루어졌는데, 이는 결국 유럽 하층 여성들의 유입으로 귀결됐다. 1877년 처음 등록된 매춘부들의 50퍼센트가 외국에서 출생한 여성이었으며, 이 수치는 1889년과 1901년에는 75퍼센트까지 상승했다. 부에노스아이레스의 창녀촌 합법화는 분명 유럽 내 백색 노예무역과 긴밀하게 연결됐다. 예컨대 합법화 조치 3개월 후 프랑스에서는 젊은 여성들을 부

즈비 미그달 혐의자(1930).

에노스아이레스로 보내 매춘 행위를 하도록 한 두 남녀에게 유죄 판결이 내려졌다. 프랑스만이 아니라 폴란드인, 특히 유대인 '펨프(뚜쟁이)'가 가장 활발하게 이런 일을 했다.

　동유럽의 유대인 지역에서 여성들을 유혹하여 아르헨티나로 데려오는 갱스터 조직으로는 즈비 미그달Zwi Migdal이 유명하다. 공식적으로 1860년대부터 1939년까지 활동한 이 단체는 원래 바르샤바의 유대인 상호부조 조직이었으며 1906년에 창립자의 이름을 따서 즈비 미그달로 개명했다. 제1차 세계대전 이후 1920년대가 이들의 전성기였는데, 이때에는 아르헨티나의 조직원만 400명이었다. 당시 이 조직이 관리하는 기둥서방이 430명이고 2천 개소의 창녀촌에 매춘부가 4천 명이었다. 이 방대한 사업을 운영하는 이 조직의 원칙은 '질서, 규칙, 정직성'이었다!

　이들이 젊은 여성을 데려오는 수법은 특이하다. 우선 폴란드나 러시아의 가난한 유대인 마을에 잘생기고 점잖아 보이는 남자가 들어가서 아르헨티나의 부유한 유대인 가정에서 일할 젊은 여성을 구한다는 광고를 시너고그(유대인 회당)에 붙인다. 가난에 시달리는 데다가 유대인 학살사건에 위협을 느끼던 사람들은 이들 말을 믿고 딸을 먼 곳에 보내기로 작정한다. 때로는 결혼할 사람을 구한다며 접근하기도 한다. 예쁜 유대인 소녀에게 다가가 결혼해서 아르헨티나에 가서 살자는 제안을 하여 약식 결혼식stille chupah을 올리고는 서둘러 배에 태운다. 13~16세의 어린 소녀들은 배에 올라타고 나면 좁은 방에 갇혀 굶은 상태에서 강간당하고, 말도 안 통하는 낯선 이국땅에 도착하는 즉시 기둥서방에게 넘겨진다. 그 뒤의 고통스러운 일들은 말할 필요도 없는 일이다. 기둥서방들은 새로 도착하는 여성들을 벌거벗겨서 검사하고 거래하는 '고기시장meat market'을 연다. 이런 일들이 부에노스아이레스 시내의 큰 호텔이나 카페에서 버젓이 일어날 수 있었던 것은 정부 관리들, 법률가들, 기자들이 모두 매춘 업소의 주요 고객들이며, 시 관리들이나 경찰들이 정기적으로 뇌물을 상납받기 때문이다. 즈비 미그달 조직원들은 시너고그의 신축과 같은 사업에 정기적으로 헌금을 했다. 유대인 지도자들 사이에는 이런 더러운 돈을 기부받아야 하는지 말아야 하는지 논란을 벌이곤 했다. 그런 돈을 받으면 곧 여성의 착취를 인정하는 꼴이 되기 때문이다.

: 부에노스아이레스 매춘업의 몰락

당연히 부에노스아이레스의 이런 행태는 국제적으로 비난받았다.

1924년에 국제연맹의 위원회가 이 도시를 방문하여 현지 조사를 했다. 그 결과 이 도시의 경찰은 문제를 아주 잘 파악하고 있지만 법률상의 문제점 때문에 전혀 손을 쓸 수 없었으며, 국제적으로 여성 송출을 하는 업자 500명의 신상을 파악하고 있으면서도 전혀 아무런 조치를 취하지 않았다는 점이 공개됐다. 보고서는 수많은 외국 출신 매춘부를 착취하며 살아가는 사람들을 비난하는 것으로 결론을 내렸다.

그런 사악한 업자들 중 일부가 지나친 행동을 해서 결국 여론이 돌아서게 만들었다. 시의회가 매춘부의 최저 연령을 높이고, 한 업소당 매춘부 수를 제한하며, 시내에서 영업을 하지 못하도록 하고 또 새로운 업소의 허가를 내주지 않으려는 조치를 취하려고 했는데, 그때마다 엄청난 재력을 가진 유대인들이 나서서 반대 로비를 했다. 그들은 갈수록 대담해져서 부에노스아이레스 시내와 변두리 여러 곳 그리고 이웃 도시들에 불법으로 업소를 열었다. 압박이 심해질수록 그들은 불법적인 범죄 활동을 강화해 나갔다. 결국 이것이 그들의 몰락을 자초했다.

부에노스아이레스에서 유대인 매춘 사업이 몰락하게 된 결정적 계기 중 하나는 라켈 리버만 사건이었다. 이 여인은 당시 러시아(현재 우크라이나)에서 남편과 두 아들과 함께 아르헨티나로 이민 왔는데 그 직후 남편이 사망하자 생계를 위해 매춘부가 됐다. 그녀는 5년간 매춘을 강요당하면서도 열심히 모은 돈으로 가게를 열 수 있었다. 그런데 기둥서방들이 전직 매춘부가 독자적으로 사업을 하는 것을 허락할 수 없다며 가게로 쳐들어가서 행패를 부렸다. 이 용감한 여인은 물러서지 않고 그들을 사법 당국에 고발했고, 즈비 미그달의 뇌물을 받지 않은 깨끗한 판사 로드리게스 오캄포는 장기간의 재판 끝에 조직원들에게 중형을 선고했다. 후일 많은 조직원이 풀려나 우루과이로 도망갔다가 다시 아르헨티나로 돌아오기는 했지만, 그때에는 이미 이들의 악랄한 전성기는 지나갔다. 부에노스아이레스 시는 드디어 1934년 12월 31일 자로 창녀촌을 공식적으로 금지시켰다. 물론 이것으로 모든 문제가 해결된 것은 아니며, 매춘업은 지하로 들어갔다. 유럽의 가난한 여성들이 아르헨티나에 들어오는 길이 막힌 것은 이런 금지조치 때문이라기보다는 제2차 세계대전의 발발로 양 대륙 간 교통이 막혔기 때문이다.

라켈 리버만 가족.

: 왜 유대인인가

일부 지역의 사례에서 알 수 있듯이 1880~1930년대 국제적인 매춘 사업 부문에서 유대인들이 중요한 역할을 맡았던 것은 분명하다. 제2차 세계대전 당시의 비극적인 유대인 학살사건 이후 반유대주의라는 오해의 소지를 피하기 위해 이러한 사실을 언급하지 않으려는 경향도 있지만, 그렇다고 있는 사실을 억지로 가릴 수 있는 것이 아니다. 사실 19세기 말에는 유대인의 이미지가 '타락한 범죄인'에 가까웠다. 분명 이것이 20세기에 반유대주의가 확산되는 데에 한 원인이었음에 틀림없다.

　19세기 중반 이전만 해도 유대인 공동체가 성매매를 주요 사업으로 삼고 있지는 않았으며, 중부 유럽에 대규모 유대인 창녀촌이 따로 존재하지도 않았다. 그런데 19세기 중반 이후 갑자기 유대인이 국제적인 매춘 사업에 긴밀히 연관되기 시작했다. 그런 범죄 요인이 유대인 문화나 사회 내부에 본질적으로 내재한다기보다는 그 당시의 시대 상황과 맞물린 것으로 보인다.

　당시 유럽의 다른 빈민들과 함께 많은 유대인이 미국과 캐나다 등지로 이주했다. 1880~1914년 사이 이민을 떠난 동유럽 유대인은 약 400만 명 정도로 추산된다. 이러한 유대인의 세계적 확산과 함께 유대인 매춘 사업도 퍼져가기 시작했다. 매춘 사업을 하는 자 그리고 그 희생자로서 몸을 팔아야 하는 여성들 중에 유대인이 다수를 차지했다. 이 시기에 우선 유럽 내부에서부터 창녀촌의 다수를 유대계가 차지했다. 독일에서는 전체 창녀촌의 3분의 1이나 2분의 1 정도가 유대계로 추정되며, 러시아에서는 허가된 창녀촌 289곳 중 203곳이 유대계였다. 이런 유럽 내부의 흐름이 전 세계로 확대되어간 것이다. 뉴욕과 부에노스아이레스, 요하네스버그를 거쳐 콘스탄티노플, 실론(오늘날의 스리랑카), 싱가포르, 마닐라, 심지어 만주까지 유대인 창녀촌이 확산되어갔다. 이 시기 유대 문학에는 매몰찬 포주들을 비난하고 그 희생자가 된 가련한 여성들을 동정하는 내용이 많이 나온다.

　그러나 조만간 매춘 사업에 대한 통제와 제재가 본격화됐다. 부에노스아이레스에서는 1910년부터 입항하는 선박들을 철저히 검사해서 불법 입국을 막으려 했다. 같은 해에 시카고의 검사는 국제적인 범죄 조직집단이 유럽에서 소녀들을 유괴하여 시카고의 창녀촌으로 유입하고 있다고 비난했다. 이것이 일반 여론을 크게 움직여서 '백색 노예운송제재법 White-Slave Traffic Act'이 통과됐다. 이런 조치들 이후 유대계 창녀촌의 세계적 확산은 어느 정도 통제됐다.

1910년에 통과된 백색노예운송제재법을 설명하는 신문 삽화. "올해 안에 죽을 6만 명의 백색 노예를 대신할 6만 명의 소녀 모집함."

: 매춘업의 세계화

물론 성매매 국제 교역이 완전히 중단된 것은 아니며, 국제적인 여성 성노예의 확산 현상이 줄어든 것도 아니다. 20세기는 성노예무역의 확산이라는 점에서도 진정 세계화의 시대였다. 제2차 세계대전 중 일본 제국주의자들이 주도한 이른바 '군 위안부'는 파시스트 국가조직에 의해 훨씬 더 광범위한 여성의 강압이 일어났다는 점에서 최악의 사례라 할 만하다. 이 관점에서 보면 일제는 사상 최악의 매춘 조직이었다. 한국과 중국 및 기타 '동아시아 공영권'에서 적어도 20만 명의 여성이 강제 동원되어 군대 내부에서 강간 피해를 입었다. 1995년도 유엔 인권위원회의 「전쟁 강간 문제에 대한 보고서 Agenda Item 11 War Rape」는 이렇게 고발했다.

성노예(이른바 위안부)는 하루 평균 10번 강간당했으므로, 1주일에 50번, 1년에 2,500번, 3년으로 치면 평균 7,500번 강간당했다.

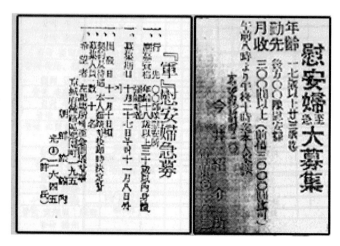

군 위안부를 모집한다는 내용의 조선총독부 기관지 『매일신보』 1944년 10월 27일 자
광고(왼쪽)와 『경성일보』 1944년 7월 26일 자 광고(오른쪽).

이런 비난에 대해 아베 신조安倍晋三 총리 당시의 내각 중 일원이었
던 나카야마 나리아키中山成彬는 "일제의 군 내부의 위안부 사업은 개
인 사업자가 운영하는 대학 내의 카페테리아 사업과 비슷한 것"이라
는 희한한 변명을 해서 세계인을 놀라게 했다.*

제2차 세계대전 이후 국제적인 매춘 사업은 또 다른 차원에서 번창
했다. 동남아시아, 라틴아메리카, 북아프리카 여성들이 유럽 각국에
서 매춘부로 일하는 것을 많이 볼 수 있다. 현재 유럽에서 일하는 매
춘부의 70퍼센트가 외국인 출신이다. 또 오늘날에는 '소비자'들이 대

* 그는 위안부 문제와 관련하여 망언 제조기로 악명 높다. "일본 여성은 자신이 위안부였
다고 누구도 말하지 않는데 한국 여성은 그러지 않는다. 인종이 다르다고 생각하지 않을
수 없다"는 식의 이야기를 거침없이 내뱉는데, 그 개인의 문제 이전에 이런 발언이 용인
되는 사회의 지적 · 도덕적 수준이 의심스러울 때가 많다.

거 이동하는 현상도 형성됐으니 서유럽이나 북아메리카에서 유행하는 '섹스 관광'이 그것이다. 1990년대부터는 이 흐름이 더욱 복잡하게 변화하고 있다. 네덜란드령 안틸레스가 성매매 여성들의 거래 중심지로 부상하여 라틴아메리카 여성들이 유럽과 북아메리카로 가는 중간 거점 역할을 하고 있다. 동남아시아의 매춘 시장도 더욱 커지고 있으며 동유럽 여성들이 서유럽으로 가는 현상도 지속되고 있다.

2001년의 연구에 의하면 세계적으로 성매매 사업 규모는 600억 유로로 산정된다. 우리 돈으로 환산하면 93조 원에 달하는 금액이다. 또 공식적으로는 70만 명이 섹스 산업에 종사하는 것으로 되어 있는데 실제로는 훨씬 더 많은 사람이 참여하고 있을 것이다. 심지어는 200만~300만 명의 어린이가 매춘의 위험에 노출되어 있는 것으로 추산된다. 이런 사태는 인터넷의 영향으로 더 확대되는 듯하다. 매춘 산업의 최대 수요처는 여전히 북아메리카와 유럽 그리고 일본이다. 일본의 경우에는 매춘 관련 산업이 GDP의 1퍼센트를 차지할 만큼 번창하고 있으며, 섹스 관광사업도 지극히 발전해 있다. 매춘 산업이 야쿠자, 마피아, 타이 깡패 등 조직범죄의 제일 중요한 수익 부문 중 하나라는 데에는 의심의 여지가 없다.

세계가 하나의 마을처럼 가깝게 지내게 된 지구촌 현상에는 불행하게도 전 지구적 차원의 창녀촌 현상이 동반됐다.

시오노 나나미

우리나라에도 잘 알려진 문필가 시오노 나나미塩野七生는 일본 월간지 『분케이슌주文藝春秋』 2014년 10월호에 "위안부 이야기가 퍼지면 큰일"이라며 "그전에 급히 손을 쓸 필요가 있다"는 내용의 기고문을 올렸다. "우리 일본인에게 미국과 유럽을 적으로 돌리는 것은 현명하지 못한 일이며 네덜란드 여자도 위안부로 삼았다는 등의 이야기가 퍼지면 큰일"이라는 것이다.

네덜란드 위안부 문제는 1944년 스마랑 사건을 가리킨다.

태평양전쟁 중인 1942년, 일본군은 당시 네덜란드령 식민지였던 인도

1944년 버마(미얀마)에서 '위안부'들을 인터뷰하는 미군.

네시아를 점령하고 이곳에 네덜란드 거주민 및 전쟁포로 수용소들을 설치했다. 여기에는 9만 명의 민간인과 4만 명의 군인이 수용됐다. 일본군 장교들이 이곳에 와서 네덜란드 여성들 및 '혼종mixed-race(유럽인과 아시아인 사이에 태어난 사람을 가리킨다)' 여성들을 선발하여 군 위안소로 동원해갔다. 그 가운데 가장 유명한 것이 스마랑 위안소 사건이다.

인도네시아에 거주하다가 다른 네덜란드 여성들과 함께 '위안부'로 끌려간 얀 오헤른 양. 일가족 모두 일제에 의해 위안부로 소집되기 전에 찍은 사진.

이 사건의 연구 보고서에 의하면, 1944년 초 자바에 위치한 4개 수용소에서 35명의 여성을 강제로 끌고 간 것이 확인됐다. 당시 암바라와Ambarawa 4호 및 6호 수용소에서 끌려갔던 여성들의 증언에 의하면, 2월 23일에 17~28세의 여성들이 수용소 연병장에 줄을 서도록 명령을 받았고 한 명씩 수용소 사무실로 들어갔다. 이들 중 7명이 선발되어 2월 26일에 스마랑으로 가서 문서에 서명을 하도록 강요받았다. 문서는 일본어로 쓰여 있어서 무슨 말인지 전혀 이해하지 못했다. 다른 수용소에서 끌려온 여성들과 함께 이들이 군 위안소에 배치되어 강제로 '성적 서비스'를 하도록 강요받았다. 다른 수용소들에서는 네덜란드인들이 강하게 항의하거나 혹은 늙은 여성들이 자발적으로 나서서 젊은 여성들을 보호하고자 했다는 사실도 알려졌다.

수용소를 검열하기 위해 도쿄에서 이곳을 찾아온 일본군 고위 인사에게 네덜란드인들이 항의했고, 강제 연행 사실을 확인한 군 고위 인사는 이 사실을 상부에 보고했다. 그 후 자카르타 일본군 본부의 명령으로 이 위안소들은 두 달 만에 폐쇄됐지만, 일부는 나중에 다시 문을 열었다. 한편 이 사건 이전에도 1943년 말과 1944년 초에 걸쳐 일본군이 유사하게 여성들을 강제 동원한 적이 있었으나 명확하게 증거로 밝혀지지는 않았다.

여성들을 강제 동원한 일본군 책임자들은 전후 군사재판에 회부됐다. 1948년 2월 4일, 바타비아 임시 군사재판소는 13명의 피고 중 책임자 오카타 게이지岡田慶治 육군 소좌에게 사형을 언도했다. 11명은 2~20년 형을 언도받았다. 이 기록이 보존되어 있다는 사실이 확인된 후 네덜란드 정부는 문서를 연구하여 보고서를 작성했다. 보고서에 의하면 일본군 위안소에 200~300명의 네덜란드 여성이 일하고 있었는데, 이 중 적어도 65명이 명백하게 강제 연행되어 성적 행위를 강요받았다.

일본 정부는 명명백백하게 밝혀진 이 사건에 대해서는 강제 연행이라는 점을 인정했지만, 다른 곳에서는 여성을 강제 동원한 적이 없다고 강변한다. 유럽 여성들은 강제 동원한 것이고, 한국이나 중국의 여성들은 돈을 벌기 위해 자발적으로 일본군을 따라 나섰다는 주장을 하는 것이다. 시오노 나나미가 이야기하듯, 일본인과 일본 정부는 미국과 유럽에 대해서는 긴장하고 두려움에 떨며 사실을 인정하면서도 동아시아 국가들에 대해서는 발뺌으로 일관한다. 그들이 겁내는 것은 일본군이 전시에 국가와 군사 권력을 동원해 여성들을—정확하게 말하면 아시아 여성은 아무런 문제가 안 되고 유럽 여성들을— 강간했다는 사실 자체가 아니라 그것이 세상에 널리 알려지는 일이다.

시오노 나나미는 기고문에서 일본 제국주의 병사들의 고뇌에 대해 상상력을 동원하여 이렇게 기술하고 있다.

하루가 끝난 뒤 위안부의 가슴에 얼굴을 파묻고 울어버리기만 한 젊은 병사들도 있지 않았을까.

물론 그럴 수도 있겠지만, 이 일본 우익 문필가에게 아시아 여성들의 슬픔은 전혀 고려 대상이 아닌 모양이다.*

* 스마랑 사건의 연구 보고서의 영어 번역본 PDF 파일은 다음 사이트에서 찾을 수 있다. http://www.arf.or.jp.pdf/0205.pdf. 시오노 나나미의 역사관에 대해서는 다음 글에서 분석한 바 있다. 주경철, 『테이레시아스의 역사』, 산처럼, 2002.

대륙횡단철도

대륙에서 하나의 국가로

미국의 서부 팽창은 매우 빠른 속도로 진척됐다. 과거 이와 유사한 현상을 찾는다면 러시아의 시베리아 팽창을 들 수 있는데, 상대적으로 미국의 서부 팽창이 훨씬 빠른 과정이었다. 미국은 1776년 영국에 저항한 13개 주로 출발한 후 전쟁과 외교를 통해 영토를 확장했다. 물론 그것은 기존에 그 지역에 살던 선주민들을 살해하고 축출하는 과정이었다. 1803년에 루이지애나, 1819년에 플로리다, 1845년에 텍사스, 1846년에 오리건, 1848년에 캘리포니아 및 로키 남서부 지역, 1867년에 알래스카를 얻어, 미국은 19세기 중에 하나의 대륙을 국가 영토로 만들었다.

이렇게 얻은 이 광대한 땅들을 실질적으로 소통 가능한 곳으로 만들려면 우선 사람과 물자가 오갈 수 있는 기반부터 만들어야 했다. 19세기 상황에서 그것은 다름 아닌 철도였다. 북아메리카 대륙의 한쪽 끝에서 다른 쪽 끝을 연결하는 대륙횡단철도는 이후 미국의 정치와 경제 발전에 지대한 공헌을 했다.

이 엄청난 사업에는 당연히 막대한 자금과 노동이 필요했다. 대부호들이 이 기회를 통해 더욱 강력한 부자가 되는 한편 끝없는 고된 노동은 중국인 노무자인 쿨리苦力들이 제공했다. 1867년 완공된 철도는 광대한 땅을 실제적인 미국 영토로 만들어주었지만, 그것은 선주민들의 축출, 중국인 노동자들의 큰 희생을 치른 결과였다.

19세기 내내 미국은 영토의 확대, 탐험과 개발, 인디언과의 전투가 한참인 '형성 중인 국가'였다.

　19세기 초반, 미국은 프랑스로부터 루이지애나를 구입하여 일대 팽창의 계기를 맞았다. '루이 14세의 땅'이라는 의미의 루이지애나는 프랑스가 식민지 소유를 주장하던 영토로서 아칸소, 미주리, 아이오와 등 오늘날 미국의 14개 주와 캐나다의 2개 주(앨버타. 서스캐처원)에 걸쳐 있는 광대한 영토다. 미국 정부는 프랑스에 6000만 프랑을 직접 지불하고 1800만 프랑의 부채를 탕감해주는 대가로 82만 8천 제곱마일(214만 7천 제곱킬로미터)의 땅을 얻었다. 그렇지만 이 땅을 구입하는 미국이나 판매하는 프랑스나 당시로서는 도대체 이게 어느 정도의 규모이며 그 안에 무엇이 있는지조차 몰랐다. 루이지애나를 구입한 직후 토머스 제퍼슨 대통령이 한 일도 '루이스와 클라크의 탐험대'를 파견하여 새 영토를 탐사하는 일이었다.*

---

* 토머스 제퍼슨 대통령의 명령으로 메리웨더 루이스(1774~1809)와 윌리엄 클라크
　(1770~1838)가 진행했던 탐험으로 루이지애나 매입 직후인 1804년에서 1806년까지
　현재 미국을 가로질러 태평양에 이르는 경로에 따라 진행됐다.

∵ 서부 팽창

이 시기부터 서부로의 팽창에 불이 붙기 시작했다. 이때만 해도 미시시피강 서쪽의 땅은 거의 알려지지 않았으며, 다만 스페인인 선교사들이 활동하는 곳과 일부 읍 수준의 거주지 정도만 알려졌을 뿐이다. 광대한 미개척지에 점차 미국민들이 들어가 자리 잡으면서 이번에는 멕시코와 갈등이 벌어졌고, 급기야 미국과 멕시코 간에 전쟁(1846~1848)이 일어났다. 그 결과 미국은 1848년에 멕시코로부터 유타, 네바다, 애리조나, 뉴멕시코, 텍사스, 콜로라도, 캘리포니아에 걸친 영토를 얻었다. 대신 멕시코 정부에 1500만 달러를 지불하고 또 멕시코 정부가 진 빚을 탕감해주는 대가였다. 바로 그해에 캘리포니아에서 금광이 발견됐다. 이 소문이 퍼지자 1849년에 수많은 사람이 대륙을 가로질러 캘리포니아로 몰려들기 시작했다. 이들을 포티나이너forty-niner라고 부른다. 1849년에 샌프란시스코의 인구는 2만 5천 명에 달했으며, 1850년에 의회는 캘리포니아를 31번째 주로 인정했다. 캘리포니아는 그야말로 황금(색)의 주Golden State가 됐다.**

그러나 19세기 중엽이 돼서도 서부로 가는 길은 여전히 극심한 고난의 길이었다. 캘리포니아나 오리건 같은 서부 지역에 가서 새로운 인생을 살아보고자 마차를 몰고 길을 나선 사람들 앞에는 거대한 사막, 광대한 초원 지대, 마지막으로 험준한 산맥이 앞을 가로막았다.

** Golden State라는 말은 원래 여름에 캘리포니아 지방의 풀들이 황금색이 되는 데에서 나온 것이지만, 동시에 금광의 발견으로 문자 그대로 황금의 주를 의미하기도 한다. 캘리포니아의 상징 동물 역시 황금색과 관련이 있는 골든 베어Golden Bear다. 현재 멸종된 이 곰의 털은 금처럼 누런색이었다고 한다.

서부로 가는 도상에서 많은 사람이 굶주림과 질병에 시달리고, 길을 잃어 산속에서 얼어 죽기도 하고, 도둑이나 인디언의 습격을 받고, 때로 야생동물에 희생됐다. 서부로 가는 여행자들이 얼마나 참담한 상황에 빠지곤 했는지는 '도너 일행Donner Party'의 이야기가 웅변해준다.

: 도너 일행의 비극

1840년대에 동부에서 서부로 가는 사람 수가 극적으로 늘었는데, 이 마차 행렬은 대개 미주리주의 인디펜던스에서 출발하는 오리건 트레일Oregon trail이라 불리는 길을 따라갔다. 하루에 약 15마일(24킬로미터) 정도의 속도로 이 길을 따라가면 대개 4~6개월 걸려서 서부에 도착했다. 1846년 봄에도 약 500대의 마차가 인디펜던스를 떠났다. 이 행렬의 뒤에 도너 일가와 리드 일가가 9대의 마차를 타고 여기에 합류했다.

그런데 캘리포니아에 먼저 가서 살던 헤이스팅스라는 사람이 캘리포니아로 가는 지름길을 설명하는 책을 출판했을 뿐 아니라, 1846년에 그 자신이 문제의 지름길을 탐험하다가 동쪽으로 가는 여행자 편에 공개 편지를 보내서 자신이 중간 지점에서 기다리고 있을 테니 이민자들이 모이면 직접 캘리포니아까지 안내하겠노라는 소식을 전했다. 여행자들은 그 말을 믿고 지름길을 택해야 할지, 아니면 안전하게 원래 알려진 길을 따라가야 할지 고민했다. 대부분의 사람들은 갈림길에서 기존의 트레일을 따라 북쪽으로 갔지만 소수의 사람들이 남쪽의 지름길을 선택했다. 이 길은 거리는 짧지만 그레이트베이슨Great

Basin(네바다 · 유타 · 캘리포니아 · 아이다호 · 와이오밍 · 오리건 등 6개 주에 걸쳐 있는 광대한 분지), 워새치산맥을 넘고 솔트레이크사막을 건너야 하는 험난하기 이를 데 없는 길이었다. 어쨌든 이 길을 선택한 사람들 다수는 실제로 헤이스팅스를 만나 그의 안내를 받아 무사히 캘리포니아에 도착했다.

그런데 뒤에 처져 있던 도너 일행은 너무 늦게 도착하여 이 대열에 합류하지 못하고 그들끼리만 여행해야 했다. 낯설고 험한 길을 힘들게 가다 보니 일정이 더욱 지체되어 어느덧 겨울이 성큼 다가왔다. 이 여행의 최대 난관은 제일 마지막 단계인 시에라네바다산맥을 넘는 과정이었다. 이 거대한 산맥은 3700미터가 넘는 고봉이 500개나 되는데다가 동쪽 사면은 거의 절벽으로 느껴질 정도로 경사가 급했다. 게다가 겨울에는 태평양에서 들어오는 습기가 이 산맥에 부딪혀 엄청난 폭설이 내리곤 했다.

도너 일행은 11월 중순이 될 때까지는 눈이 내리지 않는다는 이야기를 믿고 산속으로 들어갔다. 그러나 이 해에는 예년보다 일찍 10월부터 폭설이 내리기 시작했다. 결국 이들은 트러키호수(현재는 도너호수로 재명명됐다) 근처에서 다른 사람이 만들어 놓은 허름한 몇 채의 오두막을 발견하여 그곳에서 눈 속에 파묻힌 채 겨울을 넘겨야 했다. 곧 식량이 바닥났다. 쥐를 잡아먹은 다음에는 죽은 소와 말의 뼈를 수도 없이 우려먹었고, 그다음에는 지붕을 덮은 소가죽을 먹어야 했다. 참으로 서글픈 것은 이웃 오두막집 사람이 과거에 빌려준 빛을 받겠다며 찾아와 아이들에게 남겨진 마지막 식량인 몇 장의 소가죽을 걷어간 일이다. 많은 사람이 병에 걸리거나 굶어죽었다. 마지막 남은 생존법은 죽은 사람의 시체를 먹는 일이었다. 뒤늦게 구조대가 찾아와 도너 일행 중 한 명인 패트릭 브린의 일기 28쪽(1847년 2월 25, 26일). "25일 목요일 간밤에는 추위가 극심했지만 오늘은 해가 나서 맑다. 서풍. 머피 부인의 말로는 판잣집 앞에서 늑대들이 시체를 파내려 했는데 날씨가 너무 추워 볼 수가 없었다고 한다. 늑대가 울부짖는 소리를 들었다. 26일 금요일 간밤에는 추위가 극심했지만 오늘은 맑고 따뜻하다. 남동풍이 세게 분다. 마사의 턱이 치통으로 부었다. 허기진 캠프에는 가죽이 많지만 사람들은 잘 먹으려 하지 않는다. 우리는 그럭저럭 맛있게 먹는다. 전능한 신께 감사드린다. 아멘. 머피 부인이 말하기를 어제 여기에서 밀턴 씨를 먹기 시작할 것 같다고 생각했다지만 아직 그러지 않았으리라 생각한다. 괴로운 일이다. 4일 전에 도너 가족들은 캘리포니아 사람들에게 10~12인치 눈 밑에서 가축을 찾다가 못 찾으면 죽은 사람 시체를 먹으라고 말했다. 그들은 가축이 묻힌 정확한 장소를 모르므로 아마 벌써 시체를 먹었을 것이다."

이들을 캘리포니아로 데리고 갔을 때에는 원래의 일행 87명 가운데 48명만이 살아 있었다.

도너 일행의 사례는 19세기 중엽까지도 미국 영토의 대부분이 아직 자연 그대로인 미개발 상태임을 말해준다. 명목상으로만 영토일 뿐 서부는 산업화된 동부와는 완전히 절연된 땅이었다. 이런 상태에서 벗어나 이 광대한 땅을 실제적인 영토로 통합하기 위해서는 우선 이 땅에 사는 주민들이 쉽게 오갈 수 있는 교통수단이 마련되어야 한다. 당시에 가능한 유일한 방안은 철도였다.

⋮ 철도 건설 사업

미국 서부는 산업화된 동부와 철도로 연결되어야만 빠른 발전을 기대할 수 있었다. 그러나 대륙횡단철도는 중부와 서부에 이미 번성한 거주 지역이 많이 개발되어 있어야 수익성이 보장된다. 이 두 가지 조건이 서로 모순되다 보니 천문학적 비용이 드는 철도 건설 사업을 시작할 수가 없었다. 이런 일을 시행하는 데에는 대개 정치적인 결단이 필요한 법이다. 그리고 그런 정치적 판단을 내리는 데에는 합리적 계산보다는 어쩌면 몽상에 가까운 희망이 더 중요할지 모른다. 토머스 하트 벤턴(1782~1858) 상원의원이 그런 역할을 한 인물이었다. 그는 서부를 일종의 에덴동산처럼 생각하고 이의 식민화를 주장했다. 벤턴은 자신이 태어나고 자란 미주리주를 한 번도 떠나본 적이 없었지만, 미국을 횡단하고 인도까지 이어지는 거대한 연결로를 상상했다. 그는 철로가 놓이면 그것을 따라 문명이 탄생하고 경제가 발전할 것으로 기대했다.

　구체적인 철도 건설 계획안을 의회에 제안한 사람은 아사 휘트니(1797~1872)라는 인물이다. 상인으로서 세계 각지를 여행해본 그는 일찍이 1830년대에 대륙횡단철도의 구상을 품었다. 영국에 갔을 때 마침 개통된 리버풀-맨체스터 간 철도를 직접 타보았던 것이나, 중국 여행을 한 것이 그의 구상에 큰 영향을 미쳤을 것으로 보인다. 1840년대에 귀국한 그는 미국 영토 내에 미시간호수로부터 태평양까지 연결하는 장거리 철도가 꼭 필요한 일이라 확신하고, 많은 돈을 들여가며 철도 건설 계획을 의회에 탄원했다. 그의 끈질긴 제안이 실제 철도 건설을 시작하는 데에 중요한 역할을 했다. 결국 그는 죽기 전에 유니언퍼시픽철도가 개통되는 것을 지켜볼 수 있었다.

　그는 서부 지역에는 큰 강이 없으므로 수상 운송이 비경제적이며 오직 철도만이 경제 발전을 가능케 한다고 주장했다. 그의 주장이 바로 받아들여지지는 않았지만 그로 인해 여론의 압력이 커져서 의회는 1853년에 철도노선조사사업Pacific Railroad Surveys을 발족시켜서, 어느 방향으로 철도를 건설하는 게 가장 경제적인지 조사했다. 이 조사단은 인디언과 전투를 벌이는 험난한 작업 끝에 1855년에 12권짜리 보고서를 제출했는데, 그 결론은 '북위 38도선을 따라 건설하는 것이 가장 실제적이고 경제적'이라는 것이었다. 철도 노선에 대해서는 내전 이후 남북 간 문제를 비롯해서 미국 사회의 여러 갈등 요소가 충돌했고 그 때문에 많은 안案이 제기되고 검토됐지만 최종적으로는 이전의 휘트니의 주장과 일치하는 방향으로 정해진 것이다.

　대륙횡단철도의 건설 사업을 주도한 인물은 시어도어 주다(1826~1863)였다. 그는 1854년에 캘리포니아의 새크라멘토 지역에

1867년(위)과 2003년(아래)의 도너 패스 사진.

철도를 건설했는데, 이는 미시시피 이서以西 지역 최초의 철도였다. 이 경험을 기반으로 그 후 대륙횡단철도 계획을 주장해서 '미치광이 주다Crazy Judah'라는 별명까지 얻었다. 그는 워싱턴에서 계획안을 제출하고 돌아오는 길에 다름 아닌 도너 패스Donner Pass(도너 일행이 넘어간 고갯길)가 가장 적합한 곳임을 알게 됐다. 1861년 그는 네 명의 신흥 부호들을 자신의 계획에 끌어들이는 데에 성공했다. 이들을 통칭 빅 포Big Four라고 부른다. 이들은 센트럴퍼시픽철도회사Central Pacific

철도가 완성된 후 기차가 지나가는 모습에 환호하는 중국인 일꾼들.

Railroad Company를 결성했는데, 릴런드 스탠퍼드가 이사, 콜리스 헌팅턴이 부이사, 마크 홉킨스가 재정 담당 그리고 찰스 크로커가 건설 작업 감사를 맡았다. 이 사람들은 벼락부자의 전형이고, 또 그에 딱 들어맞는 성향을 드러내는 인물들이었다.* 스탠퍼드가 캘리포니아 주지사가 된 후에는 워싱턴에 압력을 가하여 상원의원들에게—그들 자신의 표현대로 "양심에 비추어 부정직한 방식으로"— 로비를 해서 구워삶았다. 한편, 이들과 경쟁 상대인 토머스 듀랜트가 유니온퍼시픽

---

* 돈을 버는 데에는 어두운 측면이 많았지만 그렇게 번 돈을 의미 있게 쓰기도 했다. 그중 하나가 세계적인 명문 대학인 스탠퍼드대학교를 설립한 일이다. 스탠퍼드의 외아들인 릴런드 스탠퍼드 2세가 이탈리아 여행 중에 병사하자 스탠퍼드 부부는 1885년에 아들을 기리는 의미로 대학을 설립했다. 릴런드 스탠퍼드는 앞의 「말」 편에서 본 대로 말이 달릴 때 네 다리가 전부 땅에 떠 있는지 아닌지 하는 문제에 몹시 궁금해하던 인물이다.

철도회사Union Pacific Railroad Company를 만들었고, 이 회사 역시 상원의
원들에게 로비를 했다. 타협의 결과 센트럴퍼시픽은 서쪽 지역의 철
도를, 유니온퍼시픽은 동쪽 지역의 철도를 건설하게 됐다.

1862년 7월 1일 의회는 두 회사에 엄청난 특혜를 주는 철도 건설
안을 승인했다. 두 회사는 철도를 건설하면 그 철로 양쪽으로 16킬로
미터의 땅을 양도받기로 했다. 게다가 연방정부는 이 회사에 자금을
대부해주었는데, 그들이 부설하는 철도 1마일(1.6킬로미터)마다 평원
지대의 경우는 1만 6천 달러, 그레이트베이슨의 경우는 3만 2천 달러,
로키산맥의 경우는 4만 8천 달러씩 계산했다. 이런 유리한 조건에서
1863년 1월 8일 대역사가 시작됐다.

: 고난 끝에 철도가 완성되다

철도 건설 사업에서 심각한 문제는 노동력의 확보였다. 현지 주민
들을 고용하는 것은 조만간 한계에 부딪혔다. 센트럴퍼시픽 쪽에서
생각해낸 해결책은 중국인들을 불러들인다는 것이었다. 7만 5천 명
에 달하는 중국인 노무자인 쿨리가 샌프란시스코에 도착해서 곧바로
건설 현장에 투입됐다. 검소하고 말 잘 듣고 저임금에도 일 잘하는 이
들이 고된 일들을 도맡아했다. 이에 비해 유니언퍼시픽 쪽에서는 노
무자 관련 문제가 더 컸지만, 그나마 남북전쟁이 끝날 무렵부터는 많
은 제대군인이 일거리를 찾아 이 사업에 참여했다.

1868년 이 사업장 중 한 곳을 방문한 기자의 기록을 보면 이곳의
분위기를 짐작할 수 있다. 사업장에는 거대한 텐트가 설치되어 있는

데, 그 안에 들어가보면 각종 술과 담배를 판매하고 한가운데에는 춤 판이 벌어지며, 다른 쪽에는 온갖 종류의 도박판이 펼쳐져 있었다. 그 래서 노무자들이 받는 돈은 곧바로 이 사업장을 쫓아다니는 업자들이 나 창녀들의 수중에 들어가고 있었다. 이런 곳들은 곧 '지옥'으로 소 문이 돌았다. 인디언들의 공격에 대비해서 무장 군인들이 사업장을 호위하는 가운데 사업이 진행됐지만, 인디언의 공격으로 죽는 사람들 은 거의 없고 대개 노무자들 간의 싸움 때문에 사망자가 발생했다. 인 디언들은 무장 군인들이 지키고 있으니 쉽게 공격하지는 못하고 다만 가끔씩 가축이나 식량을 훔치는 정도에 그쳤다.

사고사는 센트럴퍼시픽의 공사장에서 훨씬 많이 일어났다. 시에라 네바다산맥을 넘는 철도를 건설하는 난공사 구간에서 너무나 많은 중 국인이 사망해서 더 이상 사망자 수를 헤아리지 않을 정도였다. 서밋 터널을 뚫는 데만 1년이 걸렸다. 그러는 동안 눈과 추위가 중국인 노 무자들을 괴롭혔다. 산맥을 넘자 네바다사막이 나왔다. 이곳에는 곧 리노라는 도시가 생겨났다. 이제 철로는 훔볼트강을 따라가다가 솔트 레이크로 이어졌다. 그야말로 난공사의 연속이었다. 그럼에도 불구하 고 중국인들의 희생과 노력 덕분에 센트럴퍼시픽 측의 사업 속도가 더 빨라서 결국 이 회사는 원래 정해진 구간을 넘어 두 회사의 부설 철도가 만나는 지점까지 계속 철도 건설 공사를 할 수 있는 권리를 얻 어냈다.

사업 완공 시점이 가까워오자 두 회사는 그들의 사업을 선전하여 사람들을 끌어들이려고 했다. 그래야 그들이 얻은 토지를 유리하게 팔 수 있었기 때문이다. 각 회사는 그들이 동원할 수 있는 미디어를 총동원하여 철도 사업을 미화했다. 전문 사진사를 불러와 선전용 사

1869년 유타주의 프로몬터리에서 거행된 개통식으로 '마지막 못'을 박는 의식이다.

진을 찍고, 사업가들을 초빙하여 시범 철도 여행을 조직했다. 1869년 5월 10일 두 회사의 기관차가 프로몬터리 포인트Promontory Point에서 서로 만남으로써 드디어 대륙횡단철도가 완성됐다. 두 회사는 그들이 보유한 땅을 판매하는 한편 유럽에서 이민자를 유인하기 위한 선전을 펼쳤다.

철도는 수많은 여객과 광물을 실어 나르기 시작했다. 동부에서 서부로 가는 데에 수 개월 걸리던 것이 단 며칠로 줄었다. 마침내 서부는 산업화된 미국 사회로 편입되기 시작했다.*

---

* 철도는 미국 산업화에 결정적인 역할을 했을까? 그렇지 않다고 말할 수는 없다. 노벨 경제학상을 수상한 수리數理 경제사의 대가 로버트 포겔(1926~2013)은 '철도가 없었더라

철도 건설 이후 미국의 동부와 서부 사이에는 이전에는 상상도 하지 못할 정도로 많은 사람과 물자가 이동했다. 서부에는 도시화가 크게 진전됐다. 정치·경제·사회·문화 모든 면에서 미국 전역이 소통하게 됐다. 철도는 단순히 지리적인 의미만 띠던 땅을 실질적인 국가 영토로 만들어주었다.

면!'이라는 대담한 가설을 세운 후, 만일 그랬더라도 강과 운하가 철도를 대신하여 중요한 역할을 했을 것이며, 따라서 미국의 경제 발전이 크게 지체되지는 않았을 것이라고 주장했다. 그러나 실제로 이런 반⒮사실적 가정이 큰 의미가 있어 보이지는 않는다. 메마른 서부에서 강과 운하의 이용이 쉽지는 않았으리라는 것은 자명하다.

파나마운하

바다를 지배하는 자가 세계를 지배한다

미국의 해군대학 교장이며 군사사 연구자인 앨프리드 머핸은 해군력이 전쟁의 핵심이라고 주장했다. '바다를 지배하는 자가 세계를 지배한다'는 그의 명제는 학술적으로 타당한지 여부를 떠나 현실적으로 제국주의 시대 주요 국가들의 국제 정책에 깊은 영향을 미쳤다는 점에서 매우 중요하다. 그의 생각을 현실에 적용한 인물은 시어도르 루스벨트 대통령이었다.

서부 팽창을 완수한 미국은 이제 새로운 프론티어인 바다로 본격 진출하여 쇠락하는 제국주의 국가 스페인으로부터 제해권을 인수받았다. 미국이 자국의 경제를 발전시키고 동시에 세계의 패권을 장악하기 위해 필요한 급선무는 대서양과 태평양 그리고 카리브해를 연결하는 통로의 확보, 곧 파나마운하의 건설이었다.

운하 건설 작업 자체는 역사에 길이 남을 초대형 규모의 엄청난 위업이었지만, 이는 단순히 위대한 토목 사업에 그치는 것이 아니라 정치·군사적 횡포로 점철된 제국주의 사업이기도 했다. 고분고분 말을 듣지 않는 콜롬비아로부터 아예 해당 지역을 독립시켜 새 국가를 만드는 식으로 카리브해를 미국의 뒷마당으로 만들었다. 파나마운하 건설 이후 세계의 바다를 통제함으로써 미국은 세계 최강의 슈퍼파워로 성장해갔다. 파나마운하의 건설은 20세기가 미국의 시대가 되는 첫걸음이었다.

1914년 파나마운하의 개통은 15세기에 시작된 세계의 대항해시대를 완성시킨 동시에 20세기를 미국의 시대로 만든 중요한 계기였다. 바다를 지배하는 자가 세계를 지배한다고 했던가. 20세기 이후 전 세계 바다를 장악한 나라는 미국이었다. 미국이 세계 패권을 장악하게 된 첫걸음은 파나마운하의 건설이라 해도 과언이 아니다.

： 미국 해상력의 강화

미국은 삼면이 바다로 둘러싸인 나라지만, 단 한쪽이 막힌 상태였다. 카리브해는 막다른 골목이었다. 미국 동부의 뉴욕에서 서부의 샌프란시스코로 가는 바닷길은 남아메리카 끝단의 케이프혼을 돌아가야 했으므로 무려 2만 2천 킬로미터를 항해해야 했다. 파나마운하는 이 해로를 9,500킬로미터로 줄여놓아 대서양과 태평양을 연결하는 고속도로 역할을 맡았다. 이제 미국 서부 지역의 광물과 농업 자원을 미시시피 유역, 오대호, 동부 해안의 산업 및 시장과 연결시켜 시너지 효과를 얻었다. 더불어 대서양과 태평양의 해군력을 하나로 통합시켜 장차 세계 최강의 군사 대국으로 성장할 기틀이 만들어졌다. 미국은 아시아와 아메리카, 유럽이 긴밀하게 연결된 세계 네트워크를 만들고는 곧 자신의 경제력과 군사력으로 그것을 통제했다.

앨프리드 머핸.

미국 해군은 19세기부터 이미 핵심적인 역할을 담당하고 있었다. 1846~1848년의 멕시코전쟁에서 미국군 군함들은 멕시코의 항구들을 봉쇄했고, 1847년 4월에는 결정적으로 육군이 베라크루스에서 멕시코시티로 진군할 수 있도록 상륙과 포격 작전을 지원했다. 그 결과 텍사스와 캘리포니아 남부를 비롯해 멕시코 영토의 거의 절반이 미국령이 됐다. 1853년과 1854년 매튜 페리 제독은 시커먼 연기를 뿜어내는 '흑선黑船' 함대를 이끌고 도쿄만으로 진입하여 일본을 굴복시켰다. 1861~1865년 남북전쟁에서 산업화된 북부는 우월한 해군력을 이용하여 농업 기반의 남부를 위협했다. 이제 해군력 없이는 전쟁에서 승리할 수 없다는 것이 명백했다.

이런 사실을 이론적으로 명료하게 제시한 사람이 앨프리드 머핸 (1840~1914)이다. 1890년에 발표된 유명한 저서 『해군력이 역사에 미친 영향』은 주요 강대국 지도자들의 정책 형성에 지대한 영향을 끼쳤다. 이 책에서 그는 17세기 중반 이후 유럽 역사를 고찰한 끝에 해상 우위가 위대한 국가 건설의 열쇠라고 결론지었다. 미국은 강력한 상비 해군을 두고 국내와 해외에 기지를 건설하여 해양 무역을 진흥시킴으로써 세계적 영향력을 제고해야 한다고 주장했다. 이런 맥락에서 머핸은 중앙아메리카의 두 대양을 연결하는 운하 건설을 지지했다.

： 시어도어 루스벨트의 몽둥이

그의 아이디어를 지지한 가장 중요한 인물은 시어도어 루스벨트 (1858~1919)였다. 1896년 윌리엄 매킨리가 대통령으로 선출됐을 때 머핸의 추천으로 루스벨트가 해군 차관보로 임명됐다. 당시 그는 강력한 해군이야말로 외교 관계에서 우위를 확보하는 데 요긴한 '몽둥이'라고 보았다. 실제 그는 몽둥이를 휘두르는 일을 직접 지휘하기도 했다. 그는 미국-스페인 전쟁(1898) 중 쿠바전투에 참전하여 혁혁한 공을 세워 전 국가적 전쟁 영웅이 됐다. 개전 3개월 만에 미국은 아메리카 대륙과 태평양에 남아 있던 스페인의 제해권을 빼앗았다.

그런데 이 전쟁은 운하 건설 계획의 결정적 계기로도 작용했다. 태평양 전함인 오리건호가 남아메리카의 케이프혼을 돌아오느라 카리브해 전역戰域에 한참이나 늦게 도착한 일이 일어났다. 이에 대서양 선단과 태평양 선단을 통합 운영해야 할 필요가 제기되면서 운하가 미국의 국가 안보에 필수적인 것으로 여겨졌다. 대통령 직속 대양연결운하위원회는 운하 건설을 논의했는데, 당시에는 파나마가 아니라 니카라과를 통과한다는 계획이었다.

루스벨트가 대통령이 된 데에는 우연이 작용했다. 루스벨트는 거대 기업들의 트러스트와 부패한 정치 기구에 반대하는 개혁적인 입장을 견지하고 있었다. 그의 주장에는 난색을 표하면서도 그의 대중적 인기를 활용하려 했던 공화당의 지도부는 1900년 대선에서 루스벨트에게 부통령직을 맡겨 오히려 그를 고립시키려 했다. 그런데 정치적 묘수를 썼다고 생각했는데, 1901년 9월 6일 매킨리 대통령이 뉴욕주 버펄로에서 암살되자 사태가 전혀 다르게 흘러갔다. 루스벨트는 43

세로 미국 역사상 가장 젊은 대통령
이 됐고, 열정과 확고한 행동 의지
로 미국의 미래에 대한 원대한 계획
을 제시했다. 그는 여전히 특유의
몽둥이 철학을 설파했다.

말은 부드럽게 하되 큰 몽둥이
하나는 가지고 다니세요. 우리는
그렇게 할 것입니다.

페르디낭 드 레셉스 자작.

루스벨트가 대통령에 취임했을 때, 그는 니카라과를 통과하는 운
하 건설을 최우선 정책으로 내세웠다.

∶ 레셉스 자작의 실패

그러나 운하 건설에 먼저 도전한 인물은 프랑스인 페르디낭 드 레
셉스(1805~1894) 자작이었다. 이미 수에즈운하라는 기적을 이룬 그는
두 번째 기적에 도전했다. 그는 민간이 주체가 되는 건설 계획을 제안
했는데, 뒤로는 이미 중재자들을 통해 파나마 지역에 운하를 건설하겠
다는 계약을 콜롬비아 정부와 맺어놓았다. 레셉스 자작은 자신만만했
다. 길이가 수에즈운하의 절반인 82킬로미터밖에 안되는 파나마운하
건설은 훨씬 수월한 작업이 될 것이라고 장담했다. 과연 그럴까?

건조한 평원 지역을 가로지르는 수에즈운하의 건설과 열대 정글 지

역을 통과하는 파나마운하의 건설은 전혀 다른 문제였다. 이곳은 빽빽한 열대밀림 가운데로 위협적인 차그레스강이 흘렀고, 산맥이 장벽을 이루는 최악의 조건이었다. 지질학회의 조사 요원은 운하에 필요한 정도의 땅을 굴착하는 것은 불가능하며, 차그레스강은 우기 때 운하를 침수시킬 것이라고 경고하고, 차라리 강을 둑으로 막아 인공호수를 만들고 갑문장치를 이용한 갑문식 운하를 건설하는 게 낫다고 제안했다.

그러나 가장 조건이 좋은 건기에 최상의 광경만 관찰한 레셉스는 훨씬 비용이 저렴한 수평식 운하를 건설하는 게 과학적으로 절대 확실하다고 주장했고, 결국 그의 의견을 관철시켰다. 회사 주식을 발행하여 거액을 모은 그는 사업에 착수했다. 그러자 곧 실제 장애가 어떤 것인지 드러나기 시작했다. 연중 8개월 지속되는 우기에 엄청난 폭우가 쏟아졌다. 밀림에는 온갖 맹수와 독충, 뱀이 그득했다(카누를 타고 가면 어느새 독사들이 옆에 같이 있었고, 그러면 우산으로 뱀을 돌돌 말아 강으로 던져야 했다). 굴착해야 할 양도 원래 추산치 1400만 제곱킬로미터보다 비교가 되지 않게 많은 1억 2천만 제곱미터나 됐다.

그러나 실제 가장 큰 장애는 말라리아와 황열병 같은 전염병이었다. 황열병은 고열과 떨림 증세로 시작해서 심한 요통을 거쳐 갈증 그리고 피부가 노란색으로 변하다가 각혈 끝에 죽음으로 끝났다. 이 병 때문에 심지어 노동력의 80퍼센트가 작업을 할 수 없던 때도 있었다. 차그레스강의 범람 역시 보통 문제가 아니었다. 우기 때에는 수면 높이가 10미터나 상승했다. 이 강의 수위를 조절하려면 지구상에서 가장 큰 댐을 건설해야 했다. 산에서는 끝없이 진흙이 흘러내렸다. 불안정한 산악 지형을 뚫고 나가기 위해 굴착 지대가 점점 넓어져갔고, 그 많은 흙을 치우는 것만 해도 엄청난 일이었다. 한때 이 공사장에서 일했던 화가 폴 고갱은 아침 5시 반부터 저녁 6시까지 열대의 태양 아래 아니면 폭우 속에서 땅을 파다가 저녁이면 모기떼에 시달리는 삶을 두 달 겪어본 후 더 낭만적인 곳을 찾아 떠났다.

1889년 중반에 급기야 작업이 중단됐다. 그때까지 수에즈운하 전체 공사비의 3배에 달하는 2억 8700만 달러를 투입하고는 사업이 파산하여 수많은 투자자가 재산을 날렸다. 레셉스와 그의 아들이 사기와 배임 혐의로 고소당했다. 치매에 걸려 무슨 일이 일어나고 있는지도 모르게 된 레셉스는 수감된 아들이 찾아오지 않는다고 불평하다가 89세의 나이로 세상을 떠났다. 이제 파나마운하의 건설 사업은 민간 부문이 맡아서 할 일이 아닌 게 분명해졌다.

: 미국이 사업을 인수하다

1901년 루스벨트가 대통령에 취임하면서 미국 정부가 니카라과에 운하를 건설하려는 움직임을 보이자, 프랑스의 주주들은 투자금의 일부라도 건지기 위해 지금까지의 공사 부분을 미국 정부에 4000만 달러에 팔겠다고 제안했다. 이 제안을 받아 파나마에 운하를 건설할지 원래 생각대로 니카라과에 운하를 건설할지 논의하는 대통령 자문회의가 소집됐다. 루스벨트는 파나마 안에 우호적인 내용의 보고서를 원한다고 위원들에게 말했고, 게다가 만장일치라면 더 좋겠다는 말도 흘렸다. 격렬한 로비전戰 끝에, 결국 1902년 6월 상원이 루스벨트의 파나마운하 계획을 지지했다.

그다음부터는 미국과 콜롬비아 간의 밀고 당기는 싸움이 벌어졌다.

1903년 1월 미국 정부가 파나마를 포기하고 니카라과와 협상을 개시하겠다며 콜롬비아를 협박한 끝에 콜롬비아 대사는 루스벨트가 제시한 조약 내용을 마지못해 받아들였다. 그 내용은 미국이 파나마운하 지대에서 효율적으로 통치권을 행사할 수 있도록 갱신 가능한 100년 단위 임차 계약을 맺고, 그 대가로 매년 1025만 달러를 지불한다는 것이었다. 그러나 자국 주권을 제약하는 고압적인 내용을 접한 콜롬비아 상원은 조약 승인을 거부했다. 격노한 루스벨트는 파나마 지역을 별개의 국가로 독립시키는 혁명을 사주했다.

파나마 혁명은 미국이 뒤를 봐주는 가운데 프랑스 출신 국제 거간꾼 필립장 뷔노바리야(1859~1940)가 중재하여 만들어낸 일이었다. 그는 혁명에 필요한 거의 모든 것을 제공해주었다. 독립선언서, 군사 작전 계획, 헌법, 국기國旗, 비밀 통신 암호, 거사 비용 등 모든 것이 그에게서 나왔다. 그리고 무엇보다도 중요한 것은 미군이 혁명을 지원할 것이라는 약속이었다. 심지어 거사일도 11월 3일로 그가 정했다.

11월 4일 파나마의 독립이 선포됐고, 이틀 후 미국이 파나마공화국의 성립을 정식으로 승인했다. 그리고 서둘러서 운하 설립 조약을 마무리 지었다. 내용은 파나마운하 지대에서 미국의 주권을 확대하고 임대 계약 기간을 영구히 연장한다는 것이었다. 1904년 2월 미국 상원이 이 조약을 인준했다. 이후 미국은 중남아메리카 국가들의 경제 문제나 외교 문제에 개입했고 걸핏하면 해병대를 상륙시켜 이 지역을 통제했다.

프랑스 회사가 작업을 중단한 그곳에서 미국이 사업을 속개했다. 루스벨트는 책임 엔지니어로 존 월리스를 임명했다. 곧바로 굴착을 시작했으나, 이전과 똑같은 곤경에 빠졌다. 모기들은 새로운 노동자

스페인 노동자들, 1900년대 초.

들의 피를 빨아먹으며 말라리아와 황열병을 퍼뜨렸다. 위생 문제를 담당하는 군의관 윌리엄 고거스 대령은 문제의 핵심이 모기라는 사실을 깨닫고 이 문제 해결을 당부했지만, 아직 병의 원인이 세균이 아니라 장기瘴氣라고 믿던 때라 그의 의견은 가볍게 무시됐다. 매일 장례 행렬이 이어졌고, 결국 월리스는 사임했다.

: 운하의 완성

루스벨트는 새 책임 엔지니어로 존 스티븐슨을 임명했다. 그는 고

증기 굴착기, 1908.

거스의 설명에 전적으로 공감했다. 스티븐슨은 굴착 작업을 중단시키고 모든 문제를 재점검했다. 그 결과 전염병 통제가 급선무이며, 두 전염병을 전달하는 두 종류의 모기를 없애면 된다는 결론을 내렸다. 황열병을 옮기는 은색의 이집트숲모기 암컷은 깨끗한 물웅덩이에만 알을 낳는데, 이들은 번식과 먹이 확보를 위해서 인간의 생활 터전과 가까운 곳에 머물며 인간에게 의존한다. 미군은 체계적으로 모든 문과 창문을 차단하고, 가옥을 소독하고, 물통을 밀폐하고, 수조와 오수 구덩이에 기름을 치고, 고인 물을 없애는 방법 등을 동원하여 1905년 말에 이르면 파나마에서 황열병을 거의 일소할 수 있었다. 그리고 더 널리 퍼져 있는 말라리아모기를 없애기 위해서 수백 킬로미터의 습지를 정화하고, 효율적인 배수로를 설치하고, 밀림의 식물들을 베어내고, 물이 고인 곳에는 기름을 분사하고, 인간의 거주지와 가까운 곳에는 모기의 유충을 잡아먹는 피라미와 모기의 천적인 거미, 도마뱀을 퍼뜨렸다.

그다음으로 중요한 개선은 철도를 최대한 이용하는 것이었다. 망가진 선로를 고치고 새 선로를 하나 더 깔아 양방향으로 늘 기차가 이동하도록 만들어 최대한 빨리 폐석들을 치웠다. 이제 작업 속도가 눈에 띄게 빨라졌다. 동시에 파나마의 지역 조건을 확실히 파악한 스티븐슨은 갑문식 운하 건설이 유일한 해결책이라는

굴착기에 앉아 포즈를 취한 루스벨트 대통령.

결론에 이르렀다. 이를 위해 가툰 지방에서 차그레스강을 둑으로 막아 세계 최대의 인공호수를 만들어, 배가 차례로 더 높은 위치의 갑문을 통과하도록 설계했다.

운하 건설을 독려하기 위해 루스벨트는 직접 건설 현장을 방문했다. 그는 폭우가 내리는 가운데 진흙이 질척거리는 작업 현장을 걸어서 방문하고, 댐 후보 지역을 살펴보기 위해 언덕에 올라가 질문을 쏟아내며, 공장의 식당에서 식사를 했다. 한번은 하얀 정장 차림에도 불구하고 폭우 속에서 거대한 굴착기의 운전석에 직접 올라 사진기자 앞에 포즈를 취해주었다. 바로 이 굴착기가 핵심 도구였다. 새 굴착기들은 과거에 프랑스인들이 사용하던 기계가 처리하던 양의 3배나 되는 8톤의 흙을 한번에 퍼내서, 8분마다 움직이는 열차에 내려놓았다.

운하 건설의 최대 난관은 대륙 분수령의 산맥을 관통하는 약 15킬

쿨레브라 커트, 1896.

로미터 길이의 병목 모양 수로를 뚫는 현장이었다. 쿨레브라 커트라 불리는 이곳에서만 꼬박 7년에 걸쳐 굴착 작업을 진행했다. 산을 폭파시키고, 바위와 흙더미를 옮기며, 우기에는 계속되는 산비탈의 진흙 사태로 흙더미 아래 묻힌 공사용 기계를 파내야 했다. 쿨레브라 수로를 만드는 과정에서 파낸 흙의 양은 상상을 초월한다. 이 작업 시스템의 핵심은 정확한 스케줄에 맞추어 작동하는 철도망이었다. 50~60대의 거대한 증기 굴착기가 하루에 열차 500대 분량의 흙을 퍼냈다. 운하 건설 전 기간에 걸쳐 2700만 킬로그램의 다이너마이트가 사용됐다. 공사장은 전쟁터와 같았고, 실제 많은 인부가 죽거나 불구가 됐다. 1913년 5월 드디어 서로 다른 방향에서 작업을 진행하던 두 대의 굴착기가 서로 만났다. 몇 달 후인 1913년 10월 10일 워싱턴에 있는 우드로 윌슨(1856~1924) 대통령은 마지막으로 운하에 물을 채우기 위해 둑을 무너뜨리라는 전보를 보냈다. 물이 차오르고 드디

1913년 완공된 파나마운하.

어 운하가 완공되어갔다.

∶ 소통과 파괴

어느 면에서 보건 운하는 대성공이었다. 개통 후 10년 이내에 운하는 매년 약 5천 척의 선박이 통과하는 수로가 됐다. 주기적인 확장과 개선 작업이 이루어져 대규모 전함이나 점점 더 규모가 커지는 초대형 유조선 또는 거대한 화물 컨테이너 수송선도 운하를 지나갈 수 있게 됐다. 이는 20세기 후반 세계 경제를 빠른 속도로 통합시키는 해운 혁명의 근간이 됐다. 짐을 선착장에서 하역하는 것이 아니라 컨테이너를 직접 기차나 트럭에 실어서 최종 목적지로 보내게 만든 이 혁명은 세계의 항구를 변모시켰다.

파나마운하의 공사 기간은 35년이었고 비용은 6억 4000만 달러가 들었으며, 무엇보다 2만 5천 명이 인명 피해를 입었다. 인류의 위대한 위업 중 하나라 할 수 있는 이 운하로 인해 400년 전 유럽인의 대양 항해로 시작된 변화, 즉 세계의 바다가 사람들의 이동을 제한하는 장애에서 통합된 초고속 도로망으로 변모하는 현상이 정점에 도달했다. 동시에 그 혁명을 주도하고 그에 필요한 인프라를 직접 만들고 또 통제한 미국이 새로운 패권 국가로 올라섰다.

1914년 8월 3일 운하 준공식이 열렸다. 그러나 제1차 세계대전 발발로 인해 운하 완공의 의미가 퇴색되고 말았다. 세계는 대소통의 시대와 대파괴의 시대를 동시에 맞게 됐다.

베를린장벽에서 벽화로

동과 서를 나눈 벽이 무너지다

세계는 계속 소통하고 왕래하지만 그와 동시에 새로운 장애, 더 큰 장벽이 생겨나기도 한다. 냉전 시대는 그런 분할과 불통이 극에 달한 때였다. 제3세계를 선언한 소수의 국가들을 제외한 나머지 전 세계가 동과 서로 나뉘었다. 핵전쟁으로 세계가 종말을 맞이할지도 모른다는 암울한 두려움이 세상을 뒤덮었다. 그런 갈등과 충돌의 최전선 중 하나가 베를린장벽이었다. 누구도 이 벽을 넘지 못한다는 엄포가 사람들의 가슴을 짓눌렀다.

그렇지만 그런 불통과 장애가 언제까지나 계속될 수는 없다. 30년 동안 한 나라, 더 나아가서 세계를 둘로 구분해 놓던 베를린장벽도 시대의 대세 앞에서는 버티지 못하고 결국 무너졌다. 엄혹한 독재정치 체제도 민중들의 열렬한 소망 앞에서는 눈 녹듯 녹아내렸다. 언제까지나 지속될 것 같던 그 강고한 콘크리트 절벽이 어느 날 거짓말처럼 사라지는 것을 우리 눈으로 보았다. 세상에 영원한 것은 없는 법.

그 장벽의 일부가 예술로 다시 태어났다. 세계의 젊은 화가들이 모여 독일의 재통합을 축하하고 세계 평화를 기원하는 벽화를 그렸다. 장벽이 예술 갤러리로 변모하는 기적이 일어난 것이다. 군국주의와 전체주의의 수도 이미지였던 베를린은 이제 새로운 문화와 예술이 만개하는 사랑스러운 젊은 도시로 변모했다.

1989년 11월 베를린은 한 시대가 가고 새로운 시대가 오는, 그야말로 거대한 역사적 격변의 현장이었다. 20세기 후반 세계를 구속했던 냉전의 틀이 여지없이 깨져나갔다. 동과 서를 가르는 가장 구체적 실물인 베를린장벽이 무너진 것이다. 그 당시 나는 도도한 변화의 물결이 넘실대던 역사의 현장에 머물고 있었다.

그러면 뭐하나, 신문과 라디오, 텔레비전도 안 보고, 또 인터넷도 없던 시절이었으니, 바로 현장에 있었으면서도 무슨 일이 일어나고 있는지 그야말로 까맣게 모른 채 지내고 있었다. 파리로 유학 갔지만 박사 논문을 쓰기 위해서는 베를린의 고문서보관소에 있는 자료를 봐야 했기에, 말하자면 파리에서 베를린으로 이중으로 유학길에 올랐던 셈이다. 아는 사람 하나 없는 낯선 곳에서 지내며 빨리 논문 자료를 찾겠다는 일념으로 매일 아침 일어나면 수백 년 전 까마득히 먼 동유럽 지역에서 활동하던 상인들의 희미한 흔적을 찾기 위해 고문서보관소로 출근했다. 그러니까 실제 대역사가 일어나던 현장의 정반대 방향으로만 다니고 있었던 것이다.

며칠 후 친구 전화를 받고서야 내가 살던 곳 바로 가까이에서 '대혁명'이 일어났다는 것을 알게 됐다. 다음 날 바로 베를린장벽이 가로막고 있던 곳에 가보니 이미 그곳은 완전히 다른 풍경으로 변해 있었다. 많은 사람이 끌과 망치로 장벽을 쪼아대고 있는 모습이 눈에 들어왔다. 서방세계와 사회주의권 사이를 가로막던 거대한 장애물이 돌연 희한한 기념물로 변해 있었다.

: 독일의 분단

제2차 세계대전 종전 이후 전범국 독일은 미국, 영국, 프랑스와 소련이라는 4대 강국의 분할 통치를 받았다. 소련 관할권 내 깊숙한 지점에 위치해 있던 수도 베를린도 마찬가지로 4개국 관할권으로 나뉘었다. 시간이 지나면서 서방 국가들과 공산권 국가들 간의 갈등이 돌이킬 수 없는 상황이 되자 독일의 재통합은 불가능해지고 두 개의 분단국가로 갈리게 됐다. 미국, 영국, 프랑스의 관할권이 서독이 되고, 소련 관할권이 동독이 된 것이다. 문제는 베를린이었다. 동독 영토 한가운데 위치한 서베를린은 섬처럼 고립됐다.

종전 즈음에는 20세기 들어 두 번씩이나 대규모 전쟁을 도발한 독일에 대한 응징 분위기 일색이었다. 전후 처리 방안 중에는 공업 발전을 아예 금지시켜서 독일을 영구 농업국으로 만들어 두 번 다시 전쟁을 하지 못하도록 하자는 극단적 아이디어까지 나왔다. "아침에도 수프, 점심에도 수프, 저녁에도 수프만 먹는" 유럽 내 최 빈곤국으로 만들어버리자는 모겐소 계획Morgenthau Plan이 그것이다. 그러나 이 계획안은 우선 너무 비인간적이라는 비판 때문에 철회됐지만, 그보다는 냉전 상황이 심화되자 오히려 독일을 부흥시켜 적의 침입을 막는 중부 유럽의 방파제로 만들어야 하는 필요성이 제기됐다. 이것은 서독이나 동독이나 마찬가지였다.

1961년 동독 군인 콘라트 슈만이 서베를린으로 탈출하는 사진(왼쪽)과 이를 패러디한 그림(오른쪽).

경제 상황은 서독에 유리했다. 이른바 '라인강의 기적'이라 불리는 경제성장을 이루면서 서독은 점차 세계 최강의 경제 대국으로 변모해 갔지만, 동독 경제는 동구권에서는 가장 발달했다고 해도 자본주의 경제에 비할 바가 아니었다. 비록 패망 직전의 시점이라고는 하지만, 1980년대 내가 동베를린에 갔을 때 목도한 사정은 충격 그 자체였다. 시 한복판의 중심가인 운터덴린덴 지역만 겨우 번듯한 외양을 지키고 있을 뿐, 그곳에서 한 블록만 벗어나도 도로가 패이고 건물들의 창문이 부서진 채였다. 사람들 모습도 초췌하기 짝이 없었다. 식량 사정도 여의치 않고, 무엇보다 신선한 채소가 절대적으로 부족했다. 레코드 가게는 건물은 엄청난데 그 안에 있는 상품 물량은 조그마한 장 하나에 들어 있는 게 전부였다. 경제 경쟁에서는 일찍부터 승패가 갈렸다.

그러니 동독 주민들이 서쪽으로 넘어가려 한 것은 당연한 일이었다. 1950년대까지 동서독 간 국경은 비교적 쉽게 넘나들 수 있었기 때문에 많은 동독 주민이 서독으로 넘어갔다. 조만간 국경 경비를 강화했지만 그래도 여전히 베를린에서는 탈주가 불가능하지 않았다. 동베를린과 서베를린으로 나뉘어 있다고는 해도 전철과 지하철 노선은 여전히 양 지역을 오갔다.

> 지하철만 타면 우리는 별세계에 있었다. 우리는 사회주의에서 자본주의로 단 2분 만에 갈 수 있었다.

당시 동베를린 주민은 이렇게 회고한다. 이런 상황이니 어떻게든 서방으로 넘어가려고 결심한 사람들에게 베를린은 마지막 비상구 역할을 했다. 동독 당국으로서는 젊고 유능한 사람들이 서쪽으로 많이 넘어갔다는 점에서 더 큰 문제였다. 전반적으로 노동력 부족이 심한 데다가 특히 엔지니어, 의사, 변호사 등 고급 인력이 빠져나가고 있었으니, 어떻게 해서든 이 문제를 해결해야 했다.

: 세계를 갈라놓은 장벽

1961년 8월 전격적으로 장벽이 건설됐다. 베를린 시내에서 동서를 나누는 43킬로미터 그리고 서베를린과 나머지 동독 지역과의 경계 156킬로미터에 콘크리트 장벽이 올라갔다. 동독 당국이 베를린장벽을 세우면서 내세운 명분은 서유럽 '파시스트' 국가들의 침략으로부터 자국 주민들을 지킨다는 것이었다. 그래서 원래 장벽의 공식 이름

서베를린 쪽에는 그라피티가 그려져 있지만 동베를린 쪽에는 접근 금지 구역이기 때문에 벽면이 깨끗하다. 1986년 사진.

도 '반파시스트 보호벽Antifaschistischer Schutzwall'이었다. 그렇지만 누가 보더라도 이 장벽의 기능은 동베를린 사람들이 서베를린으로 탈출하는 것을 막는 것이었다. 과연 장벽이 세워진 이후 서쪽으로의 이주는 불가능해졌다. 약 5천 건의 목숨을 건 탈출 시도에서 200명 가까이가 목숨을 잃었다.

장벽 건설은 독일 내부만의 문제가 아니라 사실은 세계 대결의 결과였다. 1961년 4월 17일에는 쿠바 망명자들을 훈련시켜 쿠바의 피그스만(스페인어로는 코치노스만Bahía de Cochinos)에 침투시키려던 미국의 시도가 실패로 끝났다. 조만간 소련은 쿠바에 핵미사일을 배치하여 미국을 위협할 참이었다. 제3차 세계대전이 일어나고 그것은 필연

1963년 6월 26일 베를린장벽을 방문한 케네디 미국 대통령.

적으로 핵전쟁이 되리라는 위험이 고조되어갔다. 미국과 소련 모두 핵실험을 재개했다. 당시 소련이 시험한 핵폭탄 중에는 50메가톤 급도 있었는데, 이는 히로시마廣島에 떨어뜨린 원자탄의 3,500배 위력을 가지고 있었다. 당시 사람들의 불안감이 어떠했는지 짐작할 수 있을 것이다.

이런 상황에서 베를린은 전쟁을 촉발시킬 초미의 문제로 발전해갔다. 미국 대통령 존 F. 케네디와 소련 서기장 니키타 흐루쇼프는 한없이 핵 위협을 증대시켜갈 수도 없고 적에게 양보할 수도 없는 진퇴양난에 빠져 있었다. 무엇보다 소련군이 서베를린으로 진군해와서 점령하는 사태가 일어나면 곧 핵전쟁의 서막이 될 판이었다. 바로 이런 상황에서 베를린장벽이 올라가는 것을 본 서방 지도자들이 차라리 마음속으로 안심한 것도 충분히 이해되는 일이다. 최소한 소련군과 동

체크포인트 찰리가 있던 지점에 과거의 모습을 유사하게 재현해 놓았다.

독군이 서베를린으로 밀고나올 생각은 접었다는 걸 의미하기 때문이다. 케네디도 장벽이 훌륭한 해결책은 아니지만 그나마 나은 미봉책이라고 자인했다. 그러더니만 베를린장벽 앞에 서서 세계의 자유를 옹호하고 소련과 동독 당국을 비난하는 멋진 연설을 했다. 이는 케네디가 한 연설 중에 최고라고도 일컬어진다.

　　나는 베를린 시민입니다Ich bin ein Berliner.

이제 두 베를린은 거의 완전히 단절됐다. 탈출 시도가 없지 않았지만 흔히 비참한 실패와 죽음으로 끝났다. 가족과 친척이 갈리고 하루 아침에 일자리를 잃고 마는 사태가 벌어졌다. 공식적으로 양쪽을 오가는 것은 아홉 곳의 관문에서 엄격한 통제하에서만 가능했다. 베를린 시대의 체크포인트 찰리Check Point Charlie(독일인이 아닌 서방인이 동독을 방문할 때 통과하는 관문)가 그중 가장 유명하다.

다만 시간이 흐르면서 양 지역 간 교류가 약간씩 개선됐다. 1971년에 협정을 통해 서베를린과 동베를린 사람들이 정규적으로 상호 방문하는 게 가능해졌다. 그러나 가난한 동독 주민들에게 서베를린 여행은 경제적으로 엄청난 부담이었다. 동독 물가에 비해 서독 물가는 너무 비쌌다. 이를 고려하여 서베를린 쪽에서 동베를린 사람들에게 1년에 한번 소액의 보조금Begrüßungsgeld(welcome money)을 지급해주었다.

사람들은 그 돈을 아꼈다가 돌아갈 때 동독에 없는 물건들을 사가지고 갔다. 그 부족한 돈으로 무엇을 살 것인가가 오시Ossi(동독 사람)들에게 큰 고민거리가 아닐 수 없다. 아들놈이 그토록 원하는 나이키 운동화를 살 것인가, 딸애가 몇 년 전부터 노래 부르듯 이야기한 바비 인형을 살 것인가, 동베를린에서는 너무나 귀한 야채와 과일을 살 것인가.… 많은 사람이 고민 끝에 그나마 가장 싼 과일인 바나나를 많이 사가지고 가서 그들에게 바나나는 눈물겨운 과일이었다(대개 베시Wessi(서독 사람) 가게는 오시들에게 싼값에 물건을 팔았다). 장벽이 무너지던 그날, 한 할머니가 눈물을 흘리며 선 채 밀려들어오는 동베를린 사람들에게 바나나를 하나씩 나누어주던 사진이 아직도 뇌리에 남아 있다.

: 장벽, 무너지다

1989년 동유럽에 큰 변화가 일어났다. 친소비에트 국가들인 폴란드와 헝가리에서 정치적 격변이 일어 자유화와 민주화가 진행됐다.

동독 주민들도 예외가 아니었다. 여행객을 가장하여 헝가리에 간 동독 사람 1만 3천 명이 헝가리 국경을 넘어 오스트리아로 탈출했다. 헝가리 정부는 이 난민들이 서방 국가로 가는 것을 '인도적인 이유에서 막지 않겠다'고 하여 동독 당국을 격분케 했다. 유사한 일이 체코에서도 벌어졌다. 사태가 심상치 않게 돌아가고 있었다. 장기간 권력을 잡고 있던 동독의 권력자 에리히 호네커(1912~1994)가 사임하고 에곤 크렌츠(1937~)가 이어받았다.

그러는 동안 동독 각지에서 서독으로 가기를 원하는 사람들이 시위를 벌였다. '평화적인 혁명'이 시작됐다. 이해 11월 4일에는 50만 명에 달하는 엄청난 군중이 동베를린의 알렉산더광장에 모여 동독의 변화를 촉구하는 시위를 벌였다. 헝가리와 체코를 거쳐 서방으로 넘어가는 사람들 사태에 직면한 크렌츠 정권은 차라리 생각을 바꾸어 동독과 서독 사이, 특히 베를린시의 관문을 통해 쉽게 서독을 방문할 수 있게 만들었다. 그렇지만 이는 서방 여행 규제법을 '완화'하겠다는 것이지 '폐지'하자는 의도가 아니었다. 그런데 때로 역사는 정말로 작은 사건이 실마리가 되어 큰 변화를 초래하기도 한다.

약간의 '오해'가 엄청난 산사태를 불러일으켰다. 11월 9일 동베를린 공산당 책임자인 귄터 샤보브스키가 변경된 정책을 설명하는 기자회견을 하게 되어 있었다. 문제는 그가 구체적인 사항을 미처 숙지하지 못한 채 회견장으로 갔다는 것이다. 건네받은 종이에 적힌 내용을 읽고 나니 기자들의 질문이 쏟아졌다. 그러자 그는 상부의 결정을 오해한 나머지 동독 주민들은 자유롭게 "어디서라도 국경을 넘어 출국할 수 있다"고 말했다. 놀란 기자들이 언제부터 그럴 수 있는 거냐고 묻자 그는 오늘 당장 동베를린에서 서베를린으로 문호를 개방하는 것

끌과 망치로 벽을 쪼아 기념물을 만드
는 사람.

이라고 했다. 그날 저녁 뉴스에 이 내용이 그대로 방송됐다.

곧바로 수많은 사람이 베를린장벽 앞에 몰려들어 문을 열라고 요구했다. 무능한 부하가 멍청한 기자회견을 해서 걷잡을 수 없는 사태가 일어났다는 사실을 크렌츠는 전혀 몰랐다. 초병들이 상관에게 전화를 걸어 어떻게 대처해야 하느냐고 물으니 나갈 수는 있지만 돌아올 수는 없다는 내용의 스탬프를 찍어 통제하라는 지시를 받았다. 그러나 수천 명이 몰려들자 초병이라고 달리 어쩔 도리가 없었다. 밤 10시가 넘어 군 지휘관이 통제를 포기하고 체크포인트의 문을 열라고 지시했다. 열린 문으로 동베를린 사람들이 밀려나오고 서베를린 사람들이 꽃과 샴페인을 주며 그들을 맞이했다. 곧 청년들이 장벽 위로 올라가 춤추고 환호성을 올렸다.

장벽이 무너지기 시작했다. 조만간 끌과 망치를 든 사람들이 나타나 장벽의 조각들을 떼어내서 기념품으로 관광객들에게 판매했다. 동베를린 쪽에서는 사람들의 접근이 불가능해 그쪽 벽면은 낙서 없이 깨끗했지만 서쪽에는 사람들이 벽에 스프레이로 낙서graffiti를 잔뜩 했는데, 이제 사람들이 그 낙서 흔적이 남은 돌조각을 꽤 비싼 값에 팔았다. 조만간 낙서가 보이는 겉의 층이 다 사라지자 자기가 직접 스프레이로 낙서를 한 다음 끌로 떼어내서 판매하는 얌체 업자들도 등장했다. 불도저로 벽의 일부를 허물고 막혔던 옛길을 다시 연결하는 광경은 축제 현장으로 변했다.

다음 해인 1990년 6월부터 공식적으로 장벽 철거가 시작됐고, 이 해 10월 3일 동독이 해산되고 통일이 이루어졌다.

: 장벽이 예술로 승화한 도시

25년 만에 다시 베를린을 찾았다. 장벽이 서 있던 곳에는 화려한 건물들이 들어서서 어디가 어딘지 통 구분할 수 없었다. 장벽은 거의 다 제거되고, 일부만 남아 현재 이스트사이드 갤러리라는 이름으로 자유를 상징하는 예술 무대로 변모했다. 1990년 서베를린 당국은 뮐렌슈트라세Mühlenstraße에 1.3킬로미터의 장벽을 남겨 전 세계의 화가들을 초빙하여 벽화를 그리게 했다. 그리하여 105개의 멋진 작품이 탄생했다. 인디아노, 티에리 누아르, 잉게보르크 블루멘탈, 디미트리 브루벨 등 뛰어난 역량의 작가들이 자유를 억압하는 장벽을 넘어 온 세계 사람들이 행복하게 사는 세상을 기원하는 작품들을 만들었다.

북한의 수용소 설명 부분.

　한 나라를 둘로 가르고 자유를 억압했던 장벽, 숱한 희생을 치르게 만들었던 구시대의 가슴 아픈 장애물이 이제 자유와 평화를 염원하는 작가들의 아름다운 작품으로 우리 눈앞에 서 있다. 천천히 이 갤러리를 따라 걸으며 하나씩 작품을 감상하노라니 감개무량하다.[*]

　시내 한복판에 위치해 있던 체크포인트 찰리는 과거의 검문소를 복원하여 관광객들을 맞고 있었다. 그 한쪽 옆에는 베를린장벽박물관이 서 있었다. 우리가 몸소 겪었던 끔찍한 냉전의 기억들이 고스란히 보존되어 있고, 장벽을 넘어 탈출했던 사람이 직접 그때의 경험을 설명해주었다.

---

[*] 한 가지 아이러니한 사실이 있다. 이들 작품은 원래 길거리 예술인 그라피티에서 나온 것이다. 그 자체가 기존 질서와 권위를 비판하거나 조롱하는 성향을 띠고 있다. 그런데 작품이 완성되자 곧 여기에 수많은 사람이 자유롭게 낙서하거나 파괴하는 일들이 벌어졌다. 그라피티에 대한 그라피티를 막아야 하나, 말아야 하나? 대체로 전체 작품의 3분의 2 정도가 심하게 파손되어 보수가 필요한 상황이었다. 그리하여 2009년에 일부 작품을 완전히 새롭게 개보수하는 작업에 들어갔다. 그런데 일부 작가들은 자신의 작품을 그런 식으로 다시 그리는 것에 반대하고 또한 자신의 허락 없이 그림들을 복제하는 것도 불허한다며 저작권 보호를 위해 재판을 신청했다. 그 결과가 어찌될 것인지 궁금하다.

이곳에서 일하는 한국인 안내원 자원봉사자가 친절하게 여러 곳을 안내해주고는 마침 박물관 지하에 북한 인권 관련 특별 전시가 있으니 꼭 들러보라고 일러준다. 북한수용소의 끔찍한 실상을 알리는 자료들이 전시되어 있다. 고문 장면들이 가슴을 때린다. 아직 장벽이 남아 있는 곳, 저 먼 동쪽의 분단 조국의 참담한 현실을 이곳에서 이렇게 조우하다니!

우리의 장벽, 우리의 철조망이 사라지고 그것이 아름다운 예술로 꽃피어나는 날이 언제 올까. 이제는 세계 젊은이들이 반드시 가보고 싶어 하는 도시 중 하나로 변한 젊음과 예술과 평화의 도시 베를린은 나에게는 아직 고통스러운 기억을 되살리는 도시로 남아 있다.

| 참고문헌 |

제1부 문명의 길을 떠나다

아웃 오브 아프리카 전 세계로 퍼져간 인류
데이비드 크리스천 · 밥 베인, 조지형 옮김, 『빅 히스토리』, 해나무, 2011.

농경의 시작 농업의 탄생과 신의 탄생
클라이브 폰팅, 이진아 옮김, 『녹색세계사』, 심지, 1996.
Cauvin, Jacques, *Naissance des divinités Naissance de l'agriculture, La Révolution des symboles au néolithique*, CNRS, 1994.
de Saint-Blanquat, Henri, "De l'Euphrate à la Chine : Les premiers agriculteurs", *L'Histoire*, no.193, Nov 1995.
Mazoyer, Marcel & Laurence Roudart, *Histoire des Agricultures du Monde, Du Néolithique à la Crise Contemporaine*, Seuil, 2002.

소 육식의 세계화와 빈곤의 세계화
애나 라페, 김승진 옮김, 『지구를 위한 다이어트 혁명』, 이후, 2011.
업튼 싱클레어, 채광석 옮김, 『정글』, 페이퍼로드, 2009.
Chassaigne, Philippe, "Pourquoi les Anglais Mangeaient Mal", *L'Histoire*, no. 332, Juin 2008, pp.70~75.
Panayi, Panikos, *Fish & Chips : A History*, Reaktion, 2014.

말 인류의 역사와 함께 달리다
Chamberlin, J. Edward, *Horse : How the Horse Has Shaped Civilizations*, Blue Bridge, 2006.
McNeill, William H., "The Eccentricity of Wheels, or Eurasian Transportation in Historical Perspective", *The American Historical Review*, Vol. 92, No. 5 (Dec., 1987), pp.1111~1126.

면화 온 세상 사람들에게 옷을 입힌 작물
에릭 오르세나, 양영란 옮김, 『코튼로드』, 황금가지, 2007.

자크 앙크틸, 최내경 옮김, 『목화의 역사 : 흰 황금의 대서사시』, 가람기획, 2007.

Parthasarathi, Prasannan, *Why Europe Grew Rich and Asia Did Not : Global Economic Divergence, 1600-1850*, Cambridge University Press, 2011.

염료 세계사에 색을 입히다

Haudrère, Philippe, *Les Compagnies des Indes*, Ouest-France, 2003.

Pomeranz, Kenneth & Steven Topik, *The World that the Trade Created : Society, Culture, and the World Economy, 1400 to the Present*, M.E. Sharpe, 1999.

포도주 신들의 음료에서 세계인의 술로

맛시모 몬타니니, 주경철 옮김, 『유럽의 음식문화』, 새물결, 2001.

Standage, Tom, *A History of World in 6 Glasses*, Bloomsbury, 2005.

가시관 성스러움으로 통치하다

파리 노트르담대성당 홈페이지.

Bell, Adrian & Richard Dale, "Rich Pickings from Medieval Pilgrims", *History Today*, 2013 January.

MacGregor, Neil, *A History of the World in 100 Objects*, Penguin, 2012.

Webb, Diana, *Pilgrimage in Medieval England*, Hambledon, 2000.

제2부 미지의 대륙, 미지의 바다를 향해

장건의 서역 출사 초원 지대의 광대한 세상을 엿보다

타키투스, 이광숙 편역, 『타키투스의 게르마니아』, 서울대학교출판문화원, 1999.

사마천, 정범진 외 옮김, 「대완전」, 『사기열전』, 까치, 1995.

Mourgues, Jean-Louis, "Rome et la Chine : le partage du monde", *L'Histoire*, no. 218, Fev 1998.

소그드인 비단길의 중심에 서다

de la Vassière, Etienne, *Sogdian Traders, A History*, Brill, 2005.

Encyclopaedia Iranica(internet), 'Sogdian Trade'.

바이킹 러시아와 비잔티움제국 너머로 나아가다

Graham-Campbell, James ed., *Cultural Atlas of Viking World*, Facts on File, 1994.

Williams, Garethe, *Vikings, Life and Legend*, The British Museum, 2014.

카르피니 몽골제국으로 들어간 최초의 선교사 · 스파이

김호동, 『동방기독교와 동서 문명』, 까치, 2002.

주경철, 『크리스토퍼 콜럼버스, 종말론적 신비주의자』, 서울대학교출판문화원, 2013.

Dawson, Chrsitopher, *Mission to Asia*, University of Toronto Press, 1998.

윌리엄 댐피어 과학자가 된 해적

Dampier, William, *Memoirs of a Buccaneer : Dampier's New Voyage Round the World, 1697*, Dover Publication, 2007.

Pennell, C.R. ed., *Bandits at Sea, A Pirate Reader*, New York University Press, 2001.

피에르 푸아브르 생물자원 해적의 선구자

안대회 외, 『18세기의 맛』, 문학동네, 2014.

Delumeau, Jean, *Une Histoire du paradis*, Fayard, 1992.

Grove, Richard, *Green Imperialism, Colonial Expansion, Tropical Island Edens and the Origins of Environmentalism, 1600-1860*, Cambridge University Press, 1995.

제3부 장벽을 넘다

페스트 온 세상에 드리운 죽음의 그림자

Barry, Stéphane & Norbert Gualde, "La plus grande épidémie de l'histoire", *L'Histoire*, no. 310, Juin 2006, pp.38~49.

Biget, Jean-Louis, "Tout a changé en Occident", *L'Histoire*, no. 310, Juin 2006, pp. 50~53.

Cohn, Samuel, *The Black Death Transforms : Diseae and Culture in Early Renaissance Europe*, Bloomsbury Academic, 2003.

Henderson, John, "Debating Death and Disease", *History Today*, 2014 April.

Henderson, John, *The Renaissance Hospital : Healing the Body and Healing the Soul*, Yale University Press, 2006.

콜레라 세계화 시대의 병리 현상

스티븐 솔로몬, 주경철 · 안민석 옮김, 『물의 세계사 : 부와 권력을 향한 인류 문명의 투쟁』, 민음사, 2013.

Harding, Vanessa, "Between Plague and Fire", *History Today*, 2013 November.

백색 노예 지구촌과 창녀촌

J. Guy, Donna, "White Slavery, Public Health, and the Socialist Position on Legalized Prostitution in Argentina, 1913-1936", *Latin American Research Review*, vol.23, no.23 (1988), pp.60~80.

http://www.arf.or.jp.pdf/0205.pdf.(스마랑 사건 연구보고서)

대륙횡단철도 대륙에서 하나의 국가로

스티븐 솔로몬, 주경철·안민석 옮김, 『물이 세계사 : 부와 권력을 향한 인류 문명의 투생』, 민음사, 2013.

Rarick, Ethan, *Desperate Passage : The Donner Party's Perilous Journey West*, Oxford University Press, 2009.

파나마 운하 바다를 지배하는 자가 세계를 지배한다

데보라 캐드버리, 박신현 옮김, 『강철혁명』, 생각의나무, 2011.

스티븐 솔로몬, 주경철·안민석 옮김, 『물의 세계사 : 부와 권력을 향한 인류 문명의 투쟁』, 민음사, 2013.

베를린장벽에서 벽화로 동과 서를 나눈 벽이 무너지다

존 루이스 개디스, 정철·강규형 옮김, 『냉전의 역사 : 거래, 스파이, 거짓말, 그리고 진실』, 에코리브르, 2010.

Fontaine, André, *Histoire de la guerre froide*, Fayard, 1967.

Künstlerinitiative East Side Gallery e V, *East Side Gallery*, Seemann, 2010.

모험과 교류의 문명사

지은이 주경철
펴낸이 윤양미
펴낸곳 도서출판 산처럼

등   록 2002년 1월 10일 제1-2979호
주   소 서울시 종로구 사직로8길 34 경희궁의 아침 3단지 오피스텔 412호
전   화 02-725-7414
팩   스 02-725-7404
E-mail sanbooks@hanmail.net
홈페이지 www.sanbooks.com

제1판 제1쇄 2015년 4월 25일
제1판 제3쇄 2022년 5월 5일

값 18,000원

ISBN 978-89-90062-58-1-03900

＊잘못된 책은 서점에서 바꾸어드립니다.